D1380582

Gerhard Prause

Sie liebte nur den Kaiser

Tratschke fragt 75mal:
Wer war's

?

Verlag C. H. Beck München

Die Deutsche Bibliothek – CIP-Einheitsaufnahme
Prause, Gerhard: Sie liebte nur den Kaiser:
Tratschke fragt 75 mal: Wer war's? /
Gerhard Prause. – München : Beck, 1995
ISBN 3-406-39183-4
Vw: Tratschke [Pseud.] → Prause, Gerhard

ISBN 3 406 39183 4

© C. H. Beck'sche Verlagsbuchhandlung (Oscar Beck), München 1995
Gesamtherstellung: Kösel, Kempten
Gedruckt auf säurefreiem,
aus chlorfrei gebleichtem Zellstoff hergestelltem Papier
Printed in Germany

Inhalt

6

Einleitung

«Tratschke fragt: Wer war's? – Ein neues Denkspiel über Geschichte und Geschichten.» So wurde in der ZEIT vom 7. Januar 1966 das Personenrätsel angekündigt, das dann auf Seite 29 derselben Ausgabe begann und im ZEIT-magazin noch heute Woche für Woche den Lesern aufgegeben wird – bei Erscheinen dieses Buches (mit Fragen aus den ZEIT-Jahrgängen 1992 und 1993) also im dreißigsten Jahr.

«Tratschke», schrieb Alexander Rost damals in der Ankündigung, «der die Dame Clio in der Staatsrobe wie, pardon, im Negligé kennt, soll Ihnen Vergnügen bereiten, schockiert Sie vielleicht ein bißchen und regt jedenfalls zum Nachdenken an...»

Die erste Frage galt der Frau eines gestürzten Finanzministers, die fürchtete, lebendig begraben zu werden. Daß so etwas möglich war, hatte sie in einem Pariser Hospital erfahren, das unter ihrer Obhut stand (und noch heute nach ihr heißt): Wenn für neue Patienten Platz benötigt wurde, kam es vor, daß man Sterbende ins Grab legte, ehe sie ganz tot waren. Um das zu verhindern, schrieb sie eine Abhandlung: «Über voreilige Beerdigungen». Aber ihre Furcht blieb. Deswegen überredete sie ihren Mann, für sie und ihn ein Mausoleum bauen zu lassen mit einem Marmorbecken, in das zuerst sie (die überzeugt war, vor ihm zu sterben) in Alkohol konserviert werde, nach ihr auch er. Und so geschah es. Später kam auch die berühmte Tochter, Madame de Staël, in das Mausoleum, aber nicht ins Alkoholbecken, sondern in einen Sarkophag an dessen Seite...

«Wenn's Ihnen Spaß macht, raten Sie mit», hieß es in der ZEIT, «wenn es nur ‹dämmert›, greifen Sie hinein ins volle Bücherregal und schlagen Sie nach!» Das haben seither viele getan. Längst ist die Beliebtheit des Tratschke-Spiels weit über die deutschen Grenzen hinausgewachsen. In Japan gibt es eine Buch-Ausgabe, mit der Studenten die deutsche Sprache und zugleich Geschichte lernen sollen. Aber weder die Beliebtheit dieses Rätsels noch seine Langlebigkeit erlauben den Schluß, hier nur Amüsantes, Heiteres, Leichtes zu finden. Im Gegenteil, immer gibt es auch im Leben der Großen, der weltberühmten Männer und Frauen aus Literatur, Malerei und Musik, aus den Wissenschaften und der Politik große und kleine Sorgen. Auch Stars, auch Erfolgreiche haben Alltags- und Familienprobleme, leiden unter Ängsten und Psychosen aller Art, essen und trinken zuviel, werden drogensüchtig, kommen von der Zigarette nicht los. Kurz gesagt: auch die Helden sind nur Menschen.

Vor allem darum geht es hier: die zu Denkmälern erstarrten «Helden» von ihren menschlichen Seiten zu zeigen. Anzumerken ist nur noch, daß von ihnen nicht Anekdoten erzählt werden, sondern immer nur Tatsachen.

Die Antworten auf die Fragen stehen im letzten Teil des Buches.

Hamburg, im Januar 1995   *Gerhard Prause*

1

... und manchmal rate ich
sogar einen

*E*r war 57, als er an Tratsch-
ke schrieb: «Weil ich Tratsch ganz gern habe, lese ich
natürlich alle T's – und manchmal rate ich sogar einen,
stelle im übrigen fest, wie lückenhaft meine Bildung ist!»
Zweieinhalb Jahre zuvor war er mit dem für seine Tätigkeit höchsten und (nicht nur wegen des Geldes) meist
begehrten Preis ausgezeichnet worden. International derart geehrt und anerkannt, konnte er es sich also leisten,
seine lückenhafte Bildung zuzugeben. Aber das war es
nicht. Es war die ihm eigene Bescheidenheit, die sein
Leben wesentlich prägte.

Vielleicht war er, wie der Historiker Iring Fetscher
schrieb, von all seinen Berufskollegen der «bescheidenste
und uneitelste»; gerade weil es ihm nie darauf angekom-
men sei, ein Publikum zu gewinnen, Eindruck zu machen
oder bewundert zu werden, habe er eine größere Gemeinde gefunden als alle anderen.

Doch grenzenlos war seine Bescheidenheit nicht: «Mit
Bescheidenheit» könne er seinen Beruf nicht ausüben,
sagte er seiner Biographin, als sie ihn über den Verkauf
seines Archivs (mit unveröffentlichten Manuskripten) an
seine Vaterstadt befragte; er habe erhebliche Kosten,
brauche viel Raum, viel Zeit, auch Hilfskräfte. Also brauche er Geld. Sein Archiv hatte er der Stadt zunächst als
Dauerleihgabe zur Verfügung gestellt. Als die Stadt es
kaufen wollte, hat er lange über den Preis verhandelt.

Daß er das Geld notleidenden Kollegen spenden wolle,
wie es gerüchteweise hieß, sei «alles Quatsch», sagte er.
Das Geld brauche er für sich und seine Familie. Nach

neun Monaten einigte er sich mit der Stadt: Sie sollte ihm (und später seinen Erben) zwanzig Jahre lang das Gehalt eines städtischen Beigeordneten zahlen. Das waren bei Vertragsabschluß monatlich achttausend Mark, in zwanzig Jahren rund zwei Millionen, von denen er selber aber nur noch einen kleinen Bruchteil erhielt, weil er schon mit 67 Jahren starb – «plötzlich und unerwartet», an einer Embolie, wie die Zeitungen meldeten und wie Familienmitglieder es der zweifelnden Biographin nochmals versicherten.

Aber krank war er seit längerem gewesen, und gut drei Jahre vor dem Tod fiel ihm das Treppensteigen so schwer, daß seine Frau und er die im zweiten Stock liegende Stadtwohnung aufgaben und aufs Dorf zogen, wo auch einer ihrer Söhne mit Frau und Kindern lebte. Ein zweiter Grund für den Umzug war, daß die Elf-Zimmer-Wohnung ihnen zu groß und zu unruhig geworden war, dies vor allem wegen seines Büros, wo ständig Anrufe kamen, Anfragen, Aufforderungen, die Entscheidungen forderten und ihm Zeit stahlen. Das Büro richtete er dann in einem anderen Haus ein, um wenigstens daheim Ruhe zu haben.

Auf der Suche nach Ruhe scheint er jahrelang vergeblich gewesen zu sein. Dabei hielten ihn viele, die ihn im Fernsehen sahen, für die Ruhe selbst. Das lag an seiner Art, Überraschendes, Eigenwilliges, auch Provozierendes ganz unaufgeregt vorzubringen, was ihm keineswegs nur Freunde brachte. Aber kann einer wirklich ruhig und ausgeglichen gewesen sein, der – worauf auch seine Biographin keine Antwort wußte – dreißig Jahre lang mit dreißig Arbeitszimmern herumexperimentierte, mit deren Suche, der Einrichtung, der Auflösung?

Ruhig konnte er schon deswegen nicht sein, weil ihn das kontinuierlich wachsende soziale, politische, moralische Unrecht in der Welt vor allem – so jedenfalls sah er es – in seinem Land zunehmend beunruhigte. Gegen diesen Verlust an demokratischer Lebensform trat er öffentlich auf, dagegen schrieb er, dagegen ging er protestierend auf die Straße. Sein Einsatz für mehr Menschlichkeit und für mehr Toleranz, vor allem für Verständnis auch gegenüber jenen, die ihre Ziele mit Terror durchzusetzen versuchten, hat ihm nicht nur Bewunderung und Respekt eingebracht, sondern ebensoviel Ablehnung, ja erbitterte Feindschaft, die zu hetzerischer Verleumdung führte. Es war wie ein Aufruf zur Lynchjustiz, als ein führender Politiker sagte (und dabei ihn meinte): «Man sollte einmal die, die für die Freiheit des Volkes angeblich kämpfen, dem Volk überlassen. Dann brauchen sich Polizei und Justiz gar nicht mehr darum zu kümmern.»

Von der Hetze, geschürt von einem Teil der Presse, ließen sich auch Nachbarn beeinflussen, die ihn und die Seinen anpöbelten: «Bei Adolf wäret ihr vergast worden.» Er sagte: «Was wir erleben, ist, was auch mit den Juden zu Anfang gemacht wurde: die Zerstörung von Nachbarschaft.»

Übrigens war er, der unermüdliche Streiter für Toleranz, selber nicht immer tolerant. Den Dom in seiner Stadt, besonders dessen Türme, mochte er nicht – nur weil die Preußen sie hatten bauen lassen: «Die Domtürme sind für mich ein Hohenzollerngebilde, und die mag ich nun mal nicht...» Doch gab er zu, daß seine Abneigung, die ganz Ostdeutschland betraf, auf Unkenntnis beruhte: «Ich habe Ostpreußen nicht gekannt, Schlesien nicht, Sachsen nicht, Brandenburg nicht, Berlin nicht...»

Wer war's?

13

2
Sie liebte nur den Kaiser

Sie war noch sehr jung, vierzehn oder sogar erst elf Jahre, als sie sich in einen für sie unerreichbaren Adligen verliebte, einen Kaiser, der für sie wie ein Märchenprinz war, aber von Fleisch und Blut. Erst viele Jahrzehnte später hat sie dies einer Schriftstellerin anvertraut, die es dann so darstellte:

«Himmel, was hatte der Mann für Augen; wie melancholisch blickte er unter den gesenkten Augenwimpern hervor! – Ich verließ ihn nicht, folgte ihm in alle Kirchen, überall kniete er auf der letzten Bank unter den Bettlern und legte sein Haupt eine Weile in die Hände, wenn er wieder emporsah, war mir's allemal wie ein Donnerschlag in der Brust...»

Und wenn sie nach solchen Begegnungen heimkam, habe sie sich nicht in die alte Lebensweise finden können: «Es war, als ob Bett, Stuhl und Tisch nicht mehr an dem gewohnten Ort ständen...» Und wenn von ihm gesprochen wurde, habe sie wie Espenlaub gezittert. Aber sie war glücklich, denn:

«Beinahe jeden Tag, wo ich Gelegenheit hatte, ihn zu sehen, ereignete sich etwas, was ich nur als Zeichen seiner Gunst auslegen konnte...» Zum Beispiel:

«Wie er einmal offene Tafel hielt, drängte ich mich durch die Wachen und kam in den Saal statt auf die Galerie. Es wurde in die Trompeten gestoßen..., bei dem dritten Stoß erschien er... Er ging langsam mit etwas gebeugtem Haupt. Ich war ganz nah... Seine Gesundheit wurde von allen anwesenden großen Herren getrunken, und die Trompeten schmetterten drein, da jauchzte ich laut mit, der Kaiser sah mich an, er nahm den Becher, um Bescheid zu tun, und nickte mir, ja, da kam mir's vor, als hätte er den Becher mir bringen wollen, und ich muß noch heute daran glauben, es würde mir viel kosten, wenn ich diesen Gedanken, dem ich so viele Glückstränen geweint habe, aufgeben müßte.» Der Angebetete, 35 Jahre älter als sie, sei die einzige wahre Liebe ihres Lebens gewesen, gestand die Mittsiebzigerin.

Sie kam aus einer angesehenen und wohlhabenden Juristenfamilie. Ihr Vater, der das höchste Amt in der Stadtverwaltung bekleidete, hat für die Ausbildung seiner Töchter wenig geopfert; er hielt es für ausreichend, wenn sie einigermaßen schreiben und rechnen konnten. Sie schrieb, wie sie sprach, zum Beispiel «tramtugische» statt «dramaturgische». «Der Fehler lage am Schulmeister», meinte sie zu ihrer mäßigen Rechtschreibung, die sie indes nicht davon abhielt, viele fröhliche Briefe zu schreiben.

Sie hatte ein ausgesprochen fröhliches Naturell und sah im Leben vor allem die positiven Seiten. Siebzehnjährig wurde sie mit einem gut 20 Jahre älteren Mann verheiratet, der mit seiner alten und bald wunderlichen Mutter in einem großen Haus wohnte und von den Zinsen seines geerbten Vermögens leben und seinen künstlerischen Liebhabereien nachgehen konnte, für die sie wenig Interesse und kaum Zeit hatte. Sie brachte in zwölf Jahren sechs Kinder zur Welt, von denen vier noch im Kindesalter starben.

Es gab also viel Kummer in dem dunklen Haus, aber auch Freude mit den beiden Ältesten. Dann kamen Kriegszeiten mit jahrelanger Einquartierung, danach starb ihre inzwischen erwachsene Tochter, wenig später erlitt ihr Mann einen Schlaganfall und dämmerte dem Ende entgegen: «... vornehmlich sind seine Geisteskräffte ganz dahin – Gedächnüß, Besinnlichkeit, eben alles ist weg.»

Nach seinem Tod verkaufte sie das Haus mit allem Drum und Dran und nahm sich eine Wohnung mit trefflichem Ausblick: «Da sehe ich… alles was der Catharinenporte hinein und heraus kommt…»

«Es gibt doch viele Freuden in unseres Lieben Herr Gotts seiner Welt! Nur muß man sich aufs suchen verstehen…», schrieb die Mittsechzigerin der Lebensgefährtin ihres Sohnes. Und als wieder unruhige Zeiten kamen: «Unsere jetzige Lage ist in allem Betracht fatal… – doch vor der Zeit sich grämen oder gar verzagen war nie meine Sache – auf Gott vertrauen – den gegenwärtigen Augenblick nutzen – den Kopf nicht verliehren – sein eignes werthes Selbst vor Kranckheit zu bewahren – da dieses alles mir von jeher wohlbekommen ist, so will ich dabey bleiben.»

Die kurze Geschichte ihrer Liebe zu dem melancholischen Kaiser hatte nach vielen Jahren fast eine Fortsetzung. Da konnte sie stolz darauf sein, daß einer seiner Nachfolger ihrem Sohn ein Adelsdiplom verlieh.

Wer war's?

3
Kein Trost
für schlechte Schüler

Unsterblich scheint die beliebte Behauptung zu sein, daß schlechte Schüler es im Leben weiter bringen als die guten, braven, fleißigen; gute und noch mehr die sehr guten Schüler – so wird, den schlechten zum Trost, immer wieder gesagt – erweisen sich später oft als Versager, weil es dann nämlich nicht mehr auf Fleiß und ängstliches Strebertum ankomme, sondern auf praktische Intelligenz, vor allem auf Ellenbogen. Denn Musterschüler lernten in der Schule nur deswegen so emsig, weil es ihnen eigentlich an kritischem Denkvermögen fehle, an Rückgrat, Initiative und Kreativität.

Doch wenn das wahr wäre, dann könnte aus ihm überhaupt nichts geworden sein. Denn er war ein sehr guter Schüler, von Anfang an und durch alle Jahre seiner Schulzeit. Der Unterricht hat ihm meistens gefallen, vorausgesetzt allerdings, daß er das Gefühl haben konnte, freiwillig zu lernen. Nichts haßte er so sehr wie Zwang. In der Elementarschule nahm er freiwillig gerne auch am katholischen Religionsunterricht teil, obgleich er nicht katholisch war. Als er auf einer anderen Schule unfreiwillig am jüdischen Religionsunterricht teilnehmen mußte, gefiel ihm das gar nicht.

«Es ist schlecht», sagte er später, «wenn eine Schule mit Methoden des Zwangs und der künstlichen Autorität arbeitet. Das zerstört die Aufrichtigkeit und das Selbstvertrauen der Schüler. Es erzeugt unterwürfige Menschen.»

Daß er ein sehr guter Schüler war, beweisen Zeugnisse des Gymnasiums, auf das er mit neun Jahren kam und das er mit fünfzehn vorzeitig verließ, weil die Eltern in ein anderes Land zogen. Zu seinem 50. Geburtstag, als er längst weltberühmt war, hat der Direktor des Gymnasiums, das heute seinen Namen trägt, in einem kaum beachteten und längst vergessenen Zeitungsartikel über seine Zeugnisse geschrieben. Zu seiner Zeit gab es die Noten 1 = sehr gut, 2 = gut, 3 = genügend, 4 = ungenügend; außerdem gab es Zwischenwerte, also 1–2; 2–3 und 3–4.

In Latein hatte er immer mindestens Note 2, in der 6. Klasse stets die 1. Im Griechischen hatte er in den Jahresschlußzeugnissen immer die Note 2, in den Zwischenzeugnissen 1–2 und 2–3; in der 7. Klasse (heute wäre das die 11. Klasse) bekam er in Griechisch nur eine 3, also ‹genügend›.

In Mathematik bekam er in den ersten Jahren immer 1 oder 2, von der 5. Klasse an stets ‹sehr gut›. Rückblickend schrieb er: «Im Alter von 12 bis 16 machte ich mich mit den Elementen der Mathematik vertraut inklusive der Prinzipien der Differential- und Integralrechnung. Dabei hatte ich das Glück, auf Bücher zu stoßen, die es nicht gar zu genau nahmen mit der logischen Strenge, die dafür aber die Hauptgedanken übersichtlich hervortreten ließen. Diese Beschäftigung war im ganzen faszinierend.»

Am liebsten las er naturwissenschaftliche Bücher. Durch sie – so schrieb er später – «kam ich bald zu der Überzeugung, daß vieles in der Bibel nicht wahr sein konnte. Die Folge war eine geradezu fanatische Freigeisterei, verbunden mit dem Eindruck, daß die Jugend vom Staat mit Vorbedacht belogen wird; es war ein niederschmetternder Eindruck. Das Mißtrauen gegen jede Art Autorität erwuchs aus diesem Erlebnis, eine skeptische Einstellung..., die mich nicht wieder verlassen hat.»

Der Sechzehnjährige wollte studieren; da er kein Abitur hatte, mußte er sich einer Aufnahmeprüfung unterziehen. Die hat er nicht bestanden, und zwar wegen ungenügender Kenntnisse in Botanik, Zoologie und modernen Sprachen. Daraufhin ging er noch einmal zur Schule. Und diese Schule hat ihn «durch ihren liberalen Geist und durch den schlichten Ernst der auf keinerlei äußeren Autorität sich stützenden Lehrer» derart beeindruckt, daß ihm seine alten Schulen im nachhinein wie preußische Kadettenanstalten und ihre Lehrer wie Feldwebel und Leutnants vorkamen.

In einem knappen Jahr holte er nach, was ihm fehlte. Dann konnte er sein Studium beginnen, das er, 21jährig, mit einer Diplomarbeit abschloß. Sein Erfolg kam etwas später, jener einzigartige Aufstieg zum Ruhm, der so vielen traurigen Schülern Trost und Hoffnung war. Denn dieser «Ehrenretter der Menschheit», wie Thomas Mann ihn einmal nannte, galt seit eh und je als Prototyp des mittelmäßigen Schülers, der trotzdem oder gerade deswegen so erfolgreich war. Aber das war falsch, und viele Bücher müßten nun korrigiert werden, auch «Genies in der Schule», was den Verlegern jedoch zu teuer sein wird. Also wird er bleiben, was er nie gewesen ist.

Wer war's?

4
... aber was für ein Egoist!

Als «eins seiner auffälligsten Charakteristika» nennt seine Biographin «die beharrliche Weigerung, sich von Leuten einschüchtern zu lassen, von denen er abhängig war. Es begann mit der Rebellion gegen den Vater. Es ging weiter mit dem Widerstand gegen die Lehrer, vor allem gegen jene, die entweder nicht an ihn glaubten oder ihren Glauben an ihn nicht genug zu erkennen gaben.» Er ließ sich aber auch von anderen nicht einschüchtern, weder von Kritikern, noch von der «öffentlichen Meinung».

Zweifellos hat er sich dadurch manchmal geschadet, doch ist es andererseits fraglich, ob er es mit mehr Wohlverhalten weiter gebracht hätte und noch eher international berühmt geworden wäre, was er mit 25 Jahren von einem Tag auf den anderen völlig überraschend wurde.

Seinen Vater stellte er stets als Geizhals dar, obgleich der ihn genau das hatte studieren lassen, was er studieren wollte. Die Rebellion gegen ihn bestand eigentlich nur darin, daß er, der Erstgeborene, sich weigerte, ins väterliche Geschäft einzusteigen, und dies auch immer sagte.

Früh entschloß er sich, ganz seiner genialen Begabung zu folgen. Deswegen konnte er dem Vater auch die zweite Zukunftschance nicht erfüllen, die diesem noch lieber gewesen wäre, nämlich daß er Rabbiner werde, wie einst der Großvater. Doch lernte er Hebräisch, las in der Thora und im Talmud und war stets bemüht, ein guter Jude zu sein.

Daß dies selbst in seinem freien Land nicht immer leicht war, erfuhr sein jüngerer Bruder, als er mit neun Jahren in eine neue Schule kam. Vierzig Jahre später hat er es beschrieben: «Ein stämmiger Bauernlümmel namens Arthur bestimmte, daß ‹der neue Judenjunge› nicht ohne seine Erlaubnis in den Schulbus einsteigen dürfe. Ich hoffte auf die Hilfe des Fahrers, aber der starrte geradeaus durch seine Windschutzscheibe... Ich bahnte mir mit den Ellenbogen einen Weg an Arthur vorbei und bekam für diese Kühnheit einen Schlag auf den Kopf. Als ich zusammengesunken und allein auf einem Sitz saß, der für zwei gedacht war, warfen Arthur und seine Freunde mit Bananenschalen, Radiergummis und Papierkugeln nach mir. Es war der schlimmste Tag meines jungen Lebens...» Den Eltern hat er nichts erzählt, auch nicht, warum er nie mehr mit dem Schulbus fuhr und daß die Mitschüler ihn noch häufig als Juden beschimpften. Aber: «Die Folge meiner Schuljahre dort war ein wachsendes Unbehagen darüber, jüdisch zu sein, ... und ich empfand den Akzent meines Vaters und seine ärgerliche Angewohntheit, alles durch die jüdische Brille zu sehen, als peinlich.» Deswegen habe er nie einen Zugang zum Judentum gefunden.

Dem älteren Bruder ist so etwas nie passiert oder, wenn doch, hat er es leichter verkraftet. Er brachte einfach die besseren Voraussetzungen mit. Fast überall war er der Beste, in der Schule, auf der Universität, vor allem auf seinem speziellen Gebiet, auch auf Partys. Er war intelligent, charmant, schlagfertig, selbstbewußt, manchmal arrogant. Er sah sehr gut aus, und viele Frauen interessierten sich für ihn, obwohl oder gerade weil bekannt war, daß er sich mehr für Männer interessierte, allerdings nicht nur.

Mit 33, als er schon viel Geld verdiente, heiratete er eine Schauspielerin. Von beiden Seiten war es Liebe auf den ersten Blick, von ihrer etwas stärker, und sie war sogar bereit, ihm zuliebe zum Judentum überzutreten, und so wurde die Ehe im Beisein von 33 Familienmitgliedern und Freunden in der Synagoge seiner Kindheit geschlossen.

Wieviel Leidenschaft, wieviel Berechnung hinter seiner Entscheidung zur Heirat standen, hält seine Biographin für eine offene Frage und meint, es könne sein, daß die Heirat seine künftige Karriere überhaupt erst ermöglicht habe, indem sie signalisierte, daß er künftig bereit sei, Kompromisse zu schließen, etwa: «Wenn ich schon bereit bin zu heiraten, bin ich auch bereit, mich in jeder Hinsicht zu benehmen.»

Aber für seine Frau war es ein ziemlich fauler Kompromiß, als er sich während ihrer ersten Schwangerschaft wieder einem seiner alten Freunde näherte. Doch trennte er sich von ihr erst nach 25 Jahren, zog mit einem Freund zusammen und erklärte vor der Presse, es komme eben im Leben eines Mannes einmal die Zeit, in der er so leben müsse, wie er wirklich sei.

Zu seinem Leben gehörte es, immer berauscht zu sein – von der Kunst und von seinem Können, von hundert Zigaretten täglich und sehr viel Bourbon, vom Erfolg und von seinen enormen Gagen und Tantiemen, vom rauschenden Beifall des Publikums, von exzessiven Ausschweifungen oder auch nur von sich selbst. Als er mit 72 Jahren starb, vermutlich an Lungenkrebs (wie seine Frau 12 Jahre vor ihm), verlor die Welt ein Genie.

Ein anderes Genie hat einmal dies von ihm gesagt: «Er ist nett, aber oh, was für ein Egoist! Wenn er nicht im Mittelpunkt steht, sitzt er mit geschlossenen Augen im Stuhl und tut so, als schlafe er.»

Wer war's?

5
Warum soll man sein?

Er wird sich selber gemeint haben, als er eine seiner Figuren einen «scharfsinnigen Kauz» nannte, «von dem niemand wußte, ob er dem Leben gegenüber hilflos war oder diese Hilflosigkeit nur spielte». Daß er im Leben durchaus nicht hilflos war, hat er oft bewiesen. Zum Beispiel als seine Frau kurz vor der Geburt des zweiten Kindes in einer Klinik behandelt wurde und er wegen seines Diabetes ebenfalls in die Klinik mußte und sich deswegen vor einem finanziellen Fiasko sah:

«Da habe ich jeden Verleger, den ich kannte, angerufen und ihm eine Geschichte erzählt, die ich als Roman oder Erzählung schreiben würde. Ich muß zu meiner Ehre sagen, jedem erzählte ich eine andere Geschichte. Und am Abend war ich finanziell aus dem Schlimmsten heraus.» Sein Biograph fügt hinzu: Von allen trafen Vorschüsse ein, doch habe er keine der versprochenen Geschichten geschrieben; aber nur ein Verleger forderte das Geld zurück. Zwei Jahre später, nach der Geburt des dritten Kindes, hat er sich auf ähnliche Weise ein ganzes Haus zusammengeborgt.

Originelle, skurrile, oft makabre Einfälle hatte er immer, auch schon während seines ziemlich verbummelten Studiums der Germanistik und der Philosophie, von dem er eine lebenslange Aversion gegen die Literaturwissenschaft zurückbehielt. Lieber als in Seminaren saß er in Kneipen und Cafes und brachte dort seine Einfälle zu Papier, nachdem er sich für die Schriftstellerei entschlossen und an die Tür seiner Studentenbude ein Papier mit seinem Namen und dem Zusatz «Nihilistischer

Dichter» gepinnt hatte. Da entstand die Geschichte von der Wurst:

Ein Mann, nein «ein Mensch», begann er, «ein Mensch erschlug seine Frau und verwurstete sie.» Als er vor Gericht kam, war von der Frau nur noch eine einzige Wurst übrig. Sie lag während der Verhandlung als Corpus delicti auf dem Richtertisch. Nachdem das Gericht den Mann zum Tode verurteilt hatte, gestand es ihm einen letzten Wunsch zu. Er wünschte sich, die Wurst essen zu dürfen. Dem wurde stattgegeben, doch stellte sich dann heraus, daß der Richter, in seiner Zerstreutheit, die Wurst bereits gegessen hatte.

Dieser Einfall, der freilich nicht sein bester war, hat ihm weder Anerkennung noch Geld gebracht. Da war er 22 und lebte noch auf Kosten des Vaters, eines protestantischen Pfarrers und Altphilologen, der ihm früh die griechischen Mythen und Heldensagen nahebrachte – «ich erfuhr, wie der Vater des Theseus ums Leben kam...». Häufiger las der Vater ihm aus der Bibel vor, lange Zeit in der Hoffnung, der Sohn werde auch einmal Pfarrer werden.

Der aber wollte Maler werden, weil er so gern malte und zeichnete, übrigens sein Leben lang. Schließlich war der Vater einverstanden, daß er zum «Kunstmaler» ausgebildet werde. Allerdings sollte er zuvor das Abitur bestehen. Das hat er geschafft, obgleich er ein lässiger und zeitweise schlechter Schüler war. Auf die Kunstschule kam er dann doch nicht, weil zwei professionelle Maler, die von der Mutter um Rat gefragt wurden, meinten, er zeichne «zu weit ab vom gängigen Stil». So kam er an die Philosophie und die Literatur.

Mit der Theologie des Vaters konnte er sich nicht befreunden. Er war zu skeptisch und blieb es immer: «Gott kann nicht bewiesen werden», sagte er mehr als einmal auf entsprechende Fragen, «er kann also nur geglaubt werden... Bis jetzt habe ich keinen Gott gefunden, der mir einleuchtet.» Und er setzte oft noch dies hinzu:

«Ich denke oft an meinen Vater, der sagte, es sei für ihn schrecklich vorzustellen, daß man nach dem Tode nichts mehr sei. Also für mich ist das überhaupt nichts Schreckliches... Warum soll man sein? Wenn man nichts mehr ist, ist man eben nichts mehr.»

Die verwurstete Frau war zwar noch eine Wurst, aber nicht mehr lange. Und als er nicht und nichts mehr war, nachdem er drei Wochen vor seinem 70. Geburtstag einem Herzinfarkt (seinem vierten) erlegen war, da blieb von ihm doch ein bedeutendes dichterisches Werk, das ihn noch lange vor dem Vergessenwerden schützen wird.

Kurz vor seinem Tod sagte er in einem Interview, es sei wesentlich für den Menschen, zu wissen, daß er sterben muß. Das sei für den Menschen eine große Erkenntnis, die das Tier nicht hat. Und: «Die Beschäftigung mit dem Tod ist die Wurzel der Kultur. Aus Angst vor dem Tod hat man das Jenseits erfunden, hat man die Götter erfunden, hat man Gott erfunden. Die ganze Kultur ist gegen den Tod gebaut.»

Wer war's?

6

Der Engel
und die Engelsfrau

Am Weihnachtstag schrieb sie ihrem Mann, der seit Monaten auf einer Dienstreise in südlichen Regionen weilte, einen langen Brief, der so begann: «Nun, lieber Engel, haben wir gestern Abend den h. Christ das erstemal ohne Dich gefeiert – und da wars denn freilich als fehlte Geist u. Seele. Ich rüstete alles mit beklommenem Herzen, u. da der Baum brannte u. die ganze Szene mit ziemlich stummer Freude vorüber ging, konnte ich mich auch nicht länger halten u. weinte mich recht satt aus...»

Sie weinte, weil sie an den Tod des jüngsten ihrer sieben Kinder denken mußte, im jetzt ausklingenden Jahr. Sie weinte auch, weil das Haushaltsgeld nie reichte: «Kann leider auch nicht rühmen, daß ich viel erspare... Der heil. Christ hat ein tüchtiges Loch gemacht...» Und sie weinte, weil ihr Mann nicht daheim sein konnte. «O daß Du mir immer zur Seite wärst Du mein Engel u. mein Führer!» schrieb sie ein Vierteljahr später.

Inzwischen hatte ihr «Engel» in der Fremde eine «Engelsfrau» kennengelernt, von der er seiner Ehefrau wieder und wieder vorschwärmte: Sie war ihm in der großen Stadt, wo er sich nicht so recht wohl fühlte, die «einzige Trösterin... – Je mehr ich sie kennen lerne, desto mehr gewinne ich dies seltene jungfräuliche Kunstwesen lieber; eine himmlische Muse voll Grazie, Feinheit, Bescheidenheit und einer ganz unnennbaren Güte des Herzens. Sie hat mich auch recht gern, und die Stunden, die ich bei ihr zubringe, sind mir ohne allen Vergleich die liebsten...; es sind aber nur wenige, weil sie äußerst fleißig ist, und ich mag sie in ihrer Arbeit nicht stören.» Die «gute jungfräuliche Engelsseele», von deren Jung-fräulichkeit er überzeugt war, obgleich sie mit einem (wenngleich älteren) Ehemann lebte, trug ihm stets Grüße auf an seine Frau: «Sie grüßet Dich aufs schönste, mit einer so lieblichen Furchtsamkeit und Bescheiden-heit, als ob sie ein höheres Wesen grüßte. Sie ist ein gar zartes Geschöpf, u. ich werde an sie Zeitlebens mit der reinsten Liebe u. Freude denken.» Ach, er wollte, «daß sie in unserem Kreise wäre, welches aber nie sein kann u. sein wird; leider! —»

Im nächsten Brief gestand er, er sei «auf eine sonder-bare Weise... gereinigt und veredelt» durch die Freund-schaft dieser «Hochachtungswürdigsten Frau», die wie eine «himmlische Erscheinung» und ihm «über alles teuer» sei. «Ich bin bei ihr so gern, u. immer in dem Zustande einer süßen u. stillen Verehrung, wie auch sie es gegen mich zu sein scheinet, u. wirklich ist.» Wohl um seine Ehefrau daheim nicht eifersüchtig werden zu las-sen, fährt er so fort:

«Von Dir spricht sie in ihrer holden Schüchternheit eben also, u. sieht Dich wie ein höheres, glückliches We-sen an; ihr Eindruck wird mir wohl tun auf mein ganzes Leben: denn er ist von allen Buhlereien, aller Eitelkeit u. Falschheit entfernt; sie weiß nichts davon, u. ist bei aller demütigen Engelsklarheit u. Unschuld, von der alle ihre Arbeiten zeigen, vielleicht die kultivierteste Frau in Eu-ropa. Ich sage Dir dies alles, weil ich weiß, daß ich Dirs sagen kann, u. weil Du mir... diese gefundene Perle oder Lilie ordentlich als einen Lohn des Himmels gönnest...»

Seine Frau war so klug, den Lobeshymnen nicht zu widersprechen, vielmehr lauthals einzustimmen: «Ich habe die Engelsfrau außerordentlich lieb; sage es ihr u. gebe ihr einen zärtlichen Kuß von mir.» Und: «Ja ich gönne Dir, Du mein Einzig Guter, dieses reine schöne Glück... Sage ihr wie ich sie liebe...»

· «Deinen Kuß», schrieb er zurück, «habe ich ihr im Brief zu lesen gegeben, ohne ihn abzustatten. Ich habe einigemal ihre Stirn geküßt...» Und schon schwärmte er wieder: «Sie ist aber auch ganz und gar nicht von dem gemeinen Geschlecht der Weiber, so wenig als Du es bist...: sie ist an Tätigkeit ein Mann u. hat mehr getan, als 50 Männer in den Jahren tun können u. mögen; u. wirklich an reiner Herzensgüte ist sie wie ein überirdisches Wesen.»

Anfangs hatte der Mittvierziger sie ganz nüchtern gesehen: «Äußerst simpel, ohne Reize des Körpers...» und: «Schade..., daß sie schon etwas altert.» Die «Engelhafte» – so die Bedeutung ihres Namens – war 47, als er es ihr «nicht weigern mochte» – wie er an die «liebe Süße» daheim schrieb –, «meinen alten kahlen Kopf... zu Ehren (zu) bringen», das heißt, ihn malen wollte, und ihn dann durchaus nicht ohne Haupthaar verewigte.

Wer war die Engelsfrau und wer der Engel?

7
Für die Ordnung
der Mächtigen

Er war ein bedeutender Denker, und die Resultate seines Denkens wurden von vielen Menschen anerkannt, noch lange über seine Zeit hinaus. Sie hatten selbst dann große Wirkung, wenn sie lediglich bloße Behauptungen waren, die leicht als solche hätten erkannt werden können. So wurden manche seiner Thesen zu Dogmen, wenngleich er den Beweis ihrer Richtigkeit schuldig blieb. So geschah es auch mit seiner Meinung über die Sklavenwirtschaft zu seiner Zeit.

Das scheint allerdings ein heikles Thema gewesen zu sein, das aus politisch-existentiellen Gründen kaum jemand aufzugreifen wagte, jedenfalls nicht kritisch. Vermutlich wollte auch er die Sklavenwirtschaft nicht etwa in Frage stellen, sondern tat nur so, um dann seine vorgefaßte, bejahende Meinung als die allein richtige und gültige bis in alle Zukunft festzuschreiben.

Sklaven waren zu seiner Zeit neben Arbeitstieren die Hauptenergieträger der Wirtschaft. Nur aufgrund der ihnen abverlangten Arbeitsleistung war der (vor allem von ihm propagierte) Idealzustand eines tugendhaften Lebens in Freiheit und glücklicher Muße einigermaßen zu realisieren, freilich nur für die Herren.

Sklaven waren also unentbehrlich. Und er war zutiefst davon überzeugt, daß die Antithese von Herren und Sklaven naturbedingt sei. Das wollte er beweisen. «Der Sklave ist ein Besitzstück», schrieb er, «er ist Teil eines vollständigen Hauses», das einem Freien gehört. Um ein «befriedigendes Leben, ... überhaupt ein Leben führen zu können», brauche der freie Bürger Werkzeuge, «teils

leblose, teils lebendige», und der Sklave sei «gewisserma-
ßen ein Werkzeug, das viele andere Werkzeuge vertritt».
Nur wenn «die Weberschiffchen selber webten und die
Zitherschlägel von selbst die Zither schlügen, dann frei-
lich bedürfte es... für die Herren nicht der Sklaven».
Aber derartiges war zu seiner Zeit noch kaum vorstellbar.

Nach seiner Vorstellung hatte die Natur es eben so
eingerichtet, daß es Menschen gibt, deren «Lebensauf-
gabe ausschließlich auf die Verwendung des Körpers»
begrenzt ist, und für sie sei es eben einfach besser, die
Sklaven anderer zu sein. Dies sei eine Folge davon, daß
die Seele den Körper regiert und «daß es für den Leib
naturgemäß und zu seinem eigenen Nutzen ist, von der
Seele regiert zu werden». Und er warnte: «Gleichberechtigung oder gar das umgekehrte Verhältnis wäre für alle
Teile schädlich.»

Er schloß seine Überlegungen mit der ja noch keineswegs bewiesenen Behauptung: «Daß also ein Teil der
Menschen durch die Natur selbst zu Sklaven bestimmt ist
und daß es für die letzteren gerecht und zuträglich ist,
auch wirklich Sklaven zu sein, ist hiermit bewiesen.»

Da war aber noch ein weiteres Problem: Ein großer
Teil der Sklaven waren Kriegsgefangene. Aber konnten
gefangengenommene Offiziere, Adlige, also freie Bürger, plötzlich seelenlose Sklaven sein? Das könnte schließlich jedem Freien passieren, auch ihm selber, so wie es
einem berühmten Philosophen geschehen war, der dann
von Freunden auf dem Sklavenmarkt freigekauft worden war. Angeblich zweifelten neuerdings viele Rechts-
theoretiker: «Den, der ganz unverdientermaßen der Skla-
verei anheimfällt, wird man doch nicht als einen Sklaven
bezeichnen wollen. Denn sonst würde die Folge sein, daß
Leute von der anerkannt alleredelsten Abkunft als Sklaven und Sklavensprößlinge angesehen werden müßten,
wenn sie zufällig gefangen und verkauft werden.» Aber

sollte man als Sieger auf diese besonders gebildeten Sklaven etwa einfach verzichten? Er verwies auf das «betreffende Gesetz» seines Landes, das «in der allgemeinen Übereinkunft besteht, daß die im Kriege Überwundenen Eigentum der Sieger sind». Und er verteidigte es mit dem Argument der Tugendhaftigkeit, indem er behauptete, «daß bis zu einem gewissen Grade eben die Tugend, sobald sie sich im Besitz der erforderlichen Mittel befindet, dasjenige ist, was am meisten die Macht dazu verleiht, andere zu überwältigen, und daß immer der Sieger dem Besiegten nach irgendeiner Richtung hin an Trefflichkeit überlegen ist...»

Für ihn stand nun fest, daß die Natur den Unterschied zwischen Freien und Sklaven «so ausgeprägt hat, daß ihn ganz bestimmte Menschen an sich tragen, unter denen es zuträglich und gerecht ist, für den einen Teil, Sklave zu sein, und für den anderen, Herr zu sein...»

Folglich müsse die Sklavenwirtschaft bestehen bleiben, nicht nur zum Wohl der Herren, sondern auch zum Wohl der Sklaven: «... was dem Teil zuträglich ist, das ist es auch dem Ganzen, und was dem Leibe, das auch der Seele; der Sklave ist aber gewissermaßen ein Teil seines Herrn, nämlich gleichsam ein besonderer und für sich bestehender beseelter Körperteil desselben, und daher besteht denn auch ein Verhältnis des gemeinsamen Vorteils und gegenseitiger Neigung zwischen beiden...»

So entschied er sich für die Ordnung der Mächtigen. Er war nicht korrupt, er glaubte an die Kraft der Tugend.

Wer war's?

8

Den Frauen verdankte
er sehr viel

Bereits als Mittvierziger hat er sich Gedanken gemacht, was ein Biograph einmal über ihn schreiben werde oder vielmehr solle. In einem Brief an eine Lady, in die er einige Jahre zuvor leidenschaftlich verliebt gewesen war, schrieb er:

«Ich weiß nicht, wer mein Biograph sein wird, aber ich hätte gern, daß er... etwa Folgendes berichtet: ‹Ich war kein feierlicher Heiliger wie auf bunten Glasfenstern, der nur zum Zwecke der Erbauung existiert; ich existiere aus meiner eigenen Mitte heraus. Vieles, was ich tat, war bedauerlich... Ich log und heuchelte, denn hätte ich es nicht getan, so hätte man mich meine Arbeit nicht tun lassen. Aber es besteht keine Notwendigkeit, nach meinem Tode mit der Heuchelei fortzufahren. Ich haßte Heuchelei und Lügen, ich liebte das Leben und wirkliche Menschen... Ich glaubte an Lachen und Spontaneität...»

Auffallend ist, daß er, mit 46, dies in der Vergangenheitsform schrieb, als sei er bereits tot oder werde zumindest bald sterben. Daß er da noch 51 Jahre vor sich hatte, konnte er freilich nicht ahnen. Er war schon Mitte der Neunzig, als er seine dreibändige Biographie veröffentlichte, die so begann:

«Drei einfache, doch übermächtige Leidenschaften haben mein Leben bestimmt: das Verlangen nach Liebe, der Drang nach Erkenntnis und ein unerträgliches Mitgefühl für die Leiden der Menschheit. Gleich heftigen Sturmwinden haben mich diese Leidenschaften bald hier –, bald dorthin geweht in einem launenhaften Zickzackweg über ein Weltmeer von Qual hinweg bis zum letzten Rand der Verzweiflung.»

Daß er die Liebe an erster Stelle nannte, hat er ausführlich begründet: «Nach Liebe trachtete ich, einmal, weil sie Verzückung erzeugt, eine Verzückung, so gewaltig, daß ich mein ganzes, mir noch bevorstehendes Leben hingegeben hätte für ein paar Stunden dieses Überschwangs. Zum andern habe ich nach Liebe getrachtet, weil sie von der Einsamkeit erlöst, jener entsetzlichen Einsamkeit, in der ein einzelnes erschauerndes Bewußtsein über den Saum der Welt hinabblickt in den kalten, leblosen, unauslotbaren Abgrund. Und letztens habe ich nach Liebe getrachtet, weil ich in der liebenden Vereinigung, in mystisch verkleinertem Abbild, die Vorahnung des Himmels erschaute, wie er in der Vorstellung der Heiligen und Dichter lebt.»

Heiraten wollte er jedoch nicht, jedenfalls hatte er sich das als Zwölfjähriger geschworen, nachdem ein Kamerad ihn über die geschlechtliche Liebe und die Ehe aufgeklärt hatte. Da war er zu der Überzeugung gekommen, «daß die freie Liebe das einzige vernünftige System und die Ehe eine Folge des christlichen Aberglaubens sei».

Mit 17 verliebte er sich in eine fünf Jahre ältere Studentin, die emanzipiert zu sein schien und vorgab, für die freie Liebe zu sein. Gegen den Widerstand seiner adligen Familie, die sie als «Jugendverführerin», «Intrigantin» und vor allem als «unstandesgemäße Abenteurerin» ablehnte, schloß er mit ihr die Ehe. Sie zog sich 26 Jahre hin, viel länger als seine Liebe, und blieb kinderlos.

Er aber wollte unbedingt Kinder, sagte indes zu Ehefrau Nummer 2, als er sie kennenlernte: «Von wem ich auch Kinder haben werde, Sie werden es nicht sein.» Dieser Ehe, die fünfzehn Jahre hielt, entsprossen ein Sohn und eine Tochter.

Sein zweiter Sohn kam aus der dritten Ehe, die nur

dreizehn Jahre hielt. «Als meine Frau sich entschloß, sie habe genug von mir, fand diese Ehe ein Ende.»

Wieder länger, bis zu seinem eigenen Ende, dauerte die vierte Ehe, die er als Achtziger wagte. Da erst habe er gefunden, bekannte er, was er in seiner lebenslangen Sehnsucht nach Liebe gesucht hatte. Und seine Tochter schrieb in ihrem Buch über ihn:

«Ich weiß nicht, wie er ohne sie die persönlichen und die ganze Menschheit betreffenden Ängste überstanden hätte, die ihn in den letzten zwanzig Jahren seines Lebens quälten. Auf allen Fotos von Zeitungen, die ich von ihm sah, sitzend, stehend, marschierend, protestierend, stand sie hinter ihm, in ihrem Mantel aus Leopardenfell, höflich, aber fest entschlossen, eine echte Helferin...»

Und er bekannte: Mit ihr war es «eine unendlich freudvolle Zeit». Und über alle Frauen, die ihm etwas bedeutet hatten: «Ich für meinen Teil verdanke den Frauen, die ich geliebt habe, sehr viel und wäre ohne ihren Einfluß viel engherziger geblieben.»

Wer war's?

9
Ich kann nicht zwingen...

Ihrem Mann, den sie in ihren vielen Briefen fast immer mit Nachnamen anredete, wenn nicht mit «lieber Freund» oder «lieber Alter», schrieb sie einmal: «Wie glücklich werden wir uns nennen dürfen, wenn wir in unserem Alter unsere Kinder gesund und alle am Leben und alle gut um uns haben – mehr wollen wir nicht begehren, jetzt sind sie alle gesund und wohl und K. ist besonders liebenswürdig...»

K. war ihr vierter Sohn und ihr Liebling, dem noch drei Töchter folgten. Von ihren sieben Kindern hat nur K., der infolge eines Unfalls starb, sie nicht überlebt.

Daß sie eine so fürsorgliche Mutter sein würde, hatte kaum jemand aus ihrem großen Freundes- und Bekanntenkreis für wahrscheinlich gehalten; sie alle hielten sie für viel zu unbeherrscht, für widersprüchlich, extravertiert, überspannt, für allzu ichbezogen und eigenwillig, ja für rücksichtslos. Alles das war sie wirklich, aber für ihre Kinder opferte sie sich geradezu auf. Sie überließ sie nicht den Ammen und Kindermädchen, auch nur ungern den Hauslehrern, sie kümmerte sich selber um alles und jedes, und wenn sie krank waren, saß sie nächtelang bei ihnen und tat, was sie für richtig hielt, oft gegen die Meinung von Ärzten. Nicht selten auch gegen die Prinzipien ihres Mannes, der ihr immer wieder riet, die Kinder strenger zu erziehen, ja sie nötigenfalls auch zu ohrfeigen. Als sie dies einmal getan hatte, schrieb sie ihm:

«Lieber Alter, ich will gern so viel Unrecht und Schwachheit in meinem Verhältnis zu den Kindern haben als Du mir zuschreibst..., indessen kann ich Dir nur dies sagen: ich kann nicht zwingen, ich kann mit Gewalt keinen Gehorsam verlangen, ich kann den Kindern wohl vorstellen, was ich heilsam, großartig, richtig finde. Aber ich muß ihre Freiheit respektieren; folgen sie nicht, so werde ich's nicht müde werden, ihnen dasselbe vorzustellen, wenn aber notwendig wäre, daß ich mit einer höherstehenden Personalität oder mit sonstigen durchgreifenden Maßregeln auf die Kinder wirken sollte, so hat man sich in mir verrechnet. Je mehr ich diese Naturen beschaue, je mehr bin ich überzeugt, daß nur ein geschärfter Instinkt, keineswegs aber ein studierter Plan auf Kinder einwirken kann. Die Ohrfeige, die ich S. gab, hatte ich mir gewissermaßen abgezwungen, es war nicht aus Zorn oder Übereilung geschehen, jedoch bin ich so erkrankt, daß ich hinter meinem Ofen ohnmächtig hingefallen bin, daß ich am andern Tag ganz zerschlagen war, und ein Gefühl, als habe ich ihm in seiner Eigentümlichkeit Unrecht getan, zwang mich zur zärtlichsten Achtsamkeit für ihn. Er ist nicht böse, er ist von Herzen gut und besonders zur Freude aufgelegt, zur lustigen Freundschaft und Geselligkeit, ja er hat alle edlen Eigenschaften, und wir Menschen sind so dumm und machen ihn schlecht.»

Weil sie und ihr Mann in ihrer zwanzigjährigen Ehe häufig getrennt waren, schrieben sie sich viele hundert Briefe. In der ersten Zeit war er häufig von daheim abwesend, weil wegen der landwirtschaftlichen Güter, die er und sein Bruder geerbt hatten und die sie aufteilen mußten, schier endlose Rechtsfragen zu klären waren. Die eigentlichen Erben waren nicht sie, sondern die Kinder, und er setzte nun alles daran, die abgewirtschafteten Güter für die Kinder wieder in Schwung zu bringen.

Wenn er unterwegs war, kümmerte sie sich auf dem Stammgut nicht nur um den Haushalt und die Kinder, sondern um den ganzen Betrieb. Aber leben wollte sie da nicht für alle Zeit, leben meinte sie nur in der Stadt zu können. Und das tat sie nach ein paar Jahren auch, zusammen mit den Kindern. Er nahm es hin, obwohl der zusätzliche Haushalt kostspielig war, wenngleich sie ihn zum Teil aus ihrem eigenen Erbe finanzierte.

Ihren Mann liebte sie sehr, nur sein zurückgezogenes Leben als Gutsherr gefiel ihr nicht. Sie hielt ihn zu Höherem berufen, und sie ließ nicht locker, ihn zur Fortsetzung jenes Höhenflugs anzuspornen, den er in jungen Jahren gewagt hatte. Er aber hielt sich nicht für so genial, wie sie ihn sah. Und ihm war wenig Zeit gegeben. Fünf Tage vor seinem Fünfzigsten starb er, «plötzlich und schmerzlos», nachdem er ihr kurz zuvor von Schmerzen im Bein geschrieben hatte, weswegen er nicht kommen könne.

Sie brach nicht zusammen, gab sich nicht der Trauer hin, sondern sie verewigte ihn so, wie sie ihn sich immer gewünscht hatte. In einem Brief an seine lieben Freunde schrieb sie:

«Sein Tod ist... kein schreckliches Ereignis, sondern ein schönes und wohltätiges für mich und seine Kinder, und als ein ganz besonderes Zeichen, daß Gott Wohlgefallen an ihm habe, gilt mir sein Tod. Der göttliche Meister hat ein Kunstwerk aus seinem Lebenslauf gebildet... Bedauert mich nicht, Ihr lieben Brüder, ich bin sein Weib und... soll noch eine Weile mit seinen Kindern sein, und diese Prüfung meiner Liebe soll mich ihm neu vermählen...» – Da hatte sie noch 28 Jahre, bis sie ihm in ihrem 75. Jahr folgte.

Wer war's?

10
Ewig jung geblieben

In seinem Jahrhundert galt er in seinem Metier unbestritten als der Größte. Im nächsten jedoch wurde er abgewertet, und zwei andere wurden weit über ihn gestellt. Dann geriet er sogar in Vergessenheit, bis er wiederentdeckt wurde. Und heute gilt er für seine Zeit immerhin als der Drittgrößte. Die Geschichte, meinte Romain Rolland, der sich sehr für ihn einsetzte, «ist die parteiischste aller Wissenschaften», und trotz dieses unmöglichen Komparativs hatte Rolland recht.

Daß er in seinem langen Leben bis zuletzt so sehr erfolgreich war, lag nicht allein an seiner speziellen Begabung, seinem Fleiß und seiner Energie, seinem Optimismus, seinem Geschick für Eigenwerbung, hinzu kam, daß er immer auch großes Glück hatte. Dies gilt allerdings nicht für seine zwei Ehen, zumindest nicht uneingeschränkt.

Mit seiner ersten Frau war er sehr glücklich. Das hat er in seiner Lebensskizze für ein Fachlexikon ausdrücklich betont: «Es mochte damahls auch wohl dieses viel mit beygetragen haben, daß ich eine eheliche Liebe auf meine Frau warff. Denn man hält dafür, daß die Liebe die Geister aufmuntere.» Doch war dieses Glück nur kurz, weil die Frau nach der Geburt des ersten Kindes starb.

Die zweite Ehe bestand viel länger, nahm aber ein für ihn peinliches Ende, weil die Frau, nachdem sie acht Kinder zur Welt gebracht hatte, mit einem schwedischen Oberst davonlief. In einer ausführlicheren Selbstdarstellung für ein anderes Lexikon, hat er alle Kinder aufgeführt und angedeutet, was aus ihnen wurde oder noch werden sollte:

«Aus der ersten Ehe habe ich nicht mehr als eine Tochter, Maria Wilhelmina Eleonora... Aus der andern einen Sohn Andreas, Candidat des Ehrw. hamburgischen Ministerii; Sohn Hans, gegenwärtig in Diensten bey Sr. Excellentz, dem dänischen wircklichen geheimen Rath von Alefeld; Sohn Henrich Matthias, Lehrling bey einem Materiasten und Drogisten in Lübeck; Tochter Clara; Sohn August Bernhard, gestorben; Sohn Johann Bartold Joachim, wird, nachdem er die Schulwissenschaften noch einige Zeit getrieben, die Chirurgie ergreiffen; Sohn Benedict Conrad Eibert, Lehrling bei meinem Vetter, Hr. Warmholtz, Apothekern in Stockholm; Sohn Ernst Conrad Eibert, gestorben. – Summa: sieben Söhne und zwo Töchter; davon waren zween Söhne verstorben; daß also noch fünf Söhne und die zwo Töchter am Leben sind.»

Außer den teils schon erwachsenen Kindern hinterließ ihm die Frau beträchtliche Schulden. Dieses Zwischenspiel war ihm vor allem deswegen so peinlich, weil er einige Zeit zuvor genau ein solches Intermezzo, in dem ein von seiner Ehefrau betrogener, gerupfter und sitzengelassener älterer Mann dem Gelächter des Publikums preisgegeben wird, für die Bühne geschaffen hatte. Da ein solches Schicksal nun ihn selber traf, mußte er viel Schadenfreude über sich ergehen lassen, und überdies wähnte er sich wegen der hinterlassenen Schulden dem finanziellen Ruin nahe.

Aber am Ende hatte er auch in diesem Unglück wieder Glück. Freunde organisierten für ihn in der reichen Stadt, wo er angestellt war, eine Kollekte, die ihm soviel Geld brachte, daß er nicht nur über die materiellen Einbußen, sondern auch über den Verlust seiner Frau getröstet war. Er dankte mit einem kurzen Gedicht, in dem es hieß:

«So kehrt das Paradies von neuem in mein Haus,/ das
werte Hamburg hat mir treulich beigestanden/ und seine
milde Hand voll Großmut aufgetan./ Doch auswärts sind
noch Gönner mehr vorhanden.»

Der letzte Vers war nicht etwa als Drohung gemeint,
die hilfreiche Stadt zu verlassen – jedenfalls nicht für
immer. Aber Urlaub wollte er jetzt machen, den ersten
(und einzigen) seines arbeitsreichen Lebens, und zwar in
Paris. Dort wollte er frei von allen Verpflichtungen, denen er sonst immer nachkommen mußte, endlich einmal
nur das tun, was er wollte, in völliger Unabhängigkeit.

Und das tat er dann auch, acht Monate lang. Zwar
machte er im Grunde nichts anderes, als was er infolge
seiner Begabung immer gemacht hatte, aber es war doch
etwas Neues, Weiterführendes. Indes gehörte auch dies
zu ihm, daß er zu jeder Zeit für alles Neue aufgeschlossen
war. Er hatte das Glück, ewig jung zu bleiben – trotz
seines langen Lebens. Noch kurz vor dem Ende hat er
sich mit neuen Formen befaßt und auseinandergesetzt.
Er wurde 86 Jahre alt.

Übrigens hat keiner der Söhne sein «Handwerk» er-
lernt, um es weiterzuführen, wohl aber ein Enkel.

Wer war's?

11

Nichts zwischen Organist
und Orgel

Als er neun Jahre alt war und sein Vater, der König und Landesherr, viel Wert auf seine Erziehung und eine gute, lebensnahe Bildung legte, wurde ihm ein ‹Allgemeines Lexicon der Künste und Wissenschaften› gewidmet. Der Verfasser, Mitglied einer wenige Jahre zuvor in jenem Land gegründeten Wissenschafts-Societät, mag sich von der Dedikation einen besseren Absatz seines Buches erhofft haben. Doch nicht um ihn geht es hier, sondern nur um den Prinzen, dem er das Lexikon gleichsam zu Füßen legte.

Wir wissen zwar nicht, ob der Prinz das 918 Seiten starke Werk, das nach Angabe des Verfassers den letzten Stand der Wissenschaften berücksichtigte, überhaupt aufnahm, geschweige denn, was er daraus gelernt hat. Doch können wir nachlesen, was er da hätte lernen können – und was nicht. Zum Beispiel über den Tiger, das «reißende Tier»:

«Der Tiger ist groß wie ein mittelmäßiger Esel. Seine Augen glänzen wie Feuer. An den Lippen hangen ihm lange Haare, welche so giftig befunden werden, daß wenn ein ander Tier davon etwas einschluckt, es ohne Rettung sterben muß.» Kein Wunder, daß der Tiger weder bei Menschen noch bei Tieren beliebt ist. Nur die Löwin möge ihn, heißt es unter dem Stichwort «Löwe»: «Weil die Löwin sehr geil ist und der Löwe ihr nicht genug tun kann, paaret sie sich gerne mit dem Tiger.» Und aus solcher Konstellation werde dann «ein Leopard gezielet». Oder ein Panther.

Tiger und Löwen kannte der Prinz vermutlich nur von

Bildern, aber Störche und Hasen aus der Natur. In dem Lexikon konnte er die Bestätigung finden, daß Störche sich «in Königreichen nicht aufhalten sollen, ist ein einfältiges und offenbar falsches Märlein». Aber auch dies stand da: «Nicht besser ist die Meinung, welche man mit vielen albernen Geschichten oder Gedichten behaupten will, daß Störche von uns in warme Länder ziehen...» Und über ihren Nutzen war zu erfahren, daß «das Fleisch des Storches nicht zum Essen taugt», seine Asche aber, «in eine Essenz gebracht, wider Gift und Pest dienet», während sein Kot, mit Wasser eingenommen, «in der schweren Noth» helfe.

Als weit nützlicher wurde in dem Lexikon der Hase angepriesen. Nicht nur, daß er einen vorzüglichen Braten abgibt, «auch in der Artzney werden fast alle Stücke vom Hasen gebraucht»: Sein Blut vertreibe Sommersprossen, sein Hirn solle man Kleinkindern aufs Zahnfleisch streichen, weil es den Durchbruch der Zähne fördere, sein Fett ziehe Splitter aus der Haut und helfe gegen Zahnschmerz, und die Gelenke seines Schwanzes, gepulvert, «dienen wider den Stein, fallende Sucht, sonderlich auch wider das Bauchgrimmen».

Einige Jahre nach dem Erscheinen des Lexikons folgten der König und der inzwischen 16jährige Prinz einer Einladung in ein befreundetes Nachbarland zu Karnevalsvergnügungen. Da ging es recht lustig zu, ja nach Meinung des Königs allzu lustig, und er beklagte die «Liebesversuchungen», denen er sich und den Sohn dort ausgesetzt sah. Auf der Heimfahrt gab er sich froh, sagen zu können, daß er ebenso rein wieder fortginge wie er gekommen war.

Ob der Prinz dasselbe von sich hätte sagen können, reinen Gewissens, ist für Historiker bis heute eine offene Frage. Immerhin entstand irgendwann das Gerücht, daß er sich da eine venerische Krankheit zugezogen habe.

Und einige seiner Biographen haben hartnäckig die Theorie verteidigt, nach der die Krankheit falsch behandelt worden sei und letztlich seine Kinderlosigkeit zur Folge gehabt habe. Aber Beweise gibt es dafür nicht.

Wahrscheinlich ist allerdings, daß der junge Prinz nur mangelhaft aufgeklärt gewesen sein dürfte. Auch das Lexikon konnte ihm da nicht viel weiter helfen, obwohl der Verfasser im Untertitel nicht nur eine «Kurtze Beschreibung des Reichs der Natur», sondern «ingleichen aller menschlichen Handlungen» versprach. Doch gewisse menschliche Handlungen wurden eben nicht beschrieben. Zwar hätte sich der Prinz über die damals gefürchteten «Frantzösischen Pocken» informieren können: «Lues venera, eine ansteckende Krankheit, welche durch Geilheit und unmäßige Buhler-Liebe zugezogen wird.» Und leicht hätte er auch diese Stelle finden können: «In der Tugendlehre ist die Geilheit ein Laster, welches die Maß im Gebrauch der fleischlichen Beywohnung überschreitet...» Aber was war damit schon anzufangen!

Den Sex unseres sexfreudigen Zeitalters scheint es zu seiner Zeit nicht gegeben zu haben, gewiß nicht in seinem Lexikon. Da gab es nur das korrekte «Sexus: Geschlecht, der Unterschied der männlichen und weiblichen Art, die sich bei Menschen und Thieren befindet.» Weiter nichts. Und vergebens sucht man nach heute so geläufigen Begriffen: Nichts zwischen Penguin und Pennal, nichts zwischen Klistier und Klitter, nichts zwischen Pfuscher und Phantasey. Und nichts zwischen Organist und Orgel.

Er aber hat dennoch gelebt, immerhin gut 74 Jahre.

Wer war's?

12

Wie einer,
der am Galgen hängt

«*Es* ist kein Wunder, daß ich bereits zu den Toten gerechnet werde», schrieb der Zweiundfünfzigjährige voller Sarkasmus an eine Zeitungsredaktion, die einen verfrühten Nekrolog auf ihn veröffentlicht hatte; schuld daran seien die Theologen und Philosophen an den Universitäten, die ihn längst «widerlegt» glaubten und ihn «geistig totgeschlagen» hätten, und da in diesem Land alles vom Geist der Kanzel- und Kathedergelehrten abhänge, sei er «natürlich oder vielmehr logisch notwendig auch physisch tot...»

25 Jahre zuvor hatte auch er an einer Universität gelehrt, jedoch nur als Privatdozent. Eine angestrebte Stelle als Ordentlicher Professor hat er nie bekommen. Das lag nicht nur an seinen radikalen Thesen, durch die er manchen als «der leibhaftige Antichrist» erschien, das lag mehr noch an seiner schwunglosen Art des mündlichen Vortragens, vor allem aber an der Verzagtheit, die ihn immer wieder überkam:

«Ich habe die traurigsten Zustände durchlebt, die nur immer der Mensch erleben kann... Alles war mir unheimlich, unbehaglich...; es war mir zumute, wenn ich auf das Katheder mußte, wie einem armen Sünder, der aufs Schafott muß.» Ja er lebe «in suspenso, wie einer, der am Galgen hängt».

Doch dann verliebte er sich und «stieg in das gesunde Badewasser des heiligen Ehestandes», und es begann für ihn ein neues Leben. Seine Frau war die Tochter eines wohlhabenden Porzellanfabrikanten, der auf einem Schloß wohnte. Dorthin zog nun auch er, und in den

Turmzimmern des Schlosses konnte er in der ihm so angenehmen Zurückgezogenheit in aller Ruhe schreiben, und das gab ihm viel äußere und innere Sicherheit. Auch finanziell schien er nun gesichert zu sein, durch die seiner Frau zufließenden Einkünfte aus der Porzellanfabrik und – worauf sein erster Biograph hinwies – durch einen ansehnlichen Obst- und Gemüsegarten, einen großen Wald mit Wild und Geflügel und einen Karpfenteich.

Den Universitäten lief er nun nicht mehr nach: «Das beste Leben in dieser Zeit ist das zurückgezogene; denn alle unsere sozialen Verhältnisse sind bei allem äußeren Schein von Solidität durch und durch verdorben.» Und er lobte sein «kleines, in einem anmutigen, aber beschränkten, von Wäldern und Äckern umgrenzten Wiesental gelegenes Dörfchen, das aber den großen Vorteil hat, daß hier kein Pfarrer und keine Kirche ist».

Mit Pfarrern und der Kirche stand er mehr denn je auf Kriegsfuß, und nicht ohne Genugtuung fügte er hinzu: «Die hiesige Kirche oder das Kirchlein hat zu Ende des vorigen Jahrhunderts der Blitz vernichtet.» Hier, in dem kirchfreien Dorf, schrieb er sein Hauptwerk, mit dem er nicht nur die wissenschaftliche Welt auf sich aufmerksam machte.

Aber das Idyll auf dem schönen Schloß mit Frau und Tochter sollte nicht ewig dauern. Zwar überwand er eine leidenschaftliche Liebe zu der sehr viel jüngeren, hübschen, frühreifen Tochter eines Freundes, die ihn ihrerseits schwärmerisch verehrte, aber als er sich endlich, nachdem er schon bereit gewesen war, ihretwegen «Weib, Kind und Bücher» zu verlassen, doch für seine Frau entschloß, war das verletzte häusliche Verhältnis nicht mehr reparabel.

Folgenschwerer war, was sich eben zu jener Zeit ankündigte: «Die Fabrik ist leider... schwer belastet, ihr Betrieb höchst kostspielig, ihr Ertrag äußerst geringfügig, ihre Existenz sehr prekär.» Der «fast einzige Vorteil», den er noch von ihr habe, «ist Holz und freie, weil eigene Wohnung». Nach 24 Jahren ließ sich der Wohnsitz nicht mehr halten, nachdem Bankrott angemeldet werden mußte. Der Mittfünfziger mußte in eine viel kleinere Wohnung umziehen, die er als «akustische Kloake» bezeichnete, weil er es dort wegen Straßenlärm, Hundegebell und Kindergeschrei kaum aushielt. Und sein Arbeitszimmer war nicht heizbar.

Schon vor dem Umzug, der für ihn einen unheilbaren Bruch darstellte, war er wieder von schlechten Stimmungen heimgesucht worden. Ihm schien, «als sei er nichts und habe nichts geleistet»; lieber möchte er «Holzhacker sein als Philosoph», ja er wünschte sich «aus der Ewigkeit des Lebens in die Ewigkeit des Todes».

Bis sich dies erfüllte, vergingen noch gut anderthalb Jahrzehnte. Die letzten Jahre mußte er von Freunden und öffentlichen Stiftungen finanziell unterstützt werden. Nach einer Reihe von Schlaganfällen lebte er noch längere Zeit in geistiger Dumpfheit dahin, bis er mit 68 starb.

Wer war's?

13
Sie war wirklich etwas Besonderes

Sie war zwanzig, als ein 15 Jahre älterer Witwer (mit drei Kindern aus erster Ehe) bei ihrem Vater um sie anhielt. Sie zog eine Ehe mit diesem Mann wohlwollend in Betracht, obgleich sie ihn nur flüchtig kennengelernt hatte, auf einer Reise mit dem Vater. Liebe fiel dabei nicht ins Gewicht, wohl aber taten dies – wie ihr jüngerer Bruder später schrieb – «einige empfehlendste Eigenschaften» des Witwers:

Er «stammte aus einem alten und reichen Kaufmannsgeschlecht, welches gewisse höhere Stadtämter gleichsam erblich besaß. Er war von einem sehr angenehmen Äußern, fein gebildet..., schrieb treffliche Briefe, sprach sehr gut Englisch und Französisch, war viel gereist, war edel und freigiebig... Er kleidete sich einfach, aber äußerst nett und geschmackvoll...; allein mit obigen empfehlendsten Eigenschaften verband er noch der empfehlendsten eine, nämlich die eines großen Geldbesitztums».

So mag auch sie ihn gesehen haben, zumal ihr die Urteile anderer nicht bekannt waren: «Oberflächlich, eitel, prunksüchtig.» Entscheidend war letztlich das Urteil ihres Vaters: «Wo ist der... Fürst, der so viel hat», jubelte er, nachdem er über die beträchtlichen Einkünfte des Kaufherrn informiert worden war (allerdings nicht ganz korrekt). Die Zustimmung gab er jedoch erst, als der zukünftige Schwiegersohn versprach, seine Frau auch über seinen Tod hinaus finanziell sicherzustellen, und zwar durch eine sie begünstigende Lebensversicherung, deren Raten er zahlen werde.

Liebe spielte auch für ihn keine Rolle. Er, der als Senator und Bürgermeister einer norddeutschen Hanse-

stadt gerne prunkvoll renommierte, wollte nicht irgendeine Frau, sondern eine, die ihn schmückte und sein
Ansehen noch hob. Dafür schien sie ihm besonders geeignet. Sie war wirklich etwas Besonderes. Sie sah nicht
nur gut aus, war nicht nur gebildet, sondern sie war eine
Gelehrte, war Doktor der Philosophie und sprach neben
ihrer Muttersprache fließend Englisch, Französisch, Italienisch, konnte auch Latein und Griechisch. Dabei hatte
sie nie eine Universität von innen gesehen, nicht einmal
jene, deren Philosophische Fakultät die Siebzehnjährige
promovierte.

Was sie wußte, hatte sie größtenteils vom Vater gelernt, der an jener sehr angesehenen Universität Professor war, teils von einigen seiner Universitätskollegen. Der
Vater hatte mit ihrem Unterricht früh begonnen und
sich darüber Notizen gemacht. Die 15 Monate junge
Tochter habe bereits 87 Wörter gesprochen, notierte er,
und nur drei Monate später: Sie «spricht nun alles und
lernt das ABC nach einer neuen Methode, die, wenn sie
glückt, ich in einem eigenen gelehrten Werk beschreiben
will...» (was er auch tat). Und als sie eben zwei Jahre war,
schrieb er:

«Sie geht manchmal mit mir auf dem Wall spazieren.
Es sieht schnackisch aus, ein Kind von 25 Monaten, klein
wie eines von 15 Monaten und diskutierend als wäre sie
sechs Jahre alt.» Nachdem er ihr mit 32 Monaten das
Plattdeutsch-Sprechen beigebracht hatte, um sie dann
zum Holländischen und Schwedischen zu führen, konnte
sie Hochdeutsch mit vier Jahren lesen und schreiben.

Und so ging es weiter von Erfolg zu Erfolg, keineswegs
nur in Sprachen, sondern ebenso in Mathematik, Geschichte, Mineralogie und Bergbaukunde und auf einer
Italienreise (mit dem Vater) auch in Altertumswissen-
schaften, Architektur, Kunstgeschichte und schließlich in
Philosophie.

Aber lohnte sich die ganze Mühe, abgesehen vom Ansehen, das ihr der akademische Titel brachte? Als Frau konnte sie mit ihrer Gelehrsamkeit in jener Zeit, die sich so fortschrittlich und aufgeklärt dünkte, kaum etwas anfangen. Die akademische Laufbahn blieb ihr verschlossen. Sie durfte nicht einmal den Eid sprechen, den jeder neu promovierte Doktor ablegen mußte («... stets offen nach Wahrheit zu streben»). Denn als Frau war sie nicht eidesfähig. Als Frau war sie für Universitäten ein Nullum, und selbst bei der festlichen Verleihung des Doktortitels in der Universitätskirche blieb ihr der Zugang verwehrt!

Wieder beeinflußt vom Vater, der um solche Probleme von Anfang gewußt haben mag, erschien ihr ein Leben an der Seite des wohlhabenden Kaufherrn und Senators als beste Möglichkeit, ihren wissenschaftlichen Neigungen weiterhin nachgehen zu können. Jahrelang lief alles gut. Aber dann machte ihr Mann Konkurs, wobei sich offenbarte, daß er gar nicht so reich gewesen war.

Von da an ging für sie alles schief. Sie mußte nun nicht nur für sich und ihre drei Kinder aufkommen, die sie inzwischen mit ihm hatte, sondern auch für ihren Mann. Sie mußte aus ihrem kleinen geerbten Vermögen sogar die hohen Prämien seiner zu ihren Gunsten abgeschlossenen Lebensversicherung aufbringen, deren Auszahlung sie aber nicht mehr erlebte, weil sie (mit 54 Jahren) noch vor ihm starb.

Wer war's?

14
Zu vorsichtig, zu scheu,
zu ängstlich

Zwei Tage vor seinem 41. Ge-
burtstag notierte er auf einem Zettel, er «erkläre hiermit
ausdrücklich», daß seine Mutter «mit ihren Intrigen und
erotischen Affären» seine «ganze Jugend» von seinem
15. bis zu seinem 24. Lebensjahr «vergiftet» habe. Und er
zog daraus den Schluß: «die ganze unsägliche Einsamkeit
und Bitternis jener Jahre (und der späteren!) sind hier-
auf zurückzuführen. Meine Eltern waren mein Fluch!
Aber meine Mutter am meisten!!»

Das war keine zufällige Notiz aus Laune heraus; was er
auf Zetteln handschriftlich fixierte, das war bedacht und
hatte für ihn Ewigkeitswert, mußte allerdings nicht immer wahr sein. Wahr ist jedoch, daß er die Eltern haßte,
mit wachsendem Abstand immer mehr, beide, Mutter
und Vater. Ihnen allein gab er die Schuld daran, daß er
so geworden war, das heißt, ziemlich verkorkst.

Rückblickend sah er nur die muffige Enge, in der sie
mit ihm und der älteren Schwester lebten. Die winzige
Wohnung hatte außer dem Schlafzimmer zwar eine
«gute Stube», doch wurde sie nur an Festtagen benutzt.
Gewohnt, gekocht, gegessen wurde in der Küche (mit
Balkon), wo sie sich auch waschen mußten, weil es ein
Bad nicht gab (nicht einmal ein WC), und wo auch die
Wäsche gewaschen und getrocknet wurde. Und sie alle
schliefen in dem kleinen Schlafzimmer.

Er könne, schrieb er später, als Resultat einer so engen
dürftigen Kindheit, nicht großzügig denken. Und: «Ich
habe nie gelernt, mich richtig zu benehmen, in keiner
Gesellschaft – ...» Daß es extrem schlechte Zeiten waren,

nach dem verlorenen Krieg, woran die Eltern nicht schuld waren, ließ er außen vor. Und nie scheint er sich gefragt zu haben, warum er aus dieser bedrückenden Enge nicht ausbrach, warum er auch später richtiges Benehmen nicht gelernt hat.

Aber später war wohl zu spät, und früher war er zu vorsichtig, zu scheu, zu ängstlich. Als die Mutter den Sechsjährigen am ersten Schultag begleitete, ließ er sie nicht los, und der Lehrer schickte beide wieder heim. Obwohl er bald Klassenbester wurde, sagte er später, er sei ungern in die Schule gegangen. Er hat sich trotz guter Zensuren nie sicher gefühlt – so wie auch später nicht, als er mit Preisen geehrt wurde, aber dennoch zweifelte, so anerkannt zu sein, wie er sich fühlte: als großes Genie. Zeitlebens lechzte er nach Lob, negative Kritik ertrug er nicht, auch nicht von seiner Frau.

Geheiratet hat er mit 23, und der zwei Jahre Jüngeren hat er sogleich «untersagt», weiterhin berufstätig zu sein. Sie sollte nur für ihn da sein, sollte seine Manuskripte ins Reine schreiben, für ihn in Bibliotheken Auszüge machen, kurz, ihm helfen, Schriftsteller sein zu können, was schon früh sein Traum war. Sie machte mit ihm Übersetzungen, führte über ihn und seine Arbeiten (und seinen dafür nötigen Alkoholkonsum) ein Tagebuch, verhandelte mit seinen Verlegern. Einmal nahm sie für ihn sogar einen begehrten, gut dotierten Preis entgegen und las der Jury und dem Publikum seine Dankesrede vor, die jedoch mehr eine Publikumsbeschimpfung war – wegen angeblicher Faulheit, die er allen vorwarf, die nicht so fleißig waren wie er mit seiner «Hundert-Stunden-Woche».

Dies selber vorzutragen, hat er nicht gewagt; «seine Feigheit im persönlichen Verkehr ging bis zur Selbstverleugnung», schrieb ein Biograph, und bei Streit habe er stets seine Frau vorgeschickt.

Aber fleißig war er wirklich. Sein Leben war nichts anderes als Arbeit an seinem Werk. Dabei dauerte es lange, bis er Erfolg hatte. Als er zum erstenmal gedruckt wurde (übrigens in dieser Zeitung), war er 33. Und es vergingen noch viele Jahre, bis er finanziell einigermaßen gesichert schien. Erst der Mittvierziger konnte es wagen, mit geliehenem Geld das lang ersehnte Haus zu kaufen. Es war klein und lag weit draußen, doch zum Schreiben brauchte er die überschaubare Enge in ungestörter Einsamkeit: «Man muß sich entscheiden, ob man leben will oder ein Werk schaffen.» Und mit dieser Entscheidung fand er sich endlich damit ab, so zu sein, wie er war und wie er wohl nicht geworden wäre, wenn die Eltern anders gewesen wären und sich anders verhalten hätten.

Nicht alle seine Pläne hat er noch realisiert. Aber ein umfangreiches, großformatiges, schwergewichtiges und vielschichtiges Buch, mühsam zu lesen, hat er unter größten Anstrengungen vollendet. «Groß» sei es allemal, schrieb Dieter E. Zimmer, ja es könne «das literarische Meisterwerk des Jahrhunderts» darin stecken oder auch «eine Art Streichholz-Eiffelturm in Originalgröße..., von einem Hobby-Berserker um den Preis seines Lebens erstellt», vielleicht sei es auch beides.

Spät erfüllte sich noch sein früher Wunsch, finanziell unabhängig zu sein, etwa durch einen Mäzen. Der Dreiundsechzigjährige bekam von einem, der ihn und sein Werk fördern wollte, viel Geld geschenkt. Aber da war seine Zeit schon beinahe abgelaufen. Nur zwei Jahre danach starb er an den Folgen eines Hirnschlags.

Wer war's?

15
Für mehr Menschlichkeit

S_{ie} kam in der Residenz eines großen Reichs auf die Welt. Als sie drei Jahre alt war, kehrten die Eltern mit ihr in ihr Heimatland zurück, in eine kleine Stadt. Dort verlebte sie mit ihren jüngeren Brüdern die Kindheit, an die sie gern zurückdachte: «Ich glaube, daß ein glückliches Heim in einer Kleinstadt das beste ist, was man für die Kindheit wünschen kann. Die Kinder beherrschen die Kleinstadt, sie kennen jeden Winkel, sind überall wie zu Hause. Das Landleben mit allem Gesunden und Frischen gehört dazu, liegt in Reichweite. Kleinstadtkinder bleiben geselliger als Landkinder, und in der Natürlichkeit und im Vertrauen übertreffen sie die Kinder der Großstadt.»

Mit achtzehn kam sie in ein Lehrerinnen-Seminar, während die Familie in die Residenz zurückkehrte, wo der Vater Gesandter wurde. In ihrem Seminar wurde vor allem Literatur und Geschichte gelehrt, wofür sie sich nicht begeistern konnte. Es lag ihr nicht, das Leben aus Büchern zu verstehen. Beim Abschluß sagte ihr die Leiterin, vielleicht sei sie für Amerika geeignet, aber bestimmt nicht für ihr Heimatland, überhaupt für ganz Europa nicht.

Die Zwanzigjährige zog zu den Eltern in die glanzvolle Residenzstadt und wurde da in die Gesellschaft eingeführt. Sie besuchte alle Bälle, hatte Freude am Tanzen, an schönen Kleidern und Schmuck. Doch bald wünschte sie sich ein anderes Leben und gestand dies einer 30 Jahre älteren, berühmten Schriftstellerin, die das so schilderte:

«Eines Tages ging ich aus, um die Stadt, ihre Basare

und Kirchen kennenzulernen. Es führte mich eine Dame, eine Landsmännin: jung, blond, schön, von edelstem nordischen Typ. Ich wußte von ihr, daß sie ein glückliches Heim hatte. Und weil sie zu den höchsten Gesellschaftskreisen gehörte, konnte ich mir denken, daß ihr Leben sozusagen ein Tanz auf Rosen war. Unterwegs aber begann sie von ihrer Sehnsucht zu sprechen: das unbefriedigende Vergnügungsleben zu verlassen, sich in eine ernste Arbeit voller Anforderungen zu stürzen und ihre Gaben einsetzen zu dürfen, um etwas aus eigener Kraft zu werden. Es schien indessen, als ob ihr der Weg zu diesem Ziel durch das Übermaß an Glück, in dem sie lebte, versperrt würde.»

Zu der Zeit ahnte noch kaum jemand, daß die Zeit übermäßigen Glücks bald vorbei sein würde, nicht nur für sie, sondern für sehr viele Menschen. Sie war 26, als der Krieg ausbrach und – so schrieb sie später – «die Schicksalsstunde für Millionen und Abermillionen geschlagen hatte» und sie sofort wußte, was sie tun wollte. Sie ließ sich im Pflegedienst ausbilden (wie viele andere auch), jedoch nicht um den eigenen Verwundeten lediglich «die Kissen aufzuschütteln und ihnen allenfalls die Stirn zu trocknen, sondern um für mehr Menschlichkeit zu sorgen».

Das tat sie den ganzen Krieg hindurch und noch Jahre über ihn hinaus, indem sie sich unermüdlich und unerschrocken für Kriegsgefangene einsetzte, also für jene, die gegen das Land in den Kampf gezogen waren, in dem sie seit Jahren lebte und dem sie sich tief verbunden fühlte. Es waren vor allem Österreicher und Deutsche, deren grauenvolle Lage sie erleichterte. Vielen Tausenden von ihnen konnte durch ihren aufopfernden Einsatz das Leben gerettet und die Rückkehr in die Heimat ermöglicht werden. Über Jahre ertrug sie in den entsetzlichen Lagern mit den Gefangenen die grauenvollen Zustände selber wie eine Gefangene. Sie wurde krank wie sie und sehnte sich nach Hause wie sie. Die Dreißigjährige schrieb ins Tagebuch:

«Den ganzen Vormittag gequält von einer infernalischen Sehnsucht, nach Hause zu fahren und ein neues Leben anzufangen, ein eigenes, privates Leben; sage mir aber vergeblich, daß ich getan habe, was ich konnte... Und doch brennt trotz allem tief drinnen die Hoffnung, daß das Leben gut ist – auch für mich...»

Bis sie ein eigenes, privates Leben begann, vergingen noch einmal zehn Jahre, von denen sie acht in Deutschland lebte, wo sie heimkehrenden Kriegsgefangenen und deren Kindern half. Das Geld für Heime, die sie ihnen einrichtete, sammelte sie auf Vortragsreisen in Amerika zusammen.

Sie war 41, als sie heiratete und endlich nur für sich und ihren Mann leben wollte, der in Dresden Pädagogik und Philosophie lehrte. Kurz nach Hitlers Machtübernahme verließen sie mit ihrer kleinen Tochter Deutschland und gingen in die USA, wo er an der Harvard Universität eine Professur übernahm. Sie half schon bald wieder Menschen, die in Not waren, vor allem deutschen Juden, die nach Amerika emigrieren wollten. Und gegen Ende des Zweiten Weltkriegs sagte sie: «Wir müssen Vorbereitungen treffen, um dem deutschen Volk, vor allem den Kindern, in der kommenden großen Not zu helfen.» Sie sammelte für die Deutschen Medikamente und Kleidung, obgleich das dort noch als «Feindbegünstigung» galt und strafbar war.

Zu der Zeit war sie bereits an Krebs erkrankt, dem sie mit 60 Jahren erlag. Den Friedensnobelpreis hat sie nicht bekommen.

Wer war's?

16
Wie eine kleine,
zahme Maus

*D*er Mittsechziger und seine Frau (die zweite) wurden von einem jungen Mann, der wenig später sein Assistent wurde und dann «fast wie ein Adoptivsohn» bei ihnen im Hause lebte, nach der ersten persönlichen Begegnung in einem Hotel so beschrieben: «Uns», das hieß ihm und einem Schriftsteller, der die Begegnung vermittelte, «wird Einlaß gewährt von der hochgewachsenen, königlich schönen Frau... im blauen Turban und weißen Morgenrock aus Pikee. Er wartet hinter ihr in einem Schlafrock; während der ganzen Unterhaltung versteckt er sich hinter ihr und bleibt in ihrem Schatten, eine kleine zahme Maus bei einer großen freundlichen Katze... Nach den volkstümlichen Vorstellungen vom Wandel des menschlichen Körperbaus bedeutet er einen gewissen Rückschlag. Er ist so außergewöhnlich, zumindest in physischer Hinsicht, daß nichts weniger als eine lebensgroße Statue (nicht bloß ein Kopf oder eine Büste) oder eine ebensolche Zeichnung (das Porträt des Sitzenden von Picasso ist irreführend) seine Einmaligkeit vermitteln könnte: die zwerghafte Gestalt, die kurzen Beine, die Fleischlosigkeit, die Fußballerschultern, die großen Hände und breiten Handknöchel, der kleine Kopf mit zurückweichendem Stirnknochen... Tatsächlich ist er so faszinierend anzuschauen, daß es eine Anstrengung bedeutet, sich auf das zu konzentrieren, was er sagt.»

Er war zu der Zeit fast auf dem Gipfel des Ruhms, und andere sahen ihn wohl nicht so, wie hier beschrieben, weil sie ihn von Fotos oder Auftritten nur überaus korrekt gekleidet kannten. Korrekt gekleidet zu sein, gehörte zu seinem Ordnungssystem, das ihm lebensnotwendig war. Nur weil er und seine Frau wegen starker Verspätung ihres Nachtzugs sehr spät ins Hotel gekommen waren und kaum geschlafen hatten, ihre für morgens bestellten Gäste jedoch nicht warten lassen wollten, empfingen sie sie im Schlafrock. Pünktlichkeit stand in seinem Ordnungssystem höher als korrekte Kleidung.

Daß ihm Ordnung so wichtig war, konnte sein zukünftiger Assistent bei dieser ersten Begegnung noch nicht wissen; deswegen wunderte er sich über dessen «Getue wegen eines wackligen Tisches», registrierte «den Verdruß, den ihm ein ungeschickt hantierender Kellner verursacht», sowie «die Besessenheit, mit der er Brotkrümchen zusammenscharrt», ebensowenig entging ihm «die entschuldigende Geste, mit der er zwei Flecken an der Tischdecke wegreibt». Und der junge Mann fragte sich: «Wofür möchte er nur um Entschuldigung bitten?»

Die Antwort wäre gewesen: Für die Unordnung, die da für ihn sichtbar wurde und ihn offenbar beunruhigte. Unordnung war das, was er am meisten haßte, schrieb einer seiner Kritiker; «um sie zu überwinden stellte er ihr ganz einfache Formen der Ordnung entgegen». Das galt auch, ja vor allem für seine Arbeit, die er immer damit begann, auf seinem Schreibtisch Ordnung herzustellen. Um etwas Neues zu schaffen, brauchte er nicht etwa absolute Freiheit, sondern im Gegenteil die Begrenzung: «Sein Geist erträgt den Zustand der Ungehemmtheit nicht; er sucht das Verbot, den Zwang», für ihn gebe es nur die Alternative zwischen Tabu und Anarchie.

Ordnung verlangte er auch von der Familie, also von seiner Frau (der ersten) und seinen vier Kindern, ja von den Kindern, denen er zwar überaus zugetan war, verlangte er geradezu Unterwerfung. Darin kam er seinem Vater nach, dem er eben dies immer vorgeworfen hatte. Befragt nach seinem Verhältnis zum Vater, antwortete er einmal: «Nach seinem Tod kamen wir uns näher.»

Dabei hatte der Vater viel Verständnis für ihn und ließ ihn nach seinen Wünschen und Neigungen unterrichten und fördern, machte ihm allerdings ein abgeschlossenes Jura-Studium zur Bedingung.

Er sah im Vater, der als Künstler gut verdiente, einen Pfennigfuchser. Später war er genauso; ja er hatte ein leidenschaftliches Verhältnis zum Geld, feilschte bei jedem Kauf lange um den Preis und regte sich oft bei kleinen Ausgaben furchtbar auf. Aber nur so konnte er sich mit Frau und Kindern durch die schwierigen Jahre im Exil bringen, wo seine Werke ungeschützt waren und dargeboten werden konnten, ohne daß ihm Tantiemen gezahlt wurden. Er brauchte Jahre, bis er mit neuen Werken finanziell erfolgreich war. Doch anders als seiner ersten Frau war ihm ein langes Leben vergönnt, bis in sein 89. Jahr.

In den letzten fünf Jahren konnte er jedoch infolge einer schmerzhaften Blutkrankheit nichts mehr schaffen. Da las er nur noch, hörte Musik, machte Notizen, doch quälte es ihn, unschöpferisch zu sein: «Der Geist braucht in einer solchen Zeit seine tägliche Arbeit, nicht die Betrachtung der Vergänglichkeit. Der Kunst beraubt und mit der Philosophie allein gelassen zu sein, das bedeutet, der Hölle nahe zu sein.»

Wer war's?

17
Nach sieben Geburten
in neun Jahren

*R*epräsentieren und sich stets und überall so zu benehmen, wie die Etikette es vorschrieb (oder gar noch etwas besser) – daran wurde sie früh gewöhnt. Mit 15 Jahren kam sie als Hoffräulein an jenen herzoglichen Hof, wo ihr Vater eine angesehene, wenngleich mäßig bezahlte Stellung hatte. Mit 18 wurde sie zur Hofdame ernannt, was die Eltern, die eine große Kinderschar versorgen mußten, auf eine baldige und vor allem standesgemäße Heirat ihrer Zweitältesten hoffen ließ. Und als nach einiger Zeit ein Freier kam, wurde er von ihnen und ihr ohne langes Zögern erhört.

Er war allerdings auch ein Glücksfall, war – wie sie – von Adel, sogar von altem und etwas höherem, war alleiniger Erbe eines stattlichen Ritterguts, war jung und groß und sah gut aus, wußte sich zu benehmen und wurde vom herzoglichen Hof wohlwollend gefördert. Schon in seiner ersten Stellung als Hofjunker erhielt er ein gutes Salär. Als sie heirateten, war sie 22, er sieben Jahre älter und inzwischen in höherer Stellung sehr gut bezahlt. Sie gab ihre Hofdamenstelle auf, um ganz Gattin und Mutter sein zu können.

Aber glücklich wurde sie nicht, was nicht nur auf die sieben Geburten zurückzuführen war, die sie in neun Jahren hatte, und darauf, daß sie vier ihrer Kinder sehr früh begraben mußte. Sie fühlte sich als Ehefrau und Mutter überfordert und benachteiligt:

«Mir war dieses Geschäft auf eine schwere Art auferlegt», schrieb sie später. «Von Tränen ermüdet schlief ich ein und schleppte mich wieder beim Erwachen einen

Tag, und schwer lag der Gedanke auf mir, warum die Natur ihr halbes Geschlecht zu dieser Pein bestimmt habe. Man sollte den Weibern deswegen viele andere Vorzüge des Lebens lassen, aber auch darin hat man uns verkürzt, und man glaubt nicht, wie zu so viel tausend kleinen Geschäften des Lebens, die wir besorgen müssen, mehr Geisteskraft muß aufgewendet werden, die uns für nichts angerechnet wird, als die eines Genies, das Ehre und Ruhm einerntet.»

Für diesen zarten Seitenhieb auf (männliche) Genies hätte sie sich auf persönliche Erfahrungen mit eben solchen berufen können; mehr als nur *ein* Genie hatte sie aus nächster Nähe erlebt. Doch dachte sie wohl nur an jenes, dem sie in Freundschaft, Liebe und Haß verbunden gewesen war. Diesem Mann, um einiges jünger als sie, der ihr anfangs ausgesprochen unsympathisch war, hatte sie viel gegeben. Sie hatte ihm beigebracht, sich der Etikette entsprechend zu benehmen, und sie hatte ihn von seiner Unsicherheit befreit.

Sie hatte erkannt, daß er an Befangenheit litt. Schon die Angst vor Befangenheit machte ihn krank, etwa als er im Auftrag des Hofes an anderen Höfen Antrittsbesuche machen mußte. Er umschrieb dieses Syndrom, das bei ihm zu innerer Unruhe und zu Verstopfung führte, ihr gegenüber als «Gespenster, die mir furchtbar sind, und die nur du zerstreuen kannst».

Sie konnte es wirklich. Einmal gab sie ihm einen Talisman mit. Was immer es war, ihm half's, und er meldete Erfolge: «Ich versuche alles was wir zuletzt über Betragen, Lebensart, Anstand und Vornehmigkeit abgehandelt haben... Wie angenehm wird mir dies Spiel...» Und: «Ich bin sehr zufrieden mit meinem Aufenthalt und wie es scheint, sind es die Leute auch mit mir...»

Sie war da 39, und eine etwas frühere Beschreibung traf noch auf sie zu: «Die Baronesse... hat überaus große schwarze Augen von der höchsten Schönheit. Ihre Stimme ist sanft und bedrückt. Ihre Wangen sind sehr rot, ihre Haare ganz schwarz. Ihr Körper mager; ihr ganzes Wesen elegant.» Und von ihrem genialen Zögling wurde sie geliebt.

Aber ein Dutzend Jahre später verspottete sie ihn, weil er eine andere liebte und dick geworden war, und ließ ihn in einem Bühnenstück, das sie über ihn und sich schrieb, zu ihr sagen: «Ich war einmal ganz im Ernst nach der Tugend in die Höhe geklettert, ich glaubte oder wollte das erlesene Wesen der Götter sein, aber es bekam meiner Natur nicht; ich wurde so mager dabei. Jetzt seht mein Unterkinn, meinen wohlgerundeten Bauch, meine Waden! Sieh, ich will dir freiwillig ein Geheimnis offenbaren! Erhabene Empfindungen kommen von einem zusammengeschrumpften Magen.»

Sie – schon mit 51 Witwe geworden – wurde nie dick, sondern blieb ihr Leben lang mager (und elegant) und hatte mit 84 Jahren einen sanften Tod.

Wer war's?

18
Die ganze Welt in
Staunen setzen

Über alles mögliche dachte er nach, und was ihm so einfiel, schrieb er ins Tagebuch, wo es aber nicht geheim blieb, weil er alles, was er notierte, immer schon bald auch publizierte. Am liebsten dachte er über sich selber nach, wobei er stets Anlässe und Ursachen fand, sich und seine Leistungen zu loben. Was immer er zustande brachte, fand er zumindest gut, meist sogar überragend – selbst wenn es nur seine Exkremente waren:

«Heute morgen hatte ich auf der Toilette eine geniale Eingebung», schrieb der Achtundvierzigjährige. «Mein Stuhlgang war übrigens heute morgen unwahrscheinlich apart, flüssig und geruchlos. Ich wälzte das Problem der menschlichen Langlebigkeit... Meine Eingebung lautet: wenn es gelänge, das menschliche Exkrement so flüssig wie Honig zu machen, so würde das Leben der Menschen sich verlängern, denn das Exkrement ist (laut Paracelsus) der Lebensfaden, und jede Unterbrechung, jeder Furz ist eine verronnene Lebensminute, das zeitliche Äquivalent zur Schere der Parzen, die den Faden des Lebens abschneiden, ihn stutzen und zerstückeln...» Und er, der ewig leben wollte, kam zu der Überzeugung:

«Die weltliche Unsterblichkeit ist in der Ausscheidung zu suchen, im Exkrement, und nirgends sonst... Und da die höchste Aufgabe des Menschen auf Erden darin besteht, alles zu vergeistigen, so sollte man bei den Exkrementen damit beginnen.» Er sei geradezu «sprachlos über die geringe philosophische und metaphysische Beachtung, die der menschliche Geist diesem wichtigen

Thema» schenke. Und er kündigte an: «Wenn ich eines Tages eine allgemeine Abhandlung über dieses Thema schreibe, so werde ich bestimmt die ganze Welt in Staunen setzen.» Die Schrift werde allerdings, fügte er hinzu, «weit entfernt sein von Swifts Abhandlung über die Latrinen».

Aus der Abhandlung wurde nichts, weil ihm immer anderes und Wichtigeres einfiel und weil er auch wirklich Wichtigeres zu tun hatte und weil er drittens ungern etwas von sich hergab. Diese Eigenschaft hatte er schon als Kind: «Meine ersten Lebensjahre waren von einer charakteristischen Freudschen Anomalie geprägt: der überstarken Lust, meinen Stuhl zu verhalten. Rot, die Hinterbacken zusammenpressend und von einem Fuß auf den andern tretend, tanzte ich durchs Haus. Man folgte mir mit besorgtem Blick. Ich floh, meinen Schatz in den überladenen Gedärmen zurückhaltend. Ich suchte mir die unwahrscheinlichsten Ablageplätze aus: eine Schublade, einen Schuhkarton, die Zuckerdose. Tränen in den Augen, außer Atem, wartete ich immer noch. Endlich, in krankhaftem Zittern, mit wollüstigem Bedauern, entleerte ich mich in das gewählte Versteck. Dann schoß ich wie ein Pfeil in den Garten und rief: ‹Es ist getan!› Wildes Durcheinander, Panik, Verzweiflung und Scham im Haus: Schaufeln und Wischlappen in den Fäusten, stürzten sich meine Eltern und die Dienstmädchen in die unheilvolle Forschung...»

Später war es anderes, was er nicht hergeben wollte: «Mein Gold bewahren, mein Sperma zurückhalten...» Und die Erklärung, die er dafür hatte: «Eine mystische und im eigentlichen Sinn alchimistische Erotik.» Bei Psychoanalytikern hatte er gelesen, daß zwischen Gold und Exkrementen ein geheimnisvoller Zusammenhang bestehe, und er folgerte: «Also ist meine Passion für das Gold nicht ohne Verbindung mit meiner kindlichen Passion... Ich träume noch heute davon, in Gold eingehüllt zu leben...» Und deswegen war er bemüht, Gold anzuhäufen, dem er eine magische Funktion zuschrieb: «Der Gedanke, daß mein Gold... Frucht trägt, ohne sich zu bewegen, ... entzückt mich, beruhigt mich, erhebt mich...»

Seine Frau hatte nichts dagegen, daß er Gold sammelte, sah dies jedoch ganz praktisch: «... weil es uns erlaubt, uns, falls wir krank sind, unter den besten Bedingungen behandeln zu lassen.»

Er wollte mehr, viel mehr. Er wollte das Gold schließlich opfern, um sich einfrieren zu lassen und in einem späteren Jahrhundert wiederaufzuwachen. Er wollte unsterblich werden. So, wie er es sich vorstellte, ist auch aus diesem Plan nichts geworden. Immerhin gelang es ihm, sich überdurchschnittlich lange am Leben zu erhalten, nämlich nahezu 85 Jahre.

«Unsterblich» wurde er auf andere Weise auch, durch das, was er außer seinen Büchern geschaffen hat.

Wer war's?

19
... die Mutter des Orgasmus

Geboren wurde sie in Metz, an dessen Eroberung ihr Vater als Offizier beteiligt gewesen war und wo er sich dann als Verwaltungsbeamter niedergelassen hatte. Nach glücklichen Jahren der Kindheit in einem dörflichen Vorort der alten Festungsstadt gaben die Eltern sie in ein Pensionat bei Freiburg, das zu einer ‹Höheren Mädchenschule› gehörte, die sich das «Heranbilden von tüchtigen Gattinnen und Frauen» zur Aufgabe gemacht hatte und dabei vor allem auf gute Manieren Wert legte.

Frau und Gattin wurde sie mit eben zwanzig, aber keine tüchtige und schon gar nicht eine glückliche; jedenfalls beschrieb sie ihre Enttäuschung nach der Hochzeitsnacht mit ihrem 14 Jahre älteren Mann so: «Sie war in einem Zustand unaussprechlicher Seelenqual... Sie hatte unvorstellbares Glück erwartet, und nun fühlte sie sich gedemütigt und elend... Und er schlief. Er schlief! ... Konnte sie nicht davonlaufen? ‹Nein, ich bin verheiratet, ich bin verheiratet!› klang es ihr in den Ohren... O Gott, wie sie ihn deswegen haßte, hilflos, unglücklich haßte!»

Erst zwölf Jahre später – inzwischen war sie Mutter von drei Kindern und hatte sich anscheinend abgefunden mit dem langweiligen Leben an der Seite ihres Mannes, der sich nur für seine philologischen Studien zu interessieren schien – änderte sich für sie alles. Da kam ein ehemaliger Schüler ihres Mannes zu Besuch, sechs Jahre jünger als sie, von dem sie sofort fasziniert war. Und er war es von ihr: «Sie sind die wunderbarste Frau in ganz England», schrieb er ihr nach der ersten Begegnung.

Alles weitere ging von ihr aus: nicht nur, daß sie bereit war, ihren Mann mit ihm zu betrügen, auch ihn zu verlassen, sogar ihre Kinder. Nicht irgendwann, nicht später, sondern bei der ersten günstigen Gelegenheit, und nach nur wenigen Wochen waren sie in Metz, bei ihren Eltern, die vergeblich versuchten, ihre Tochter zur Umkehr zu bewegen. Sie zogen weiter, nach München, nach Österreich, nach Italien, weite Strecken zu Fuß bewältigend, denn für die Eisenbahn fehlte ihnen das Geld. Aber sie waren glücklich: «Ich liebe sie so sehr, daß ich gar nicht darüber sprechen mag; nie zuvor wußte ich, was Liebe ist», schrieb er einem Freund, und sie, allerdings viel später: «Ich wollte gar nichts, außer in dieser neuen Welt zu schwelgen, die er mir gegeben hatte...» Doch sobald sie an die Kinder dachte, brach sie in Tränen aus.

Sie schlugen sich durch, ärmlich mit Hilfe von Freunden und mit seinen kärglichen Honoraren. Er schrieb, und er hatte die Gabe, nahezu überall schreiben zu können. Aber das meiste wurde nicht gedruckt, weil es den Verlegern zu obszön war und sie Geldstrafen befürchten mußten. Eins seiner Bücher wurde eingestampft wegen – so einer seiner Biographen – «einiger Zeilen, die in dem fünfhundert Seiten umfassenden Text heute kaum jemand bemerken würde».

Er schrieb weiter, schrieb, angeregt von ihr, schließlich jenen Roman, dessen Hauptfigur ihr nachgebildet ist und wo es heißt: «Du hast so'n schönen Hintern... Du hast den schönsten Arsch, den ich kenne. Ist überhaupt der schönste Weiberarsch, den's gibt. Und jeder Millimeter davon hat was von 'ner Frau... Du hast einen Hintern, wie er die Welt zusammenhalten könnte...»

Das sei, schrieb ein Kritiker in seinem puritanischen Heimatland, «der übelste Erguß, der jemals die Literatur unseres Landes verunreinigt hat». Das von ihm als Privatdruck herausgegebene Buch wurde verboten und durfte erst Jahrzehnte nach seinem Tod in ungekürzter Fassung gedruckt werden, und es wurde ein Weltbestseller. Da war auch sie schon nicht mehr auf dieser Welt, obgleich sie ihn um fast ein Vierteljahrhundert überlebt hat.

Nach der Scheidung ihrer Ehe heiratete sie ihn, weil er es so wollte. Sie liebte ihn, obgleich er sie im Beisein anderer oft schlecht behandelte, sie beleidigte, demütigte, sie sogar schlug. Auch er liebte sie, er brauchte sie. Ihm war sie der lebende Beweis für seine Überzeugung vom «Intellekt des Blutes und der Genitalien» und des «phallischen Bewußtseins». «Sie war die Mutter des Orgasmus und des ungeheuren, lebendigen Mysteriums des Fleisches», schrieb eine Freundin, die die beiden nach Amerika einlud.

Während seiner letzten Jahre, als er unheilbar krank war und sie ihn pflegte, bis zum Ende, hatte sie einen neuen Liebhaber, den sie nach seinem Tod heiratete. Sie starb an ihrem 77. Geburtstag an den Folgen eines Schlaganfalls auf ihrer Ranch, die sie viele Jahre zuvor gegen eines seiner Romanmanuskripte erworben hatte.

Wer war's?

20

Jetzt selbander . . . im Bett

*A*ls Vierzigjähriger – schon berühmt, bewundert, aber auch angefeindet, ja sogar verdammt – meinte er, bald sterben zu müssen. Doch hatte er vor Tod und Sterben keine Furcht. Er stand fest in der Tradition jener, die das Sterben als Übergang zum eigentlichen, wahren und ewigen Leben ansahen, und denen nicht der Geburtstag, sondern der Sterbetag ein Anlaß zur Freude sein sollte, als Tag der Erlösung von den Nichtigkeiten dieser Welt und als Anfang zu einem reinen Leben in Gott.

Andererseits aber stand er dieser Welt und ihrem Treiben keineswegs ablehnend gegenüber, und nur wenig später, mit 42, heiratete er, wodurch er Freund und Feind gleichermaßen überraschte. Während einige seiner Anhänger enttäuscht waren und seine Gegner frohlockten, scheint er über sich selbst verwundert gewesen zu sein. «Das erste Jahr der Ehe macht dem Mann seltsame Gedanken», schrieb er. «Sitzt er am Tisch, so denkt er: Früher warst Du allein, jetzt selbander; beim Erwachen im Bett sieht er ein paar Zöpfe, die er früher nicht sah...»

Aber das Leben zu zweit und schon bald mit Kindern gefiel ihm: «Gott hat es gut mit mir gemeint, daß er mir ein solches Weib gab, das für das Hauswesen sorgt...», schrieb er. Und: «Durch Gottes Gnade ist mir eine über die Maßen glückliche Ehe zuteil geworden. Ich hab' ein treues Weib nach dem Spruch Salomos ‹Ihres Mannes Herz darf sich auf sie verlassen›. Sie verderbt mir's nicht. Ach, lieber Gott, die Ehe ist nicht etwas Natürliches oder Leibliches, sondern sie ist ein Gottesgeschenk, das süßeste, ja das keuscheste Leben über allem Zölibat.»

Und wieder ein anderes Mal schrieb er: «Ich habe meine Frau lieb und ich weiß, daß ich sie lieber habe als mich, das heißt: Ich wollte lieber sterben, als daß sie mit den Kindern sterben müßte.»

Sechs Kinder wurden es, aber nicht alle wurden groß. Er stand in seinem 59. Jahr, als seine Tochter Magdalena im Alter von dreizehn Jahren starb. Da brachte er es einfach nicht fertig, in ihrem Todestag einen Grund zur Freude zu sehen. Drei Tage, nachdem er es hilflos hatte hinnehmen müssen, daß sie starb, schrieb er in einem Brief an einen langjährigen Freund und Mitarbeiter:

«Ich glaube, Du wirst gehört haben, daß mein allerliebstes Töchterlein Magdalena wiedergeboren ist zum ewigen Reich Christi. Obwohl ich und mein Weib nichts als danken sollten und fröhlich sein für solch ein glückliches Ende und seliges Sterben, durch welches sie der Macht des Fleisches, der Welt, des Türken und des Teufels entflohen ist, so ist doch die Macht der elterlichen Liebe so groß, daß wir das nicht ohne Schluchzen und Seufzen des Herzens und nicht ohne das allergrößte Herzeleid vermögen. Denn tief im Herzen eingeprägt ist jeder Zug, jedes Wort, jede Bewegung dieses lebendigen und sterbenden, dieses folgsamsten und ehrerbietigsten Töchterleins, so daß selbst der Tod Christi, mit dem doch kein Tod verglichen werden kann, die Trauer nicht ganz, wie es sein sollte, vertreiben kann ...»

So tief war er erschüttert, daß er den Freund bat: «So danke Du Gott an unserer Statt», weil er selber diesen Dank zu jener Zeit reinen Herzens offenbar nicht aussprechen konnte.

Gut ein Jahr später scheint er seine alte Fröhlichkeit noch nicht wiedergefunden zu haben. Als seine Landesherrin sich teilnahmsvoll nach dem Befinden des Sechzigjährigen erkundigte, antwortete er einigermaßen verdrossen: «Das Alter ist da, welches an ihm selbst alt und kalt und ungestalt, krank und schwach ist; der Krug geht so lange zu Wasser, bis er zerbricht; ich habe lange genug gelebt, Gott beschere mir ein selig Stündlein, darin der faule unnütze Madensack unter die Erde komme zu seinem Volk und den Würmern zuteil werde!»

Gut zwei Jahre danach mußte er wegen eines Rechtsstreits in eine andere Stadt reisen. Es war nicht weit, aber es war Winter, und seine Frau sorgte sich um ihn und schrieb ihm das. Er machte sich lustig über sie und versuchte sie zu beruhigen: «Wir leben hier gut, und der Rat schenkt mir zu jeder Mahlzeit ein halbes Stübchen Rheinfaler Wein...» Und: «Du kannst Dich damit trösten, daß ich Dich gerne lieb hätte, wenn ich könnte, Du weißt es ja...» – In einem anderen Brief wurde er ernster: «Ich sorge, wenn Du nicht aufhörst zu sorgen, es möchte uns zuletzt die Erde verschlingen und uns alle Elemente verfolgen. Lernst Du so den Katechismus und den Glauben? Bete Du und laß Gott sorgen; Dir ist nicht befohlen für Dich oder mich zu sorgen. Es heißt: ‹Wirf dein Anliegen auf den Herrn, der sorget für dich›...» Und abschließend setzte er hinzu: «Wir sind Gottlob frisch und gesund... Wir wollten nun fort gern los sein und heimfahren, wenn's Gott wollte, Amen!»

Aber Gott wollte es nicht, und er ist dort wenige Tage danach gestorben.

Wer war's?

21

Durch enormen
Bier- und Alkoholgenuß

*A*ls Kind war er infolge einer Krankheit überaus zart und hatte deswegen am Turnen nie Freude. Lange blieb er für die Mutter das Sorgenkind. Als Student, inzwischen hochaufgeschossen, nahm er Fecht-Unterricht, um einer schlagenden Verbindung angehören zu können und nicht mehr abseits zu stehen.

Mehr Zeit als dem Fechten aber opferte er den Kneipen mit Kommilitonen, wobei er sich durch große Trinkfestigkeit auszeichnete. Der enorme Bier- und Alkoholgenuß bewirkte eine «auffällige Zunahme seines leiblichen Umfangs», schrieb später seine Frau und Biographin, und «als die Mutter ihn zum erstenmal in dieser Verwandlung und mit breitem Schmiß auf der Wange begegnet, weiß die tatkräftige Frau Staunen und Schreck nicht anders als durch eine schallende Ohrfeige auszudrücken.»

Ohne jemals sein Studium zu vernachlässigen, kneipte er weiter und gab für die Burschenherrlichkeit mehr Geld aus, als sein Monatswechsel hergab, und wurde noch dicker. Beim Militär, nur wenig später, machte ihm seine Korpulenz arg zu schaffen: «Die zierlichen Füße und Fußgelenke haben Mühe, den schweren Körper zu tragen, und versagen bei stundenlangem Exerzieren.» Über Nachtmärsche klagte er:

«Das Umherlaufen nachts bei sehr kühler Temperatur mit völlig durchnäßten Kleidern ist mir unerträglich. Ich habe dann immer die Empfindung, als ob ich sehr starkes Fieber hätte und bin nachher so schlaff, daß ich mit dem

Zweifel in den Dienst gehe, ob ich imstande bin ihn auszuhalten.»

Trotz aller Strapazen hielt er durch, aus Pflichtbewußtsein. Am meisten klagte er über den «unheimlichen Zeittotschlag, der darauf verwendet wird, denkende Wesen zu Maschinen abzurichten, die auf Befehl mit automatischer Präzision reagieren.» Und empört war er über die entwürdigende Behandlung seitens der Feldwebel und Korporale. Unterster Untergebener zu sein, fiel ihm schwer.

Als er in der zweiten Hälfte seines Dienstjahres Korporalschaftsführer wurde, fühlte er sich schon besser, obgleich er nun auf Reinlichkeit nicht nur der Uniformen und Waffen, sondern auch «des Adamskostüms seiner ‹polnischen Ferkel› zu halten» hatte, was ihm «Bauchgrimmen und Appetitlosigkeit» bereitete.

Rundum wohl fühlte er sich zwei Jahre später während einer Offiziersübung: «Man ist doch nun ganz anders gestellt als früher», schrieb er der Mutter; sein Hauptmann habe ihm geraten, die acht Wochen «als Badekur» zu betrachten, «und er hat recht. Denn ich bin schon drei starke Koppellöcher magerer geworden... Ich gelte jetzt unbezweifelbar für einen guten Soldaten...»

Nach Meinung seiner Frau erzeugte die militärische Erziehung bei ihm «eine große Bewunderung für die ‹Maschine›, dazu kriegerisch-patriotische Gesinnung, die ihn die Gelegenheit ersehnen ließ, einmal an der Spitze seiner Kompanie ins Feld zu ziehen».

Doch dazu ist es nicht gekommen. Als der Krieg ausbrach, den er als reinen Verteidigungskrieg sah, war er mit inzwischen 50 Jahren zu alt für den aktiven Dienst, was ihn sehr enttäuschte: «Dieser Krieg ist bei aller Scheußlichkeit doch groß und wunderbar, es lohnt sich, ihn zu erleben – noch mehr würde es sich lohnen dabei zu sein, aber leider kann man mich im Feld nicht brauchen, wie es gewesen wäre, wenn er rechtzeitig – vor 25 Jahren – geführt worden wäre. Meine Brüder stehen alle im Feld- oder Garnisonsdienst, mein Schwager ist bei Tannenberg gefallen...»

Er wurde nur mit der Einrichtung von Lazaretten in der Heimat betraut, nachdem er sich freiwillig gemeldet hatte. Er setzte sich für seine Aufgabe ungeheuer ein. Doch ärgerte es ihn, daß er als Hauptmann nur «angestellt», aber nicht reaktiviert wurde. Nach einem Jahr bat er um Entlassung. «Es lastet zu schwer auf mir, daß ich nicht fähig bin, in der Front militärisch verwendet zu werden, weil ich nicht marschieren und reiten kann.»

Unmittelbar nach Kriegsende, das er früh so voraussah, schrieb er in einem Brief: «Ich glaube an die Unverwüstlichkeit dieses Deutschland, und niemals habe ich es so sehr als ein Geschenk des Himmels empfunden, ein Deutscher zu sein, als in den düstersten Jahren seiner Schande...»

Anderthalb Jahre später starb er an einer Lungenentzündung. Für Karl Jaspers war er der größte Philosoph des Jahrhunderts, weil er die Wahrhaftigkeit gelebt habe.

Wer war's?

22

Recht froh und wohlgemut

D*aß* er beim Eintreffen der huldigenden «Boten» ausgerechnet einer Tätigkeit nachgegangen sei, die wir Deutsche unseren italienischen Nachbarn immer wieder und voller Abscheu verübeln, haben Historiker längst als eine Legende entlarvt. Doch wie alle Legenden ist auch diese unsterblich und in ihrer Einfalt so eindrucksvoll und deswegen so beliebt, daß seine Biographen nur ungern auf sie verzichten mögen. Hellmut Diwald zum Beispiel, der noch eigens darauf hinweist, daß jene Tätigkeit keinesfalls hochgestellten Personen, zu denen er zweifellos zählte, angemessen gewesen sei, sondern allenfalls Bauern, aber auch Jugendlichen, nennt eine Quelle, derzufolge er ihr an jenem bedeutenden Tage nicht allein, sondern zusammen mit seinen beiden Söhnen, die noch im Kindesalter standen, gefrönt habe – recht froh und wohlgemut.

Auf diese Weise ist die Legende gerettet, zumindest ihr «historischer Kern», den so viele Historiker aus jeder noch so albernen Behauptung herauszuschälen bemüht sind. Hier sieht der «Kern» etwa so aus:

Er (der Mann, um den es hier geht) zeichnete sich wie sein ganzer Volksstamm durch beste Eigenschaften aus, nämlich durch «den Sinn für das Gerade, Einfache, Natürliche, Anspruchslose, Schlichte, ebenso für das klare Urteil, das sich nie durch intellektuelle Rösselsprünge verwirren ließ». Sein nüchterner Realitätssinn habe ihn «stets die Dinge sorgfältig abwägen und ihr Eigenrecht bedenken» lassen – «nicht anders als der Landmann, der sich an den Jahreszeiten ausrichten muß und die Natur nie nach seinen Wünschen zwingen kann». Und: «Klarheit, Bescheidenheit und Entschiedenheit, diese drei Momente» seien Konstanten seiner Persönlichkeit ebenso wie seiner Politik gewesen; hinzugekommen sei noch Demut; einige gaben ihm ja sogar den Beinamen «der Demütige».

Bei aller Demut und Bescheidenheit verstand er es aber immer, sich und seine Ziele durchzusetzen – nicht allein mit Klugheit und Verhandlungsgeschick, sondern oft auch mit Drohungen oder gar mit Gewalt. So war es zum Beispiel auch, als er sich für einen Gegenstand interessierte, dessen Name nicht verraten werden kann (nur daß er in gekürzter Form unter Autofahrern noch heute einen guten Klang hat). Zu seiner Zeit verbarg sich dahinter jedoch sehr viel mehr. Da war es (unter anderem) eine Wunderwaffe, mit der – so schrieb ein zeitgenössischer Chronist – sich sein Besitzer «beständigen Sieg über sichtbare und unsichtbare Feinde verschaffen konnte». Diese Wunderwaffe, die vielen Feinden den Tod bringen konnte, kam nicht etwa vom Teufel, sondern war ein «Gottes-Geschenk». Wer sie besaß, konnte folglich nur für das Gute kämpfen und stand also schon vorab auf der richtigen Seite.

Er muß aber wohl auch habgierig und sehr von sich überzeugt gewesen sein, wenn sich der Erwerb der wunderwirksamen Waffe wirklich so zutrug, wie der Chronist es berichtete: «Als er erfuhr, daß ein anderer Herrscher ein so unschätzbares Geschenk des Himmels besitze, sandte er umgehend Boten an ihn ab und versuchte, ob er es um irgendwelchen Preis erwerben könne. Da aber der andere auf alle Weise erklärte, daß er solches niemals tun würde, so ließ er es sich sehr angelegen sein, weil er ihn durch Geschenke nicht dazu bewegen konnte, ihn durch Drohungen zu erschrecken. Denn er gelobte, sein ganzes Königreich mit Feuer und Schwert verwüsten zu wollen.»

Aber diese wilde Drohung mußte er gar nicht wahrmachen, weil Gott dem anderen zur Einsicht verhalf, wie jedenfalls der Chronist behauptet: «Weil aber die Sache, um die er bat, ein Kleinod war, durch welches Gott das Irdische mit dem Himmlischen verknüpft hat, nämlich der Eckstein, der aus beiden eines macht, so wurde endlich des anderen Herz erweicht, und er überreichte es persönlich dem gerechten König, der in gerechter Weise Gerechtes begehrte.»

Der gerechte König war über den Erwerb der Wunderwaffe so erfreut, daß er den Geber zum Dank «nicht nur mit Gold und Silber beschenkte, sondern auch mit einem ansehnlichen Teil seines Landes». Im Vertrauen auf die göttliche Kraft der Waffe und auf sein Recht, das sie ihm immer wieder bestätigte, meinte er sich solche Großzügigkeit leisten zu können. Und wirklich hat sie ihm und seinen Nachfolgern in vielen Schlachten den Sieg gebracht, weil die Feinde – so heißt es – oft schon davonliefen, wenn sie das Ding nur sahen.

Wer war's?

23
Ihr Name wurde
nicht genannt

Sie war schon 23, als sie endlich das Abitur schaffte. Daß dies eine Hürde war, lag nicht an ihr, sondern allein an der Benachteiligung, die damals in ihrem Land für Frauen gang und gäbe war. Nach der normalen Schulzeit – fünf Jahre Volksschule und drei Jahre Bürgerschule – waren die offiziellen Bildungsmöglichkeiten für Mädchen erschöpft; Gymnasien gab es nur für Jungen.

Weil sie sich schon sehr früh für eine Wissenschaft interessierte, in der Frauen ohnehin chancenlos waren, ließ sie sich zunächst als Lehrerin für Französisch ausbilden, wußte jedoch, daß dieser Beruf sie nicht ausfüllen würde. Deswegen hatte sie sich privat auf das Abitur vorbereitet, das sie dann als Externe an einem Gymnasium bestand.

Dies geschah nicht in der Provinz, sondern in einer Haupt- und Weltstadt, wo sie als drittes von acht Kindern eines Rechtsanwalts auf die Welt gekommen war. Kurz bevor sie das Abitur machte, ließ die dortige Universität auch Frauen zum Studium zu. Unterstützt von den Eltern, machte sie von der neuen Möglichkeit sofort Gebrauch. Nach acht Semestern legte sie ihre Doktorprüfung ab und erhielt die Note «Einstimmig mit Auszeichnung». Sie war der vierte weibliche Doktor an jener Universität, der erste in ihrem Fach.

Nachdem sie die folgenden zwei Jahre an einem wissenschaftlichen Institut gearbeitet hatte, ging sie in die Hauptstadt eines benachbarten Landes, weil an jener Universität ihr Fachgebiet besonders gut vertreten war.

Obgleich Frauen da offiziell noch nicht zugelassen waren, erlaubte ihr der betreffende Gelehrte, der einige Jahre später mit einem Nobelpreis ausgezeichnet wurde, an seinen Vorlesungen teilzunehmen. Inzwischen war sie 30 Jahre alt.

Als sie wenig später um einen Laborplatz bat, um auch praktisch arbeiten und experimentieren zu können, hatte sie Glück. Ein etwa gleichaltriger Dozent suchte gerade einen Mitarbeiter ihres Fachs und war bereit, es mit ihr zu versuchen. Da aber der für das Labor verantwortliche Vorgesetzte strikt gegen weibliche Wissenschaftler eingestellt war, durfte sie nur in einer ehemaligen Holzwerkstatt arbeiten und mußte sich einverstanden erklären, die den Studenten zugänglichen Laborräume nie zu betreten, auch nicht die Toilette.

Die ersten Jahre war sie in dem Institut ein «unbezahlter Gast» und lebte äußerst bescheiden, weil die Eltern sie nur wenig unterstützen konnten. Aber es war der Anfang einer engen und erfolgreichen Zusammenarbeit, ja einer Freundschaft mit dem Dozenten, der darüber später schrieb:

«Von Gemeinsamkeiten zwischen uns, außerhalb des Instituts, konnte keine Rede sein. Sie hatte noch ganz die Erziehung einer höheren Tochter genossen, war sehr zurückhaltend und fast scheu. Während ich mit meinem Kollegen... täglich zu Mittag aß und wir an Samstagen und später auch mittwochs noch ins Kaffeehaus gingen, habe ich mit ihr viele Jahre lang außerberuflich nie zusammengesessen. Wir sind auch nicht gemeinsam spazierengegangen. Abgesehen von... Kolloquien begegneten wir einander nur in der Holzwerkstatt. Dort haben wir meist bis kurz vor 8 Uhr gearbeitet, so daß mal der eine, mal der andere in die Nachbarschaft laufen mußte, um schnell noch Aufschnitt oder Käse zu kaufen, denn um 8 Uhr schlossen die Läden. Niemals wurde das Eingekaufte gemeinsam verzehrt. Sie ging nach Hause, und ich ging nach Hause. Dabei waren wir doch herzlich miteinander befreundet.»

Mit 34 wurde sie Assistentin, die erste an jener Universität, aber bezahlt wurde sie erst ein Jahr später, nachdem eine andere Universität ihr eine Dozentenstelle angeboten hatte. Die Zusammenarbeit mit dem gleichaltrigen Dozenten, der schließlich Institutsleiter wurde, ging über gut drei Jahrzehnte. Das Ende der Zusammenarbeit kam, als ihr Geburtsland von ihrem Gastland vereinnahmt wurde. Dadurch war sie als Jüdin nicht mehr geschützt. Mit seiner Hilfe floh sie ins Ausland.

Es blieb die Freundschaft; ihr «Fundament hat bis heute gehalten», schrieb der Achtundachtzigjährige kurze Zeit vor seinem Tod. Geblieben ist auch das Ergebnis ihrer langen gemeinsamen wissenschaftlichen Arbeit, das die Welt veränderte, indem es ein neues Zeitalter beginnen ließ und für das er mit dem Nobelpreis ausgezeichnet wurde, während sie dabei gar nicht erwähnt wurde, auch nicht in seiner Dankesrede in Stockholm. – Sie starb, fast neunzigjährig, drei Monate nach ihm.

Wer war's?

24
Der Himmel versagt
mir den Ruhm

Er kam aus einer alten, ange-
sehenen Offiziersfamilie, die seinem Land bis zu seiner
Zeit (unter anderen) achtzehn Generäle und zwei Feld-
marschälle gestellt hatte. Auch sein Vater war Offizier,
allerdings nur Hauptmann, und ebenso war ihm selber
diese Laufbahn bestimmt. Er war vierzehn, als er sie in
einem Eliteregiment als Gefreiter begann, nachdem der
Vater vier Jahre zuvor gestorben war.

Mit fünfzehn nahm er schon an einem Feldzug und
der Belagerung einer Stadt teil. Begeistert war er nicht:
«Gäbe uns der Himmel nur Frieden, um die Zeit, die wir
hier so unmoralisch töten, mit menschenfreundlicheren
Taten bezahlen zu können!» schrieb er. Einmal bekam er
Urlaub und durfte nach Hause, weil seine Mutter gestorben war.

Nach zwei Jahren kehrte er als Fähnrich aus dem Feld
in seine Garnisonsstadt zurück, wo er das typische Leben
eines jungen Offiziers führen konnte, mit Besuchen von
Bällen, Theatern und Konzerten. Aber er hatte keine
Freude daran; überall fiel es ihm schwer, sich anzupassen. Am wenigsten gefiel ihm der militärische Betrieb:
«Die größten Wunder militärischer Disziplin, die der
Gegenstand des Erstaunens aller Kenner waren, wurden der Gegenstand meiner herzlichsten Verachtung»,
schrieb er seinem ehemaligen Erzieher, einem protestantischen Pfarrer.

Mit zwanzig wurde er Leutnant. Zwei Jahre später
nahm er seinen Abschied. Um «das Glück zu finden»,
begann er ein Universitätsstudium mit Philosophie, Ma-

thematik und Physik. Glück setze voraus «die Zufriedenheit unserer selbst, das Bewußtsein guter Handlungen,
das Gefühl unserer durch alle Augenblicke unseres Lebens... standhaft behaupteten Würde»; nur auf dieser
Grundlage sei es möglich, «unter allen äußeren Umständen des Lebens, selbst unter den traurigsten, ein sicheres,
tiefgefühltes, unzerstörbares Glück zu gründen.»

An solchem Glück sollte auch seine Verlobte teilhaben,
die er in der Universitätsstadt kennengelernt hatte, die
Tochter des Ortskommandanten. Er wollte sie an der
«moralischen Ausbildung» teilhaben lassen, die ihm «hei-
ligste Pflicht war», und schrieb ihr lange Briefe, die eigentlich Abhandlungen waren.

In dem Verhältnis zu seiner Verlobten entstand ein
neues, für ihn unlösbares Problem. Es lag in der Frage,
ob es überhaupt einen Weg vom Ich zum Du gebe: «Ist
nicht jeder Mensch in sein Ich gesperrt wie in ein Gefängnis?»

Die Wissenschaften enttäuschten ihn bald, und er gab
das Studium auf: «Bei dem ewigen Beweisen und Fol-
gern verlernt das Herz fast zu fühlen, und doch wohnt
das Glück nur im Herzen, ... nicht im Verstande...»
Aber er fügte hinzu: «Verstanden werden möchte ich
gern zuweilen sein...»

Seine Braut verstand ihn nicht mehr, als er sich in der
Schweiz einen Bauernhof suchen wollte – nicht um Landwirtschaft zu treiben, sondern nur, um einen «Ort der
Stille» zu haben, wo er in Ruhe schreiben könne. Und sie
weigerte sich, mit ihm zu gehen. So kam es zum Bruch.
Einen Winter lang sah er sich Bauernhöfe an und mietete
sich dann bei einer Pächtersfamilie ein. Doch wurde er
dort krank und mußte zurück in die Heimat.

Wenig später sehnte er sich nach dem Tod: «Der Himmel versagt mir den Ruhm, das größte der Güter der
Erde; ich werfe ihm, wie ein eigensinniges Kind, alle

übrigen hin... Ich stürze mich in den Tod..., ich werde den schönen Tod der Schlachten sterben...» Dazu kam es nicht, wohl aber zu einem körperlichen und seelischen Zusammenbruch.

Als er sich davon erholt hatte, arbeitete er fast zwei Jahre als Beamter und fand dabei Ruhe zum Schreiben. Dies wollte er dann nur noch; als Journalist wollte er für die Befreiung seines Landes kämpfen. Aber die von ihm gegründete Zeitung ging nach der 72. Ausgabe ein.

«Wirklich ist es sonderbar», schrieb er, «wie mir in dieser Zeit alles, was ich unternehme, zugrunde geht...» Und etwas später: «Es ist mir ganz unmöglich, länger zu leben; meine Seele ist so wund, daß mir, ich möchte fast sagen, wenn ich die Nase aus dem Fenster stecke, das Tageslicht wehe tut, das mir darauf schimmert.»

Zwölf Tage danach nahm er sich, eben 34, das Leben. Am Morgen seines Todes schrieb er einen letzten Gruß an seine Schwester. Darin heißt es: «Und nun lebe wohl; möge Dir der Himmel einen Tod schenken, nur halb an Freude und unaussprechlicher Heiterkeit dem meinigen gleich...»

Wer war's?

25
Bei Gott!
Was für ein Gehirn!

Kein anderer seiner Zunft ist so beschimpft, geschmäht und verleumdet worden wie er zu seinen Lebzeiten und noch lange danach – und dies von höchst angesehenen und gelehrten Universitätsprofessoren fast aller Fakultäten.

Von einem Philosophen, der Toleranz predigte, wurde er als «scheußliches Ungeheuer» und «lichtscheuer Schreiber» abgetan, von einem hochberühmten Mediziner und Alchemisten mit Titeln wie «dummer Teufel», «blinder Gaukler», «verblendeter Tropf» belegt, als «Narr», der «gaukelhafte Alfanzereien» betreibe, voll der «lahmsten und elendsten Fratzen». Ein Mathematiker, der zugleich Physik lehrte, disqualifizierte ihn wegen seiner «fluchwürdigen Anschauungen als «elenden Wicht» und «ausländisches Tier». Ein deutscher Theologe fragte rein theoretisch:

«Ob wohl unter denen, die der Teufel selbst zur Vernichtung alles göttlichen und menschlichen Rechts gedungen hat, irgendeiner zu finden ist, der bei diesem Zerstörungswerk tätiger gewesen wäre als dieser zum größten Unheil der Kirche und des Staates geborene Betrüger?»

Und ein Lehrer der Rhetorik verurteilte eines seiner Bücher: «Voll von Frevel und Gottlosigkeit, ist es wahrlich wert, in die Finsternis der Hölle zurückgeworfen zu werden, woraus es zum Schaden und zur Schande des Menschengeschlechts ans Licht gekommen ist. Der Erdkreis hat nichts Verderblicheres die Jahrhunderte her gesehen.»

Aber schon bald sah man ihn und sein Werk ganz anders: «Ein großer Mann, ein guter Mensch», urteilte der englische Philosoph John Toland. «Man habe entweder seine Philosophie oder gar keine Philosophie», meinte Hegel. Und Goethe war gefesselt von der «grenzenlosen Uneigennützigkeit, die aus jedem Satz hervorleuchtete», während Heinrich Heine sich aus seinen Schriften von einem «gewissen Hauch angeweht» fühlte «wie von den Lüften der Zukunft». Nietzsche war «ganz erstaunt, ganz entzückt» von diesem «abnormsten und einsamsten Denker, der dem Russen Alexander Herzen eine der «zwei Herkulessäulen des wieder entstehenden Denkens» bedeutete, deren zweite ihm Leibniz war, der jenen in jungen Jahren voller Verehrung und Neugier aufgesucht hatte.

«Verblüfft, verblendet und mitgerissen» war beim Lesen auch Gustave Flaubert: «Bei Gott! was für ein Mann! was für ein Gehirn! was für Kenntnisse und welcher Geist!» Albert Einstein erfreute sich am Lesen seiner Briefe, und David Ben Gurion sagte: Er «predigte nicht nur seine Lehre – er lebte sie auch».

Wegen seiner Lehre, ja nur wegen seiner Meinung hatten seine frommen Glaubensbrüder ihn aus ihrer Gemeinschaft und allen Stämmen Israels verstoßen. Ihm waren Ungereimtheiten und Widersprüche im Alten Testament aufgefallen, woraus er folgerte, daß dies nicht in allen Teilen das Wort Gottes und die reine Wahrheit sein könne.

«Verflucht sei er bei Tage und verflucht sei er bei Nacht», hieß es in dem Großen Bannfluch über ihn, «möge Gott ihm niemals verzeihen, möge der Zorn und der Grimm Gottes gegen diesen Menschen entbrennen... Wir verordnen, daß niemand mit ihm mündlich oder schriftlich verkehre, niemand ihm irgendeine Gunst erweise, niemand unter einem Dache mit ihm verweile, niemand auf vier Ellen in seine Nähe komme, niemand eine von ihm verfaßte Schrift lese...»

Da war er 27 Jahre alt. Ihm blieb nichts, als sich aus der großen Stadt, wo er seit seiner Geburt lebte, in die Einsiedelei zurückzuziehen. Vor Feindseligkeit blieb er auch da nicht sicher, aber obgleich nicht einmal seine Freunde und Anhänger wagten, sich öffentlich zu ihm zu bekennen, wurde sein Name immer bekannter.

Der Mittdreißiger erhielt einen Ruf an die Universität Heidelberg. Er lehnt ab, weil er nicht wissen könne, «innerhalb welcher Grenzen die Freiheit des Philosophierens», die man ihm dort einräumte, «sich halten müsse, damit ich nicht den Anschein erwecke, als wolle ich die anerkannte Religion stören...».

Er wollte nicht stören, er wollte nicht polemisieren: «Ich lasse einen jeden nach seiner Natur leben und, wer will, mag für sein Heil sterben: wenn ich nur für die Wahrheit leben darf.» Genau das wollten viele ihm nicht zugestehen. Und er schrieb: «Wer sich bemüht, die Dinge der Natur als Gelehrter zu begreifen und nicht nur als Tor anzustaunen, der wird allenthalben für einen Ketzer und Gottesleugner gehalten.» Und starb im Alter von 45 Jahren.

Wer war's?

26
Zuversichtlich und selbstbewußt

Gut fünftausend Briefe sind von ihm erhalten, hunderte allein an die «lieben, teuren Eltern», zu denen er immer ein gutes Verhältnis hatte. Vom recht wohlhabenden Papa wurde er während der Studienzeit so generös unterstützt, daß er finanzielle Probleme leicht lösen konnte. Peinliche Details brauchte er nicht zu gestehen. Sie vertraute er nur seinem Tagebuch an oder seinem Freund:

«Ein alter Hasardeur, kann ich mich nicht enthalten, wieder einmal mein Geld am grünen Tisch zu riskieren», schrieb er ihm. «Die Sache ist diesmal gewagt; Kosaken sitzen mir gegenüber, und ich werde ein armes Hascherl sein...» Und Jahre später ins Tagebuch:

«Ich... war als Jüngling ein Spieler – gleich Lessing und Laube, und vielen anderen, die später doch ordentliche Männer geworden sind...» Daß er als Student spielte und oft verlor, scheint er den Eltern nie gestanden zu haben.

Und auch dies schrieb er – gerade zwanzig geworden – nur dem Freund: «Deine freundliche Sendung erhielt ich. Nur hast Du Dich geirrt. Ich wollte keine Spritze, sondern eine Tripper-Schürze. Ich ließ mir hier in einer der namhaftesten Damenmodenwarenhandlungen ein Leinenfutteral für meinen Penis machen, wobei ich meine Zuflucht zu groben Lügen nahm. Glücklicherweise war die Confectionärrin (sic) ein junges Mädchen von siebzehn Lenzen, die darum wohl noch nicht wissen wird, was unglückliche Liebe (unplatonische natürlich) für Folgen haben kann. – Sie bot zwar alle ihre Kunst auf,... doch das... Futteral ist etwas zu eng für meinen

Penis... Ich bringe ihn nur hinein, wenn er sich als friedlicher Hosenbürger ganz ruhig verhält. Das geschieht aber höchst selten, denn unerschrockener Deutschösterreicher wie er ist, lehnt er sich... energisch gegen meine Futteralzwangsverordnung auf.»

Er ließ sich ein größeres Futteral anfertigen: «Dieser zweite Apparat hat jedoch auch seine Mängel.» – Der Herausgeber der Briefe merkt zu «Tripper-Schürze» an: «Vielleicht studentensprachl. Bezeichnung eines im Rahmen der Gonorrhoe-Erkrankung gebräuchlichen Suspensoriums. – Gonorrhoe kam seinerzeit... unter Studenten nicht gerade selten vor.»

So froh und unbeschwert, wie er hier über eine peinliche und umständlich zu kurierende Krankheit schrieb, zeigte er sich in vielen seiner Briefe. Fast immer war er zuversichtlich, selbstbewußt und voller Schwung. Nach dem Jurastudium wurde er Journalist, zunächst Feuilletonredakteur, dann Auslandskorrespondent. Er schrieb auch Theaterstücke, von denen mehrere wiederholt aufgeführt wurden, ohne daß er immer seine Tantiemen bekam:

«Sehr geehrter Herr Director!» schrieb er an den Chef des Thalia-Theaters in Hamburg, «die Tantiemen meines Einakters..., der seit Dezember wiederholt aufgeführt wurde – wie ich den Zeitungen entnahm – sind mir bisher nicht zugekommen. Wenn Sie dieselben an einen Theateragenten abgeführt haben, bitte ich mir denselben zu nennen, ist aber die Ausfertigung irrtümlich ganz unterblieben, so wollen Sie mir den Betrag gefälligst direct zusenden. Hochachtungsvoll ergebenst...»

Er brauchte das Geld. Inzwischen war er 31, hatte eine Frau und zwei Kinder. Glücklich war die Ehe nicht, und er dachte an Scheidung, weil seine Frau, die gleich ihm aus einer assimilierten jüdischen Familie kam, einer sehr reichen, sich in seine bescheidenen Verhältnisse nicht zu fügen schien. So jedenfalls sah er es, während sie darunter litt, daß für sie neben ihm kein Platz war, zumindest nicht der erste. Denn da standen für ihn noch lange seine Eltern. Erst als er ihnen nicht mehr alle paar Tage lange Briefe schrieb, änderte sich das.

Auch er änderte sich. Ihn erschreckte eine verhängnisvolle politische Entwicklung. Aufmerksam wurde er durch ein Duell, zu dem ein jüdischer Hauptmann trotz seines fast lahmen rechten Armes einen Antisemiten gefordert hatte und dabei getötet worden war. Der Fehler des erstochenen Hauptmanns – schrieb er in seinem Artikel – sei es gewesen, der Schwächere zu sein. Und diesen Fehler habe er «redlich gebüßt».

Fortan plädierte er unermüdlich dafür, daß Menschen wie jener Hauptmann, zu denen auch er und seine Familie gehörten, sich aus der Rolle der Schwächeren, in die sie sich so lange hatten drängen lassen, befreiten. Um frei und stark sein zu können, müßten sie sich eine neue Heimat schaffen, ein Land gewinnen. Das war von nun an sein Traum, seine große Vision. Ihre Verwirklichung hat er nicht mehr erlebt. Er starb, völlig überarbeitet, im Alter von erst 44 Jahren.

Wer war's?

27
Aber weiser geworden
bin ich nicht

Noch bevor er in seiner Muttersprache auch nur einen Satz sagen konnte, lernte er Latein. Das kam deswegen – schrieb er –, weil sein Vater ihn «noch im Säuglingsalter und bevor sich noch meine Zunge zu lösen begann, einem Deutschen anvertraute, der... unserer Sprache völlig unkundig, aber im Lateinischen sehr wohl bewandert war... Ohne Kunst, ohne Buch, ohne Grammatik und Regel, ohne Ruten und Tränen habe ich ein so reines Latein gelernt, wie mein Lehrer es konnte.»

Leicht könnte dies als Übertreibung abgetan werden, wäre es ihm nicht – wie er sagte – allein darum gegangen, die Wahrheit herauszufinden, die Wahrheit über sich selber. Einzig die Erkundung seines Ich war das Ziel seines Denkens und Schreibens: «Ich wende meinen Blick nach innen... Jedermann schaut von sich weg, ich schaue in mich hinein; ich habe es nur mit mir selber zu tun.»

Um sich selber «mehr als einen Gegenstand studieren» zu können, hatte er sich vom öffentlichen Leben in der Stadt und seinem einflußreichen Amt ganz in die ländliche Ruhe zurückgezogen – nicht als alter Mann, sondern an seinem 38. Geburtstag in voller Lebenskraft.

Finanziell war das für ihn kein Problem. Denn sein kurz zuvor verstorbener Vater und schon sein Großvater hatten für ein stattliches Vermögen gesorgt, das seine Mutter, die eine große Mitgift eingebracht hatte, durch kluges Wirtschaften noch weiter vermehrte. Er blieb sein Leben lang dessen Nutznießer und hat nur einmal, durch die Mitgift seiner Frau, zur Vermehrung beigetragen.

Während er in seinem Buch den «guten Vater, den Gott mir gab», ausführlich darstellte, hat er die Mutter, die einer reichen jüdischen Familie entstammte, nur ein einziges Mal und ganz en passant erwähnt. Vergessen kann er sie nicht haben; denn sie lebte noch, ja überlebte ihn sogar auf dem Gut mit dem Schloß, wo er sich mit seiner Bibliothek in einem alten Festungsturm zum Schreiben einrichtete, und bewirtschaftete es zusammen mit seiner Frau. Das hat er verschwiegen, und zugleich hat er seine Herkunft geschönt: «Es ist die Stätte meiner Geburt und die der meisten meiner Vorfahren: sie haben ihr ihre Liebe und ihren Namen gegeben.»

In Wahrheit wurden nur er und sein Vater auf dem Schloß geboren, das der Urgroßvater gekauft hatte, der als Kaufmann durch den Handel mit Wein, getrocknetem Fisch und Waidfarbe zu Geld gekommen war. Und der alte Adelssitz erhielt seinen Namen nicht von seiner Familie, sondern umgekehrt: seine Familie nahm den Namen des Adelssitzes an, genauer: er selber war der erste, der den Familiennamen aufgab und sich nach dem Schloß nannte und damit alte Adelsherrlichkeit vortäuschte. Dennoch und ohne Ironie: Er war ein ehrenhafter Mann.

Und er scheute sich nicht, auch seine negativen Züge und Unzulänglichkeiten zu nennen, nicht nur solche, an denen er nicht schuld war, wie zum Beispiel seine kleine Statur, «ein wenig unter dem Mittelmaß», auch seine mäßigen Leistungen im Schwimmen, Fechten, Kunstreiten, ja er gestand ganz allgemein «mit den niedrigsten und gemeinsten Mängeln behaftet» zu sein. Zugleich meinte er, sich ständig zu verändern. Und nach ein paar Jahren schrieb er: «... aber weiser geworden bin ich gewiß nicht um Daumesbreite...»

Doch reicher, sicherer, freier hat die «Zuflucht» ins «Hinterstübchen» ihn gemacht, auch gelassener. Nicht nur über sich selber hatte er Einsichten gewonnen, auch über die Welt und den Sinn des Lebens und über das Sterben und den Tod. «Haben wir standhaft und ruhig zu leben gewußt, so werden wir ebenso zu sterben wissen», schrieb er. An den Tod dachte er oft, eigentlich ständig.

Nach dem neunten Jahr in seinem Turm ging er wieder in die Welt, zunächst auf Reisen. Um seiner kranken Tochter willen, der einzig überlebenden von sechs Töchtern, machte er eine Wallfahrt nach Loreto. Im Dom von Loreto, im Heiligen Haus der Heiligen Familie, das Engel auf wundersame Weise von Nazareth dorthin gebracht haben, durfte er an der rückwärtigen Innenwand ein Gemälde anbringen lassen mit vier in Silber gefaßten Figuren, die die Mutter Gottes darstellen, seine Frau, seine Tochter und ihn.

Dann übernahm er wieder ein politisches Amt, doch ohne sich dafür besolden zu lassen. Als er mit 59 Jahren starb, war er längst berühmt – durch das, was er über sich geschrieben hatte und was noch heute viel gelesen wird.

Wer war's?

28
Gegen Lumperei und Kumpanei

Mit 25, als neun Jahre nach seiner Mutter auch der Vater starb, ein erfolgreicher Unternehmer, der mit dem Herstellen geklebter Papiersäcke wohlhabend geworden war, verließ er, neuntes und jüngstes Kind, das Elternhaus und löste sich aus der Familie: «Die Familie ist das, was unter allen Umständen überwunden werden muß.»

In der eigenen Wohnung konnte er in seiner «verkehrten Lebensweise» so leben und arbeiten, wie es ihm wegen seiner empfindlichen Nerven ideal erschien: «Wer sich beizeiten vor der Gefahr retten kann, mit klaren Augen in den Tag dieser Erde zu sehen, der handelt klug, und er erlebt die Freude, darob von jenen gemieden zu werden, die er meidet... Darum schlafe ich in den Tag hinein. Und wenn ich erwache, breite ich die ganze papierene Schande der Menschheit vor mir aus, um zu wissen, was ich versäumt habe, und bin glücklich. Die Dummheit steht zeitlich auf, darum haben die Ereignisse die Gewohnheit, vormittags zu geschehen... Dafür aber ist in der Nacht auf allen Gebieten öffentlicher Betätigung Ruhe... Es gibt nichts Neues... Die Dummheit schläft, da gehe ich an die Arbeit.»

Zum Arbeiten brauchte er eine akribische Ordnung. Berührte ein Besucher nur einen seiner Bleistifte, wurde er nervös. «Wer zu den Dingen in seinem Zimmer eine persönliche Beziehung gewonnen hat, rückt sie nicht gern von der Stelle», meinte er. «Ehe ich ein Buch aus meiner Bibliothek leihe, kaufe ich lieber ein neues. Sogar mir selbst, dem ich auch nicht gern ein Buch aus meiner

Bibliothek leihe. Ungelesen an Ort und Stelle, gibt es mir mehr als ein gelesenes, das nicht da ist.»

Er arbeitete sorgfältig, um sich bei seinen Enthüllungen von Dummheit und Korruption in Politik und Wirtschaft, in der Presse, im Kunst- und Literaturbetrieb keine Blößen zu geben. Gegen Lumperei und Kumpanei, gegen Parasiten und betrügerische Würdenträger wie den Polizeipräsidenten seiner Stadt kämpfte er mit bewundernswertem Mut. Als Kind war er ängstlich gewesen, hatte oft gefürchtet, von den Spaziergängen mit dem Kindermädchen nicht heimzukommen. Und das Überqueren von Straßen war ihm eine Qual, blieb dies sein Leben lang.

Immer war er ein Einzelkämpfer, der sich von anderen abgrenzte: «Ich... / begehre keine Rezensionsexemplare und versende keine, / bespreche keine Bücher, sondern werfe sie weg, / prüfe keine Talente, / gebe keine Autogramme, / wünsche nicht besprochen und nicht genannt, / nicht nachgedruckt, / propagiert oder verbreitet... zu werden, in keinem Katalog, in keiner Anthologie, in keinem Lexikon vorzukommen...»

Heute steht er in jedem Lexikon. Damals sollte er totgeschwiegen werden, was aber unmöglich war, trotz vieler einflußreicher Gegner, die an Zahl ständig zunahmen, weil er immer neue Verlogenheit und Komplizentum aufdeckte und die Beteiligten bei Namen nannte – ohne Schonung selbst der Freunde und seiner Glaubensbrüder. Dahinter stand, sagt Elias Canetti, sein Gefühl absoluter Verantwortlichkeit. Er selber, der unerbittliche Verächter des Schlechten und Mittelmäßigen, schrieb: «Auf die Frage, was ich gegen die Erscheinungen habe, die ich angreife, antworte ich: eben sie... Gegen den Krieg habe ich den Krieg, gegen die Presse die Presse, gegen die Sozialdemokratie: eben sie. Gegen meine Anhänger, daß sie dumme Fragen stellen...» Vor allem die Presse seines Landes und des großen Nachbarlandes gaben ihm immer wieder Grund zu bissigen Anmerkungen – «Journalisten. Leitartikler, die mit Blut schreiben; Schwätzer der Tat.» Er schrieb als freier Mann, auch finanziell unabhängig von Redakteuren, Verlegern, Lektoren, da er aus dem väterlichen Vermögen eine Rente bezog. Was er zusätzlich durch Schreiben verdiente, spendete er großenteils für wohltätige Zwecke.

Als er 59 wurde, konstatierte man bei ihm ein Herzleiden, wenig später eine Venenentzündung, die nicht heilen wollte. Er kämpfte weiter. Eines Abends, inzwischen fast 62, wurde er auf dunkler Straße von einem Radfahrer zu Boden gestoßen. Seitdem litt er an Kopfschmerzen und nie gekannter Vergeßlichkeit. Vier Monate später starb er, nach Angaben eines Arztes an Herz- und Hirnschlag.

Die Totenmaske zeigt ihn lächelnd – so als sei er verwundert gewesen über seinen Tod (oder Nicht-Tod?). Er hatte gesagt, berichtet eine Freundin, die zuletzt bei ihm war, er glaube nicht, daß er sterben müsse... Der Geist müsse die Macht haben, den Tod zu verhindern...

Wer war's?

29
Werde nicht traurig,
mein liebster...

M*it* 17 Jahren begann er sein Studium, mit 21 promovierte er, mit 24 habilitierte er sich. Aber älter als 37 werde er nicht werden, sagte er einem Studenten.

Als er fast so alt war, begegnete er einer Siebzehnjährigen, von der er sich so angezogen fühlte, daß er ihr einen Heiratsantrag machte – trotz schwerer Zeit, in der er mehr als andere bedroht war. Und sie, von ihm tief beeindruckt, war überrascht und schrieb in ihr Tagebuch:

«Das Überwältigende ist und bleibt, daß er mich wirklich heiraten will; ich kann es ja noch immer nicht verstehen, daß das möglich ist.» Nur ein paar Tage schien sie zu zögern: «Ach, es gibt so viele äußerliche Gegengründe. – Er ist für sein Alter alt und weise, ist wohl ein rechter Gelehrtentyp. Wie werde ich mit meiner Freude für Tanz, Reiten, Sport, Vergnügen all dies entbehren können... – Mutter sagt, er sei ein Idealist und überlege sich das nicht so genau. Das glaube ich nicht.»

Doch dann teilte sie der Mutter ihr «unabänderliches» Einverständnis mit, und ihm schrieb sie in einem Brief: «Ich kann Ihnen heute ein von ganzem und frohem Herzen kommendes Ja sagen», fügte aber hinzu: «Sie müssen jetzt bitte meine Mutter verstehen, wenn sie die uns auferlegte Wartezeit nicht aufheben will.» Die Mutter könne «es einfach noch nicht glauben, daß unser Entschluß dauerhaft sein kann...», und forderte deswegen, daß sich die beiden ein Jahr lang weder treffen noch schreiben sollten. Sie war einverstanden, und auch er nahm es hin: «Mit Deinem Ja kann ich nun auch ruhig warten...»

Sie schrieb täglich an ihn, aber nur in ihr Tagebuch, das er nie zu Gesicht bekam. Am 50. Tag nach ihrem Ja-Wort schrieb sie da: «Ist etwas Schlimmes geschehen? Ich fürchte, daß es etwas sehr Schlimmes ist...» Und dann entschloß sie sich plötzlich, ihn trotz des mütterlichen Verbots zu treffen. Aber da war es zu spät. Da war er bereits verhaftet und in ein Militärgefängnis gebracht worden, am Tag ihrer schlimmen Ahnung.

Nach drei Monaten durfte er ihr zum erstenmal schreiben, von da an alle vier Tage. Beide schrieben so oft sie konnten, und sie nutzte jede Sprecherlaubnis, ihn zu besuchen. Sie sahen sich nie ohne Aufsicht, und die Briefe wurden zensiert. Über seinen Fall durften sie nichts enthalten.

Er dankte ihr in seinen Briefen für ihre Liebe, ihre Treue, «für die Tapferkeit, mit der Du alles trägst», und bat sie um Geduld. Sie schrieb herzerfrischend und voller Zuversicht von sich und ihren Vorbereitungen für die Hochzeit und wie sie beide in dem Gutshaus ihrer Familie leben würden: «Das blaue Sofa paßt doch besser in Dein Zimmer... Dein Flügel kommt ins Wohnzimmer...»

Zwei Monate später tröstete sie ihn und sich: «Werde nicht müde und traurig, mein liebster..., es dauert ja nicht mehr lange. Es kann ja nicht mehr lange dauern und dann sind wir beieinander...» Und nach weiteren Monaten: «Es ist immer als erzählte ich aus einem Märchenbuch. Aber es gibt so viele Märchen, die wahr sind, warum sollte das unsere nicht auch wahr werden?»

Es wurde nicht wahr. Nach zwei Jahren Haft und einem Schnellverfahren wurde er zusammen mit anderen durch Erhängen getötet, im Alter von 38 Jahren.

Während der ersten Zeit im Gefängnis hatte er viel an

seinem Werk geschrieben. Über eine Erneuerung der Kirche, die er im herrschenden System unrettbar kompromittiert sah, schrieb er für die Zeit danach: «Um einen Anfang zu machen, muß sie alles Eigentum den Notleidenden geben... Sie muß den Menschen aller Berufe sagen, was ein Leben mit Christus ist, was es heißt, ‹für andere dazusein›... Nicht durch Begriffe, sondern durch ‹Vorbild› bekommt ihr Wort Nachdruck und Kraft.»

Auch Christus helfe nicht «kraft seiner Allmacht, sondern kraft seiner Schwachheit, seines Leidens!» schrieb er. Die «Begegnung mit Jesus Christus ist Erfahrung, daß hier eine Umkehrung alles menschlichen Seins gegeben ist, darin, daß Jesus ‹für andere da ist›. Das ‹Für-andere-da-sein› ist die Transzendenzerfahrung! Aus der Freiheit für sich selbst, aus dem ‹Für-andere-da-sein› bis zum Tod entspringt erst die Allmacht, Allwissenheit...»

Er, der dies schrieb, war bis zuletzt für andere da, indem er sich – wie Zeugen überliefert haben – stets bemühte, seinen Leidensgefährten in ihren Sorgen und Depressionen Trost und Beistand zu geben.

Wer war's?

30
Aber immer hat er
residiert

Als er zum erstenmal den amerikanischen Kontinent durchquerte, schrieb er aus der Bahn an seine zweite Frau (mit der er noch nicht verheiratet war): «Alles ist hier ungeheuerlich: die Häuser, die Schönheit, das Geld, die Früchte...» Und aus San Francisco: «Die Welt ist so unendlich reich, so unentdeckt und das Leben so erbarmungslos kurz.»

Da war er 53 und hatte schon elf Jahre um die Scheidung von seiner ersten Frau gekämpft, mit der er zwei Söhne hatte, und bis zur Scheidung sollte es noch zwölf Jahre dauern, als er am selben Tag die Zweite heiratete. Mit 53 war er längst berühmt und auch in Amerika anerkannt und umworben als einer der Größten auf seinem Gebiet.

Ganz klein hatte er angefangen, gegen den Willen des Vaters. Er selber schrieb über sich: «Ich war ein stiller, sehr scheuer Bub. An das erste Mal, wo ich, fast unbewußt, ‹aus mir herausging›, erinnere ich mich genau. Ich war auf einem Sängerfest im Prater – natürlich auf der Galerie. Plötzlich erschien der alte Kaiser. Der ganze Saal tobte und schrie vor Begeisterung. Und plötzlich, völlig erstaunt, hörte ich mich mitschreien und mitjubeln, hingerissen von der allgemeinen Aufregung und gänzlich ohne Scheu...»

Aber noch als Siebzehnjähriger litt er unter Schüchternheit. Dann jedoch hatte er in seinem Beruf erste Erfolge und schon bald «Sensationserfolge», und als Mittdreißiger wurde er mit einem Professorentitel ausgezeichnet. Trotz der bleibenden Schüchternheit machte er enormen Eindruck auf andere und beeinflußte sie in erstaunlicher Weise und brachte sie zu Höchstleistungen.

«Dies wundertätige Walten», schrieb ein berühmter Kritiker, «bei dem der Glaube im Unbeweisbaren beruht, grenzt an das thëurgische Wesen Hitlers, wovon es sich jedoch durch das völlige Schweigen der Regie unterscheidet, welche eben den besonderen Zauber ausmacht...»

Kritik war ihm suspekt: «Kritik ist eine gefährliche, oft tödliche Waffe.» Und über einen höchst angesehenen Kritiker: «Er hatte fast immer recht. Er war der beste, fast unfehlbare Kritiker. Aber er deprimierte.»

Sehr viel mehr suspekt war ihm Hitler. Wenige Wochen nach dessen Machtantritt verließ er Deutschland. «Ich bin Jude», begann er später seine «Autobiographischen Aufzeichnungen». Sein Biograph schreibt, die NS-Regierung habe ihn zur Rückkehr veranlassen wollen und ihm eine «Ehren-Arierschaft» angeboten. Aber er blieb im Nachbarland, wo er auf die Welt gekommen war und wo er sich ein altes Schloß gekauft und es mit Akribie renoviert hatte.

Wie im Beruf hatte er auch im privaten Bereich genaue Vorstellungen, wie etwas realisiert werden müsse. Von ihnen wich er nur ab, wenn sie noch zu verbessern waren; nie ließ er sich auf verschlechternde Kompromisse ein. Für die Einrichtung seines Schlosses schrieb er von irgendwo in der Welt ausführliche Briefe, bis zu 40 Seiten lang, mit präzisen Anweisungen. Als er für den Garten einen Herakles und drei weibliche Statuen erwarb, schrieb er:

«Der Herakles muß genau in der Mitte der runden Wiese... aufgestellt werden. Auf dem Transport muß besonders darauf geachtet werden, daß die Statue nichts von dem wundervollen Moos verliert, ebenso bei der Aufstellung...» – Scheinbar Nebensächliches, Zufälliges als Wesentliches zu erkennen, war eine seiner Stärken.

Wie zuvor sein Palais und das einst königliche Gartenhaus (er hat immer fürstlich gewohnt, ja residiert) mußte
er eines Tages auch sein Schloß verlassen. Da erst, inzwischen 64, ging er wirklich ins Exil, in die USA, wo er
jedoch als Emigrant nicht mehr so angesehen war wie
einst als Gast. Zwar betraute man ihn mit größeren Pro-
jekten, traktierte ihn aber als weisungsgebundenen An-
gestellten: «Ich muß meine Zeit pünktlich absitzen»,
schrieb er; sein Geldgeber «wäre erbost, wenn ich nicht
hier wäre.»

Aber er wohnte wieder hochherrschaftlich, zuerst auf
einem Hügel, von dem er die ganze Stadt überblicken
konnte, dann einige hundert Meter über der Küste des
Pazifiks. Besucher staunten über seinen luxuriösen Le-
bensstil, der aber nur auf Kredit möglich war. Zuletzt
wohnte er in einem Hotel.

Kurz vor seinem Tod (mit 70 an einer Lungenentzündung, nach einer Reihe von Schlaganfällen) schrieb er
einem, der ihn um Geld bat: «Schon drüben habe ich
alles... in schöne Sachen verpulvert. Das war unprak-
tisch aber herrlich. Es tut mir nicht leid. Die schönen
Sachen sind beim Teufel.»

Wer war's?

31
Wankelmütig, feige
und schlecht

A_{us} seinem Privatleben ist nur wenig bekannt. Es hat auch die Menschen lange Zeit kaum interessiert. Und so weiß man nicht viel mehr als daß er im Alter von etwa 32 Jahren geheiratet hatte und daß aus dieser Ehe sechs Kinder hervorgingen. Erhalten sind einige wenige Briefe, die er seinen Kindern schrieb. Zum Beispiel schrieb er einem seiner Söhne:

«... ich habe von Dir einen Brief erhalten, der mir die größte Freude bereitet hat, weil Du mir darin sagst, daß Du ganz wiederhergestellt bist. Nichts konnte ich lieber hören. Denn wenn Dir Gott das Leben läßt, und auch mir, glaube ich, aus Dir einen rechtschaffenen Mann machen zu können, soferne Du nur Deinerseits Deine Pflicht tun willst...»

Und er ermahnte den Sohn: «Du mußt aber gut studieren und nun, da die Krankheit als Entschuldigung wegfällt, ohne Unterlaß arbeiten, um die Dichtkunst und die Musik zu erlernen. Du siehst ja, wie sehr mir die geringen Gaben zustatten kamen, die ich mir angeeignet habe...»

Dann schrieb er noch, was mit dem Maultier geschehen müsse, von dessen Tollheit der Sohn berichtet hatte: «Da das kleine Maultier toll geworden ist, muß man es ganz anders behandeln als die anderen Narren: Diese bindet man, Du aber sollst es losbinden, ... ihm dann Zügel und Kappzaum abnehmen und es laufen lassen, wohin es will, sich sein Futter zu suchen und seine Tollheit auszutoben. Das Land ist weit, so kann das blutjunge Tier nicht viel anrichten...» Und man könne abwarten und habe immer noch Zeit, es wieder einzufangen.

Zum Schluß bat er, die Mutter, seine Frau, und die Geschwister, die fürchteten, die Stadt könne während seiner Abwesenheit von fremden Truppen besetzt werden, zu beruhigen: «Ich werde bei Euch sein, ehe die geringste Unannehmlichkeit passiert.» Er ließ alle grüßen und küssen und schloß: «Christus behüte Euch alle.»

Als er das schrieb, war er nicht ganz 58 Jahre alt. Elf Wochen später starb er, ganz unerwartet, wie einer seiner Söhne schrieb, unter «starken Leibschmerzen». Sein Andenken ist nicht das beste. Im Gegenteil, viele hielten ihn für den «Majordomus des Teufels», einige jedoch sahen in ihm fast eine Art Messias.

Zu ersteren zählte auch ein junger, überdurchschnittlich gebildeter Fürstensohn, der sich darüber ärgerte, daß ein von ihm bewunderter Philosoph jenem – nach seiner Meinung – «schlechten Menschen» einen Platz unter den bedeutenden Gestalten der Geschichte einräumte, und er schrieb dem Philosophen: «Wer Treubruch, Bedrückung, Begehung von Ungerechtigkeiten lehrt, wäre er auch sonst der begabteste Mensch, darf niemals einen Platz einnehmen, der einzig und allein der Tugend und rühmlichen Talenten vorbehalten bleibt.» Ein Jahr später gestand er ihm, daß er dessen berühmtestes Buch und die darin vertretenen Thesen in einer eigenen Schrift widerlegen werde. Es wurde das leidenschaftliche Plädoyer eines Idealisten für sittlich reines Handeln in der Politik: «Ich übernehme die Verteidigung der Menschlichkeit wider diesen Unmenschen, der dieselbe vernichten will...» In 26 Kapiteln hat er ihn verteufelt und die ihm unterstellte Rechtfertigung einer von sittlichen Normen losgelösten Politik verdammt. Seine Antischrift war indessen eben erschienen – anonym übrigens –, als er die Verantwortung für die Politik seines Landes übernehmen mußte, und da praktizierte er genau das, was er jenem vorgeworfen hatte, was aber jener nie gefordert, geschweige denn getan hatte.

Im Lauf der Geschichte hat es viele Politiker gegeben, die seine Theorien voller Abscheu zurückwiesen und ihn verteufelten, während sie selber genau das taten, was sie ihm zu Unrecht vorwarfen. Dem, was nach ihm benannt wurde, hing er nicht an. Zwar war er überzeugt, daß es in der Politik nicht in erster Linie auf Moral ankomme, aber den ihm immer wieder vorgeworfenen Standpunkt, daß der Zweck die Mittel heilige, hat er nie vertreten.

Er war, schreibt Herfried Münkler im neuen Herder-Staatslexikon, der «erste Theoretiker des ‹politischen Realismus›», und zwar deswegen, weil «er seine politischen Handlungsanweisungen grundsätzlich am Ist- und nicht am Sollzustand des politischen Lebens orientiert» hat. Als Politiker und Diplomat war er Realist und blieb dies auch, nachdem er seines Amtes enthoben worden war, sich auf sein Landgut zurückzog und nur noch schrieb. In seinen Büchern scheint immer wieder sein praktischer Realismus durch, so zum Beispiel, wenn er der humanistischen Grundüberzeugung von der unbegrenzten Bildungs- und Besserungsfähigkeit des Menschen seine aus Erfahrung gewonnene Überzeugung entgegensetzt, daß der Mensch wankelmütig, feige und schlecht sei.

Vor mehr als hundert Jahren schrieb der Historiker Karl Hillebrand: Er «hat den Reiz der Sphinx; man wird nicht müde, sich mit ihm zu beschäftigen».

Wer war's?

32
Plötzlich schmeckte er
verbrannten Gummi

*B*ereits als Dreißiger besaß er eine beachtliche Kunstsammlung, die er in den folgenden Jahren auf 144 Objekte brachte. Darunter waren Bilder von Picasso, Chagall, Derain, Gauguin, Kandinsky, Léger, Modigliani, Rouault, Rousseau, Utrillo, Kokoschka. Nichts davon hatte er geerbt, sondern er hat alles käuflich erworben, mit Hilfe eines Malers, der ein Vetter von ihm war.

Daß er zeitgenössische Kunst sammelte, geschah nicht so sehr in der Absicht, Geld möglicherweise gewinnbringend anzulegen, sondern aus persönlichem Interesse an der Malerei. Als Kind hatte er gern gezeichnet, und eines Tages ließ er sich von seiner Sammlung inspirieren, zum Pinsel zu greifen und selber zu malen.

Besonders gern malte er, meistens auf dunklem Grund, Portraits von Menschen, mit denen er befreundet war oder die ihn aus irgendeinem Grund faszinierten, wie zum Beispiel Arnold Schönberg, der eine Zeitlang sein Nachbar war und den er des öfteren zu einem Tennismatch auf seinem Tennisplatz einlud.

Der ihn in Kunstdingen beratende Vetter meinte, er habe in seiner Malerei tiefe und echte Begabung entfaltet, was einer seiner Biographen deutlich einschränkt: «Über das Maß von sehr begabter Sonntagsmalerei geht sie kaum hinaus.» Und er fügt hinzu, die Malerei habe ihm zur Selbstbestätigung gedient.

Seine eigentliche Begabung aber lag auf einem anderen Gebiet. Und auf dem war er anerkannt, wenngleich er sich da immer wieder von neuem bestätigen mußte und manchmal auch Mißerfolge hatte. Aber im großen und ganzen war es mit ihm immer steiler bergauf gegangen.

Er kam aus einer recht einfachen Familie. Sein Vater war als Einwanderer in jenes Land gekommen, weil da vor allem die Hoffnung berechtigt schien, nicht benachteiligt zu werden durch Rassendiskriminierung. Gleiches galt von der Mutter. Die Anfänge in dem neuen Land waren schwierig, und als Kinder kamen, wurde es nicht leichter. Sich ständig um sie zu kümmern, fehlte es an Zeit und Kraft. Und so wuchsen die Kinder auf der Straße auf. Er war das zweite von vieren. Der Vater hatte nichts gelernt und versuchte, auf alle mögliche Art Geld zu verdienen. Allein während der Jahre, in denen die Kinder geboren wurden, hat er nicht weniger als 28 Berufe oder eigentlich Jobs ausprobiert. Zum Beispiel versuchte er es als Gastwirt, als Buchmacher, als Betreiber einer Bäckerei, als Mitarbeiter in Restaurants, Bädern, Tabakläden, Spielsalons. Und er wechselte mit seiner Familie häufig die Wohnung. Kein Wunder, daß er sich um die Schulleistungen seiner Kinder überhaupt nicht kümmerte.

Er, der zweite, war in der Schule ausgesprochen schlecht und galt als faul. Er hat die Schule bald aufgegeben, auch die Handelsschule, die er auf Wunsch der Mutter eine Zeitlang besuchte. Inzwischen war er sechzehn. Vier Jahre zuvor hatte er sein Talent entdeckt auf einem Musikinstrument, das die Eltern mehr aus Statusgründen angeschafft hatten, hatte es weiter ausgebildet, und nun bekam er seine erste Anstellung mit einem festen Gehalt. Rasch ging es mit ihm aufwärts, er verdiente immer besser, was er machte, gefiel Millionen Menschen, er wurde weltberühmt, war beliebt, wurde umschwärmt, verehrt, bewundert.

Als er ganz oben war, geschah etwas, das zunächst als

Scherz mißverstanden werden konnte, das aber die Freunde zutiefst erschrecken ließ. Verehrer hatten ihm ein Schokoladenpräsent geschickt. Er packte es aus, aß aber nicht davon, sondern knetete die Schokolade mit den Händen zu einer weichen Masse, mit der er sich von oben bis unten einschmierte.

Nicht alle konnten wissen, daß diesem Vorfall bereits Merkwürdigkeiten vorausgegangen waren. Zum Beispiel hatte er wenige Tage zuvor während einer Autofahrt den Fahrer, den er seit drei Jahren als eine Art Faktotum ständig um sich hatte, plötzlich aus dem fahrenden Wagen zu stoßen versucht, nachdem es ihm gelungen war, die Fahrertür zu öffnen. Hernach darauf angesprochen, konnte er sich sein Verhalten nicht erklären.

Begonnen hatte es vier Monate vorher mit Schwindelanfällen. Während der Arbeit verlor er plötzlich den Faden, konnte sich aber mit Improvisieren über die Runden retten. Als sein Geschmacksempfinden gestört schien und ihm alles nach verbranntem Gummi schmeckte, hatte er einen Arzt konsultiert, der aber nichts feststellte. Es kamen neue Schwindelanfälle und starke Kopfschmerzen, er fühlte sich erschöpft, war nervös, gereizt. Er führte das auf Überarbeitung zurück, ließ sich jedoch in einem Krankenhaus genauer untersuchen. Aber auch anhand von Röntgen- und Blutbildern kamen die Ärzte zu keiner Diagnose.

Sein Zustand verschlechterte sich. Weil er helles Tageslicht nicht mehr ertrug, verdunkelte er seine Zimmer. Eines Nachmittags schlief er ein, ohne wieder zu erwachen. Im Krankenhaus fand man die Ursache: Es war ein Hirntumor. Er wurde noch operiert, aber die Operation konnte ihm nicht mehr helfen. Er starb im Alter von nicht ganz 39 Jahren.

Wer war's?

33
Dürfen Sie hier eigentlich
sitzen?

R*ückblickend* sagte sie: «Es war kein einfaches Leben, das ich geführt habe.» Und wirklich gab es harte Jahre für sie. Besonders in jener Zeit, die – so heißt es in ihren Erinnerungen – «keinem jungen Menschen von heute nachvollziehbar erscheint». Gerade dies war ein Grund für sie, aus ihrem Leben zu erzählen; die Jüngeren sollten hören, was damals möglich war, was Menschen anderen Menschen antaten, aber auch wie Menschen einander halfen in großer Not:

«Ich war also privilegiert und wurde deshalb nicht gleich verhaftet und abtransportiert wie so viele, viele andere. Ich bekam Essenmarken für die Familie, durfte einkaufen, durfte spazierengehen. Nur irgendwo mich hinsetzen, auf eine Bank, das durfte ich nicht, auch wenn ich keinen gelben Stern hätte tragen müssen. Auf den Bänken stand: Für Juden verboten. Und wenn ich mich auf diese Bank gesetzt hätte und mir jemand gesagt hätte: ‹Sagen Sie, dürfen Sie hier eigentlich sitzen?› hätte ich sagen müssen: ‹Nein, eigentlich nicht.› Das wäre dann schon ein Grund gewesen, mich anzeigen zu können. Ich habe zwölf Jahre nicht ins Konzert, nicht ins Kino, nicht ins Theater gehen dürfen...»

Privilegiert war sie durch die Ehe mit ihrem «arischen» Mann. Er war Arzt. Mit ihm war sie schon fünf Jahre verheiratet, und sie hatten zusammen eine Tochter, als ihr verboten wurde, ihren Beruf, in dem sie erfolgreich war, weiter auszuüben. Ohne ihren Mann, ohne seine Treue zu ihr, die sich darin ausdrückte, daß er sich nicht von ihr scheiden ließ, hätte sie höchstwahrscheinlich das

Schicksal ihrer Mutter geteilt, die in einem Konzentrationslager ums Leben gebracht wurde. Das Merkwürdige dabei – und dies gehört zu jenen Vorgängen, die nachfolgenden Generationen so schwer verständlich gemacht werden können – war dies: Ihr Mann ließ sich von ihr nicht scheiden, obwohl die Fortsetzung ihrer Ehe sich mit seiner Weltanschauung nicht vereinbaren ließ. Wie er (und sie) das Problem lösten, hat sie so beschrieben:

Eines Tages – da war sie 33 Jahre – «sagte mein Mann, der... überzeugter Deutschnationaler war, er könne mit mir keine Ehe mehr führen. Er würde mich und das Kind selbstverständlich nicht verlassen, aber als deutscher Mann könne er nicht mehr mit mir intim sein.»

Als sie ihn darauf hinwies, daß sie noch jung sei und er von ihr nicht verlangen könne, ohne Mann zu bleiben, «da kam die sonderbare Antwort: ‹Das macht nichts, das kannst Du ruhig tun›». Und auf ihre Frage «Ja, aber wenn ich nun von einem anderen ein Kind bekomme?» antwortete er: «Dann wirst Du es bekommen und es ist unser Kind.»

In ihren Erinnerungen, die ein halbes Jahrhundert danach entstanden, fügte sie hinzu: «Es war völlig verdreht, was da in seinem Kopf vorging, aber es war seine Einstellung, und ich mußte sie akzeptieren.»

Wenig später lernte sie einen zwölf Jahre jüngeren Mann kennen. Es wurde Freundschaft, es wurde Liebe, es wurde ein Liebesverhältnis. «Mein Mann wußte zwar von unserem Verhältnis genau, tat aber so, als wisse er nichts.» Nach fünf Jahren wurden sie denunziert, aber in Verhören bei der Gestapo konnte ihnen nichts nachgewiesen werden. Das war Glück; denn «Rassenschande» (der Geliebte war «Arier») wurde unbarmherzig bestraft.

Zu der Zeit waren sie schon entschlossen auszuwandern und hatten schon alles vorbereitet. Ihr Mann hatte seine gut gehende Praxis geschlossen. Sie hatten Visa für

Chile, auch ihr Freund, und sie waren schon auf einem Schiff unterwegs, da brach der Krieg aus, und sie mußten umkehren.

Die Kriegsjahre waren für sie besonders hart, zumal sie jetzt nichts mehr hatten, keine Wohnung, keine Praxis. Ihr Mann durfte nur Praxisvertretungen übernehmen, gegen ein begrenztes Honorar. Von der Ärztekammer wurde ihm wiederholt geraten, sich scheiden zu lassen; dann dürfe er wieder eine Praxis eröffnen. «Er tat es nicht», schrieb sie später, und setzte hinzu: «Folglich war er ‹wehrunwürdig›, er ist nie Soldat gewesen.»

Aber der Freund wurde Soldat und kam später als Gefangener nach Sibirien. Nach acht Jahren sahen sie sich wieder. Ihr Mann brachte ihn an. Er zog zu ihnen in die Wohnung, blieb da siebzehn Jahre. Immer wieder bat er sie, ihren Mann zu verlassen; immer hat sie es abgelehnt. Bis er das «Ultimatum» stellte: «Oder ich gehe.» Da bat sie um die Scheidung. Doch ihr Mann sagte: «Wenn man so lange verheiratet ist wie wir beide, dann sollte man sich nicht mehr trennen.» Und sie: «Ich konnte dagegen nichts sagen.» Der Freund ging, und sie hat ihn nie wiedergesehen.

Ihren Mann überlebte sie um ein Dutzend Jahre – längst wieder anerkannt, erfolgreich, vielfach ausgezeichnet und von vielen verehrt und geliebt. Ihre Erinnerungen widmete sie Mutter und Tochter «in Dankbarkeit und Liebe», nicht auch ihrem Mann. «... aber in bezug auf Männer war mein Leben nie einfach», schrieb sie den anfangs zitierten Satz in ihren Erinnerungen zu Ende.

Wer war's?

34
Ein «Befürworter religiöser Toleranz»

Er galt als kluger, vorurteilsloser Denker, er war Philosoph, auch, ja vor allem Jurist, der bedeutendste Staatstheoretiker seines Jahrhunderts. Über vieles hat er sich in seinen Schriften geäußert, und viele haben auf ihn gehört: Theologen, Philosophen, Politiker, Juristen – Ankläger und Richter.

Im Alter von etwa 50 Jahren veröffentlichte er eine Abhandlung zu dem damals aktuellen Thema Hexen und Hexenprozesse. Er widmete sie dem Präsidenten des Pariser Gerichtshofes. Dies geschah nicht aus freundschaftlicher Zuneigung, sondern es war als Kritik gemeint, ja als direkte Aufforderung, in Hexenprozessen künftig härter vorzugehen. Denn der Pariser Gerichtshof, der für die Mehrzahl der französischen Gerichte richtungsweisend war, hatte gegenüber Ketzern und Hexen wiederholt eine zögernde, verständige, menschliche Haltung gezeigt.

Er behauptete nun, daß im Lande (und ebenso in anderen Ländern) viele Tausende von Hexen ihr Unwesen trieben, daß aber viel zu wenige von ihnen angezeigt und verurteilt würden. Umständlich führte er den Nachweis, daß an ihrer Existenz nicht gezweifelt werden könne und daß sie sich immer stärker vermehrten. Man müsse endlich mit aller Macht gegen sie vorgehen; andernfalls werde die christliche Welt untergehen.

Halte man sich aber bei gerichtlichen Untersuchungen gegen Verdächtige weiterhin an das normale Rechtsverfahren, dann würde unter Millionen Hexen kaum eine einzige erkannt und verurteilt werden. Deswegen for derte er, das Verfahren zu verschärfen, indem Hexerei grundsätzlich als «crimen exceptum», als Sonderverbrechen, behandelt werden solle.

Den Richtern riet er, sich in Hexenprozessen freundlich und mitleidsvoll zu geben, um von den Beschuldigten desto leichter Geständnisse zu erhalten. Werde das Geständnis verweigert, solle die Tortur angedroht werden. Der Richter dürfe dabei getrost lügen; er dürfe den Angeklagten die Freiheit versprechen, um ein Geständnis zu erreichen, ohne freilich die Geständigen freizulassen. Lügen sei in solchen Fällen erlaubt. Komme es nicht zu Geständnissen, dann müsse gefoltert werden, und zwar in verschärfter Form.

Er war überzeugt, daß nur durch einen erbarmungslosen Kampf die ständig wachsende Hexengefahr gebannt werden könne. Und warnend verwies er auf Neapel und Umgebung, wo die Zahl der Hexen nahezu hunderttausend erreicht habe, weil die Italiener sie nicht verfolgten. Um alle Hexen ausfindig machen zu können, müsse jeder gegen sie Zeugnis ablegen dürfen; das hieß, daß gegen Verdächtige auch deren schlimmste Feinde als Belastungszeugen zugelassen werden müßten, was in normalen Prozessen nicht erlaubt war.

Er kam dann auf das «Hexenstigma» zu sprechen, ein Mal am Körper der Hexe, mit dem der Teufel sie als seinen Besitz kennzeichne, nachdem sie mit ihm ein Bündnis eingegangen sei. Ein solches Mal, oft nur ein winziger Leberfleck, gelte als untrügliches Indiz für den mit dem Teufel geschlossenen Bund. Um das Mal entdecken zu können, sollten die Beschuldigten nicht nur nackt ausgezogen, sondern am ganzen Körper rasiert werden. Eine Frau mit einem noch so kleinen Stigma müsse eine Hexe sein; denn daß der Teufel ein solches Mal einer Unschuldigen einbrenne, das lasse Gott niemals zu.

Aber – und darin zeigt sich die ganze Bösartigkeit seiner Logik – eine Beschuldigte, bei der ein solches Mal nicht gefunden werde, müsse durchaus nicht für unschuldig gehalten werden. Im Gegenteil: Wenn eine der Hexerei verdächtigte Frau das Hexenmal nicht habe, dann könne sie gleichwohl schuldig gesprochen werden. Ja sie könne so gar in besonderem Maße schuldig sein, es könnte sich bei ihr um die Königin des Sabbats handeln, jener widernatürlichen und unzüchtigen Zusammenkünfte der Hexen und Dämonen mit dem Teufel. Denn der Teufel brenne nur den weniger treuen Hexen das Mal ein, nicht aber jenen, deren Treue er sicher sein könne.

Seine Abhandlung, die zunächst auf Französisch erschien, wurde bald ins Lateinische übersetzt, dann auch in andere Sprachen, und sie wurde oft nachgedruckt, mehr als ein Jahrhundert lang, zuletzt 1698 in Hamburg. Sie hatte eine verhängnisvolle Wirkung. Niemand wagte es, sie zu widerlegen; niemand hätte es versuchen können, ohne sich in den Verdacht zu bringen, selber mit dem Teufel und den Hexen im Bund zu sein. Überdies hätte ihm schon deswegen niemand geglaubt, weil der Verfasser jener Abhandlung einer der intelligentesten und bestangesehenen Denker war.

War? Er ist es noch heute. Die Brockhaus Enzyklopädie räumt ihm fast eine ganze Spalte ein. Zu Recht wird er da als einer der bedeutendsten Staatstheoretiker seiner Zeit vorgestellt und – was denn doch verwunderlich ist – als «Befürworter religiöser Toleranz». Unter seinen Werken, die gerade neu erscheinen, wird diese Schrift allerdings nicht erwähnt.

Wer war's?

35
Geprügelt an Leib und Seele

*I*mmer wieder in ihrem fast 76 Jahre langen Leben hat sie Liebesbriefe geschrieben, an viele Männer. Die meisten dieser Männer waren als Künstler berühmt oder bemühten sich zumindest, es zu werden, als Maler, Musiker, Dichter. Oder als Journalist und Kritiker. Einige indessen, denen sie schrieb, sahen nur besonders gut aus, waren – in ihren Augen jedenfalls – einfach nur schön. Sie sah mehr in ihnen, eigentlich in allen, die sie liebte, nannte sie König, Prinz oder erhob sie, in ihrer Neigung zum Märchenhaften, zum venezianischen Dogen, wie jenen schönen jungen Italiener, in den sie sich als Mittsechzigerin leidenschaftlich verliebte.

Sie hat sich oft verliebt, zuletzt im Alter von 72 Jahren. «Herrlich ist es, verliebt zu sein», hatte sie drei Jahrzehnte zuvor ihrem Mann geschrieben, «so rauschend, so überwältigend, so unzurechnungsfähig, immer taumelt das Herz. Wie bürgerlich ist gegen die Verliebtheit die Liebe, oder jemand müßte mich geliebt haben. Hast du mich geliebt...?»

Es war ihr zweiter Mann, den sie dies fragte. Zu der Zeit ging auch diese zweite Ehe in die Brüche, genau wie die erste nach neun Jahren. In der Liebe hatte sie kein Glück. Und überhaupt im Leben nicht. Was Leben ist, sagte sie einmal so:

«Wir sind nur auf dem Wege, das Leben ist nur Weg, hat keine Ankunft, denn es kommt nicht woher. Wohin soll man da? Immer in sich Zuflucht nehmen! Darum sind ja die Menschen so arm, ihre Herzen sind Asyle, sie fühlen sich sicher in ihren geselligen Heimstätten. Wohin soll man da? Mein Herz ist zerfallen; o diese Einsamkeit zwischen gebrochenen Säulen!»

In der Liebe hat sie Geborgenheit gesucht, Schutz und sicheren Halt. Sie wurde enttäuscht und schrieb als Fünfzigerin in einem Brief: «Ich will keinem Menschen mehr Gutes sagen..., ich habe an Liebe geglaubt... Jeder Mensch hat mit mir gespielt aus Neugierde aus Amusement aus Berechnung aus Zeitvertreib... Ich weine oft, ich bin müde, ich bin ohne Strand, ich bin haltlos, verkommen in meinem Herzen – verwirrt, verdorben und lange schon gestorben...» In einem anderen Brief heißt es, sie sei «geprügelt an Leib und Seele, gerissenes Seidenpapier».

Damals war ihr Sohn (aus der Zeit der ersten Ehe), der seit langem an Lungentuberkulose litt, sterbenskrank. Nachdem teure Sanatorien ihm nicht hatten helfen können, holte sie ihn zu sich und pflegte ihn bis zu seinem Tod.

Zu der Zeit ging es ihr finanziell so schlecht, daß eine Berliner Zeitung anläßlich der Neuaufführung ihres Schauspiels am Berliner Staatstheater einen «Ruf an die Nation – an alle Freunde der Kunst» veröffentlichte, die «allerärmste, die allerreichste Dichterin deutscher Sprache in ihrer Not nicht versinken zu lassen».

Sie hatte bereits viel veröffentlicht, bei verschiedenen Verlagen, hatte sehr gute Kritiken, war bekannt und angesehen, aber daß sie trotzdem aus ihrer finanziellen Misere nicht herauskam, ließ sie argwöhnen, von ihren Verlegern übervorteilt worden zu sein. Deswegen brachte sie im Selbstverlag ein Pamphlet heraus: «Ich räume auf! Meine Anklage gegen meine Verleger.» Auch dies wurde kein Bestseller. Und ihre finanzielle Lage hat sich nie wesentlich verbessert, was indessen andere Gründe hatte.

Als sie mit dem Kleist-Preis ausgezeichnet wurde, für

den «überzeitlichen Wert ihrer Verse, der den ewiggültigen Schöpfungen unserer größten deutschen Meister ebenbürtig ist» – wie es in der Verleihungsurkunde hieß –, gab es neben jubelnder Zustimmung auch böse Ablehnung – weil sie Jüdin war. Wenig später fühlte sie sich in ihrem Heimatland nicht mehr sicher und emigrierte in die Schweiz. Dort mußte sie die «Fremdenpolizeiliche Weisung» unterschreiben, daß ihr die «Erwerbstätigkeit als Dichterin wie überhaupt... jede Erwerbstätigkeit bis auf weiteres verboten» waren und sie bei Zuwiderhandlung mit Ausweisung rechnen müsse.

Als sie das unterschrieb, unterschreiben mußte, stand sie im 65. Lebensjahr. Knapp zwölf Jahre hatte sie noch vor sich. Von diesen verbrachte sie die zweite Hälfte, die seit ihrer glücklichen Kindheit vielleicht glücklichsten Jahre ihres Lebens, in Palästina. Von dort schrieb sie: «Unsäglich! Nicht zu schildern an Verwunderung... Herrliches Bibelland, Karawanen fortwährend am Balcon vorbei: ganz anders wie man sich vorstellt. Aber schwer.»

Auch diese letzten Jahre waren überschattet von Armut, dazu von Krankheit, Ängsten und – obgleich sie bis zuletzt arbeitete – wieder von enttäuschenden Mißerfolgen. «Nach zweijährigem Erscheinen meiner neuesten Produktion, mein Hebräerland, ... immer noch dasselbe erste Exemplar in der Auslage des Bücherladens meines Verlegers ausgestellt.» Und bald danach: «Meine Fensterpromenaden vor dem Schaufenster der mir wahlverwandt gewordenen Buchhandlung... habe ich eingestellt.»

Begraben wurde sie auf dem Ölberg bei Jerusalem. Ruhe fand sie auch da nicht. Nach etwa anderthalb Jahrzehnten fiel ihr Grab mit vielen anderen Gräbern des jüdischen Friedhofs einer von den Jordaniern gebauten Straße zum Opfer.

Wer war's?

36
Und sammelte Zigarrenstümpfchen

Den Eltern hatte für den einzigen Sohn eine theologische oder juristische Laufbahn vorgeschwebt, aber da das Geld fehlte, ließen sie ihn Bankkaufmann lernen. Zuvor hatten sie ihn im Zeichnen unterrichten lassen, seiner liebsten Beschäftigung – ohne besonderen Erfolg. Nach einiger Zeit im Beruf entschloß er sich dennoch für die Kunst.

Anlaß war vielleicht der Tod des Vaters, ein Selbstmord, der in der Stadtchronik so dokumentiert ist: Er «ersäufte sich ... mit Vorbedacht; er hatte ein sehr liederliches Leben geführt, war aber sonst ein sehr gescheiter Mann».

Der Sohn ging für ein Jahr auf eine Akademie, machte eine Studienreise und wurde Bühnenbildner. Da war er 26 und heiratete eine sechs Jahre ältere Putzmacherin und Weißnäherin, von der es heißt, sie sei «häßlich, pockennarbig, aber sehr gut geartet» gewesen; darüber – so neuerdings eine Biographin – «hegten schon die Zeitgenossen die widersprechendsten Meinungen und rätselten, was ihn, der ein ausgesprochen schöner Mensch war, wohl bewogen haben könnte, eine so wenig attraktive Frau zu heiraten.» Einer seiner ehemaligen Schüler schrieb später:

«Er hatte diese Ehe aus Dankbarkeit geschlossen, weil die Frau viel für ihn getan hatte; dieses Gefühl der Dankbarkeit, zu dem die Frau auch beständig neue Veranlassung bot, hat er ihr auch bewahrt bis zuletzt. Aber über dies Gefühl der Dankbarkeit konnte er es nicht bringen. Er fühlte zu tief: daß sie zu alt für ihn sei, dabei unschön, und eine niedrigere Stellung in Bildung und Gesellschaftsform.»

Theodor Fontane aber meinte: «... aus etwa 30 mir vorliegenden Briefen und Briefchen der Frau geht hervor, daß es eine gute, sehr verständige, und ich schreibe dies Wort mit allem Vorbedacht nieder, eine sehr edelmütige Frau gewesen ist, ganz schlicht, ganz einfach, ganz ohne ‹Höhere Bildung›, aber von allergesundestem Menschenverstand und nicht blos von richtigem, sondern auch von feinem Gefühl.»

Als er mit seinen Arbeiten auf Ausstellungen Erfolge hatte, finanzierte er aus Verkaufserlösen einiger Bilder eine gut einjährige Lehr- und Arbeitsreise nach Italien. Wieder daheim, bei seiner Frau, lebte er äußerst eingeschränkt, bis er eine Professur erhielt, mit einem festen Gehalt. Inzwischen war er 33 Jahre alt.

Von da an hätte es noch lange aufwärts gehen können, wäre ihm nur Zeit geblieben. Bald kündigte sich seine Tragödie an, anfangs kaum erkennbar als scheinbar harmlose Vergeßlichkeit, die aber schon dem Mittdreißiger die Ausübung des Lehramts unmöglich machte. Heilungsversuche daheim und in Anstalten besserten nichts. Einer der Ärzte einer Nervenheilanstalt schrieb in seinem Bericht:

«Alle Teilnahme sowohl für seine Verwandten als seine Kunst ist erloschen, er liest die Briefe seiner Frau und hat unmittelbar nach Beendigung eines Satzes schon wieder vergessen, was in demselben gesagt ist. Mit großer Mühe gelingt es wohl, ihn zur Arbeit an seinen Bildern zu bewegen; dann sitzt er vor denselben, hält Pinsel und Palette in der Hand, pfeift Liederchen und macht dann und wann mal einige Pinselstriche, deren Resultat er jedoch fast immer wieder durch Abwaschen vernichtet, sobald er von neuem an die Arbeit kommt. Außerdem sucht er wie ein Kind Scherben zusammen, wickelt sie sorgfältig ein und steckt sie in die Tasche; ebenso sammelt er Zigarrenstümpfchen, um sie später noch zu rauchen; setzt beim Gehen die Füße über Kreuz, sobald er einen blanken Gegenstand erblickt, und ist von diesen Kindereien durch keine vernünftigen Vorstellungen abzubringen. Sich selbst hält er keineswegs für krank.»

Ebensowenig wie die Ärzte konnte die 53jährige Bettina v. Arnim ihm helfen, die meinte, er müsse auf Kur- und Erholungsreisen geschickt werden. Sie führte seine «gestörte Organisation» auf den Mangel an Teilnahme seitens der Mitwelt zurück, auf das «mauerfeste Gefängnis der Philisterwelt, die ihn umgab», auf «kaltes Mißverstehen, blödsinniges Urteil, neidisches Verzerren seiner gigantischen Versuche», vor allem aber auf seine Frau:

«Kein Willkommen in der Außenwelt, keine Ruhe im Häuslichen, das schwer auf ihm lastete, und das ganze Leben durch die Eifersucht, Geldgier, Zorn usw. der viel älteren Frau zum Marterpflock gemacht und durch sie von jeder Annäherung, die ihm Trost und Stütze werden konnte, gehindert: dies ist», schrieb sie einem Bonner Universitätsprofessor, «eine flüchtige Skizze von dem, was diesem Unglücksmenschen den Untergang bereitete. Jetzt ist er in aller Abgeschlossenheit mit dieser Frau, die ihm gespenstisch früher jede Hoffnung verleidete und jetzt ihn wie ein Kind züchtigt, wenn er nicht folgen will...»

Daß er unheilbar krank war, wollte Bettina v. Arnim nicht sehen. Seine Frau aber hatte es längst geahnt. Kurz vor seinem 42. Geburtstag starb er. Bereits zwei Jahre zuvor war sein Geist völlig zerstört, so daß er bis zu seinem Tode nur noch dahindämmerte.

Wer war's?

37
Prüfungsfragen lähmten sie

Sie war Mitte dreißig, als sie erste Erfolge hatte und gerade berühmt wurde; sie fühlte sich glücklich im zwölften Jahr ihrer Ehe mit ihrem «blonden, hochgewachsenen Mann..., von dem ein starkes Fluidum sorglosen Selbstvertrauens ausging» und der – so schrieb sie später – «die beneidenswerte Gabe besaß, durchs Leben zu gehen, ohne sich im mindesten darum zu kümmern, was die Leute von ihm dachten», und der nach schweren Jahren endlich einen guten Posten bekommen hatte. «Wir waren im siebten Himmel», und sie erfüllten sich mit dem Kauf eines Landhauses einen Traum, schafften für sie ein Automobil an und für die sechsjährige Tochter einen Drahthaarterrier, den «wir Peter tauften». Und dann sagte er – für sie völlig überraschend – am Geburtstag der Tochter, er habe sich in eine andere verliebt und wünsche die Scheidung.

Sie war so geschockt, so tief verzweifelt, daß sie drei Monate danach für elf Tage auf rätselhafte Weise verschwand. Gefunden wurde zunächst ihr auf dem Verdeck liegendes Auto, schließlich, nachdem Zeitungen ihr Bild veröffentlicht hatten, sie selber in einem Kurort, wo sie sich unter dem Namen ihrer Rivalin ein Zimmer genommen hatte.

Als ihr Mann, der bereits in Verdacht gekommen war, sie umgebracht zu haben, sie abholte, sagte er den Journalisten: «Sie leidet unter einem fast vollständigen Gedächtnisverlust.» Auf ärztlichen Rat begab sie sich in die Behandlung eines Psychiaters.

Ihr Erinnerungsvermögen stellte sich bald wieder ein, doch der Verlauf jener zehn Tage wurde nie ganz geklärt. Und es dauerte lange, bis sie sich von dem Schock erholte. Nach anderthalb Jahren wurde die Ehe geschieden. In eine Mappe mit Briefen ihres Mannes legte sie einen Zettel mit Versen aus dem 55. Psalm: «Wenn mein *Feind* mich schmähte, / wollte ich es ertragen; / wenn einer, der mich haßt, groß tut wider mich, / wollte ich mich vor ihm verbergen. / Aber nun bist du es, mein Gefährte, mein Freund und mein Vertrauter,...»

Trotz ihrer Angst, noch einmal so enttäuscht werden zu können, hat sie ein zweites Mal geheiratet, und zwar einen 14 Jahre jüngeren Mann. Da war sie 40 und durch ihre beruflichen Erfolge auf dem Weg, reich zu werden. Der Altersunterschied störte sie, und sie ließen ihn auf der Heiratsurkunde auf 8 Jahre reduzieren, indem sie sich für 37 ausgab und er sich für 31 statt 26.

Es wurde eine lange, glückliche Ehe. Sie hat ihren Mann oft auf seinen beruflichen Exkursionen begleitet und ihm bei seiner Arbeit assistiert. Das brachte sie auf neue Ideen für ihre eigene Arbeit. Und es stärkte ihr Selbstvertrauen. Denn sie war von Kindheit an extrem schüchtern und blieb es ihr ganzes Leben, trotz ihrer Intelligenz und ihrer einzigartigen Erfolge.

In der kleinen Familie eines wohlhabenden Mannes, der von seinem Vermögen leben konnte (bis er es verlor), war sie die «vielgeliebte Nachzüglerin». Sie sei – schrieb sie – als Einzelkind aufgewachsen und als «die Langsame», die mit Mutter und Schwester «nie Schritt halten konnte». Sie neigte zum Tagträumen, wozu das große Haus und der verwilderte Garten anregten.

Sie mochte nicht angesprochen werden, und Prüfungsfragen lähmten sie geradezu: «Mein Verstand war blockiert und ich war nicht in der Lage zu denken.» Nur höchst ungern gab sie später Interviews, und öffentliche Auftritte waren ihr eine Qual. Reden zu halten, hat sie immer abgelehnt. Bei allen öffentlichen Auftritten, «vom

Klavierspielen bis zum Betreten eines Geschäfts, verlor ich total die Nerven». Nur beim Singen hatte sie nie Angst. Deswegen wollte sie Opernsängerin werden. Aber: «Meine Stimme war nicht kräftig genug.» Da gab sie auf.

Vielleicht war sie auch ganz anders, als sie sich in ihrer Autobiographie darstellte. Einer, der sie durch enge Zusammenarbeit kannte, schrieb: «Ich hatte das Gefühl, daß sie schlau war und eine Spur rücksichtslos. Unempfindlich, ein wenig eitel und zurückhaltend. Sie war sehr zurückhaltend. All das sind Eigenschaften, die sich professionell als Plus erweisen. Erfolg in dem Ausmaß, wie sie ihn erreicht hat, beruht nicht auf Weichheit und Liebenswürdigkeit.»

Bis zuletzt voller Ideen starb sie in ihrem 86. Jahr, friedlich und ohne Schmerzen.

Wer war's?

38
Daß er überlebte,
war ein Wunder

S*eine* Witwe sagte dem Biographen: «Er ist ein Leben lang gestorben.» Der Biograph schrieb es hin, ohne zu fragen, wie das gemeint sei.

Er selber hatte den Tod als Beginn einer Wiedergeburt verstanden. Und er hatte gemeint, daß es ohne den Tod kein Bewußtsein gebe. «Der Tod hält mich wach», sagte er manchmal. Das war zu einer Zeit, als er den Tod bereits neben oder in sich fühlte und er wegen heftiger Schmerzen beim Atmen nicht mehr im Liegen schlafen konnte und dann aufstand und sich in eine Ecke des Schlafzimmers lehnte und im Stehen schlief – «wie ein Pferd», sagte er. Der Biograph setzte hinzu: Zum Erbarmen. Und:

Er war überzeugt davon, daß gerade das Leiden dem Menschen helfe, und daß es die Leidenden sind, die die Welt bereichern. Der leidende Christus stand für ihn als das Prinzip der Heilung. Er glaubte, daß durch das Leiden etwas geistig Höheres entstehe und daß die Welt durch Leiden mit christlicher Substanz erfüllt werde. Versprechungen, daß der Mensch nach seinem Tode in den Himmel komme, hielt er für unsinnig. Und das allwöchentliche «Wort zum Sonntag» nannte er den Witz der Woche. Der Predigerton war für ihn nichts als Gelaber.

Sein Leben lang gestorben? Er erinnerte sich, wie er als Fünfjähriger mit einem Hirtenstab durch die Wiesen streifte – mit einer erträumten Schafherde und mit dem Gefühl, bereits alles erlebt zu haben, so daß er getrost hätte sterben können. Aber da war der Tod noch fern von ihm.

Wirklich nahe kam er ihm gut anderthalb Jahrzehnte später, als der Zweiundzwanzigjährige im Krieg als Sturzkampfflieger im Einsatz war. Eines Tages, beim Angriff auf eine russische Flakstellung, wurde die Maschine getroffen. Sein Kamerad und er brachten sie zwar noch zurück hinter die eigenen Linien, als dann jedoch das Höhenmeßgerät ausfiel, während sie in einen Schneesturm gerieten, konnten sie sie nicht mehr halten und stürzten ab.

Von einer Gruppe Tataren wurden sie gefunden. Sein Kamerad war tot. Er selber muß beim Aufprall herausgeschleudert worden sein. Die Tataren fanden ihn eingeklemmt unter dem Heck, schwerverletzt und ohne Bewußtsein. Wie sich erst später herausstellte, hatte er einen doppelten Schädelbasisbruch erlitten; im Körper steckten viele Splitter, die später nur zum Teil entfernt werden konnten. Und er hatte Brüche an Rippen, Beinen und Armen. Auch die Nase war gebrochen. Und die Haare waren bis in die Haarwurzeln versengt.

Daß er überlebte, war ein Wunder, schreibt der Biograph, dessen Darstellung wir hier folgen. Und zu danken war das allein den Tataren. Ohne ihre Pflege wäre er seinen Verletzungen erlegen. Sie brachten ihn in ein Zelt, behandelten seine Wunden mit Fett, flößten ihm Nahrung ein, die sie – wie auch das Fett – von ihren Tieren gewonnen hatten: Milch, Quark, Joghurt, Käse. Sie wickelten ihn in Filz, der ebenfalls von ihren Tieren stammte und ihm Wärme gab, Lebenswärme, die sein Körper speichern konnte. Und als sie sahen, daß er überleben und wieder gesund werde, boten sie ihm an, bei ihnen zu bleiben.

An die zwanzig Jahre später zählte er dies zu seinen wesentlichen Eindrücken aus dem ganzen Krieg: «Lebensraum der Tataren» und: «Tataren wollten mich in ihre Familie aufnehmen» – ein Gedanke, der ihm nicht unsympathisch gewesen sei.

Doch hätte sich das kaum realisieren lassen. Längst war ein Suchkommando nach den Vermißten unterwegs. Er wurde gefunden und zu weiterer Ausheilung in ein Lazarett gebracht. Doch bald mußte er wieder Kampfeinsätze fliegen. Bis Kriegsende wurde er noch viermal verwundet, bekam das ‹Goldene Verwundetenabzeichen› und geriet am Ende in britische Gefangenschaft. All das scheint ihn kaum berührt zu haben, auch nicht, daß er – ausgezeichnet mit dem Eisernen Kreuz Erster Klasse – zweimal wegen Befehlsverweigerung degradiert wurde und wieder nur einfacher Soldat war.

Existenziell berührt aber hatten ihn die Tataren mit ihren natürlichen Hilfsmitteln Fett und Filz, durch die er sich geheilt, ja wiedergeboren fühlte. Filz, Fett, Honig wurden wesentliche Komponenten seines Schaffens, das ein Suchen nach dem «ganzen» Menschen in einer besseren Zeit war und das ihn weltweit bekannt werden ließ.

Er starb mit 64 Jahren. Seine Asche ruht in drei bronzenen Honiggefäßen auf dem Grund der Nordsee.

Wer war's?

39
Freuen uns immerzu
über die Schießung

Ihrer vertrautesten Freundin schrieb sie aus der fremden Hauptstadt von sich und den ihren: Er, ihr Mann, «jagt bei einem ländlichen Bekannten... Wölfe und Bären, die Kinder lernen wieder fleißig und gehen täglich spazieren – und ich werde mehr und mehr ein altes Weib, grauhaarig, runzelig, krumm und dürr – und lebe mit meinen Interessen nur in der Familie und in den Freundschaften vergangener Zeiten... Das Neue aber hat wenig oder gar keinen Reiz für meine alten Gefühle, selbst ein Kaiser-Ball von 2500 Personen mit einer Pracht-Aushängung imponierte mir nicht so unermäßlich, wie's vor zehn Jahren vielleicht geschehen. Die Kaiserin allein trug Diamanten, welche 15 Millionen werth waren und ihr nachflimmerten...»

Die Schreiberin, die sich hier fast als «altes Weib» zu sehen scheint, war noch keine 38 Jahre alt. Seit 15 Jahren war sie glücklich verheiratet, hatte eine Tochter und zwei Söhne und liebte ihren Mann über alles. In den vielen Briefen, die sie ihm schrieb (denn er war beruflich sehr oft fern von daheim, manchmal über Monate), war er ihr Stern, ihre Wonne, ihr Engel, ihr Herzenslieb, ihr Geliebtester, einmal, nach einem seiner größten beruflichen Erfolge, alles zusammen: der «Beste, Liebste, Klügste, Geistreichste und Energischste, ihr Liebling ohne Gleichen». Sie liebte ihn uneingeschränkt und lebte nur für ihn und für die Kinder. «Ach, mein Liebling, was bin ich doch beneidenswert glücklich, daß ich Dich habe und daß Du so bist wie Du bist», schrieb sie einmal. Und:

«Du bekommst so viele Briefe von mir..., daß Du Dir

wohl einen Schrank zum Aufbewahren dazu miethen mußt, oder an kühlen Abenden Kaminfeuer davon machen kannst. – Nun mir ist's gleich, was nachher aus ihnen wird, – mir genügt's daß ich Dir meine Liebe versichern kann.» Ihr «Geliebtester Einziger» hat aus ihren tausend Briefen kein Kaminfeuer gemacht, sondern hat sie aufbewahrt. Er muß wohl viel Kraft aus ihnen gewonnen haben, brauchte zumindest die ständige Gewißheit, daß daheim alles in Ordnung war, und war immer in Unruhe, wenn sie ihn nur ein paar Tage ohne Nachricht ließ.

Auch er hat ihr oft und ausführlich geschrieben, doch hatte er nicht immer die Zeit. Manchmal mahnte sie dann: «Was fehlt Dir eigentlich? Ist Deine Hand lahm geworden? Oder ist's Tintenfaß zerbrochen! Oder alle Federn verbrannt? Oder bist Du nur faul?» – «Du schreibst kein Wort, mein alter Unband, man ahnt gar nicht, ob Du rumsitzt, ob Du faul oder fleißig, krank oder gesund bist.»

Aber oft hat sie nicht gemahnt, dazu war sie zu wohlerzogen, sondern hat geduldig auf seine Antwort gewartet und ihm dann sogleich gedankt: «Und wie weh ist's mir, nicht bei Dir sein und Dich recht umarmen zu können – für Deinen Herzensbrief.» Oder: «O, welch unsäglich große Freude hatte ich heute früh über Deinen geliebten Brief, mein einziger Engel und wie unermäßlich danke ich Dir dafür. Und Gott lobe ich ohne Ende, daß er Dich behüte.»

Auf Gott hat sie immer vertraut und hat ihn stets gebeten, nicht nur ihren Besten und ihre Kinder zu schützen, sondern zugleich die ganze Ordnung zu erhalten, in der sie und ihr Mann in alter Familientradition verankert waren. Eine andere Ordnung schien ihr (und ihm) schon deswegen ausgeschlossen, weil nur diese Ordnung ihrer Überzeugung nach die gottgewollte war. Um sie zu erhalten und damit Gott zu dienen (und zugleich sich selbst zu nützen), hatte er seinen Beruf gewählt, der ihn auch in Kriege verwickelte. Daß er bereit war, zu töten (oder töten zu lassen), schreckte sie nicht. Ja, als sie gerüchteweise hörte, er habe dagegen plädiert, die Hauptstadt des Feindes zu bombardieren, schien sie sich zum erstenmal gegen ihn zu stellen und schrieb fast empört: «Es ist doch nicht wahr, daß Du durchaus gegen Bombardement bist, um das Höllen-Nest zu schonen?» Da seien doch nur «Viecher», «lauter Abschäumendes. Das weiß Gott.» Und sie beschwor ihn:

«Ach, bitte, bitte, bitte – nur keine Mäßigung, keine Milde, keine Großmuth gegen dieses Sündenvolk... Tod und Verderben Allen, Allen – Jung und Alt – nur die Wiegenkinder ausgenommen. Die Würmer können ja nichts dafür, daß sie so scheußliche Eltern haben...» Ihr Bitten war überflüssig; er war ohnehin *für* die Bombardierung. Als sie das hörte, jubelte sie: «Morgen sollen die Bomben auf die Forts des schandbaren Babylons fliegen», und als es endlich soweit war: «Wir freuen uns immerzu über die Schießung.»

Nein, die sonst so Fromme und Sanfte, war nicht militant, zumindest kaum mehr als andere. Doch wollte sie, daß jene, die ihre gottgewollte Ordnung störten und den Geliebtesten und die Söhne in den Krieg gezogen hatten, bestraft und gedemütigt würden. «Ach, bitte – demütige es doch gründlich», bat sie den «Herzensliebsten» (aber vergeblich), nachdem das Höllen-Nest kapituliert hatte. Da war sie im 47. Jahr, und Gott hat ihr noch manchen Wunsch erfüllt, auch den, eher zu sterben als ihr Einziger, um seinen Tod nicht erleben zu müssen. Da war sie siebzig.

Wer war's?

40
Witzig, stark, gesund
und fett

*A*ls er 26 Jahre alt war, hatte er in seinem Fach schon so viel erreicht, daß er international berühmt war, jedenfalls unter Experten. Als Dreißigjähriger folgte er einer Berufung an ein noch sehr junges, einzigartiges Institut, eine «Freistätte für Gelehrte», wo diese nach dem Willen des Gründers «vor allem Ruhe» haben sollten, um zu denken – ohne «Ablenkungen durch weltliche Sorgen oder elterliche Verantwortung für eine unreife Studentenschaft».

Er war der Dritte, der in dieses Paradies eintrat, «von wo aus Wissenschaftler die Welt und ihre Phänomene als ihr Labor ansehen können, ohne in den Sog des Alltäglichen hineingezogen zu werden», und wohin sich viele sehnten, zumal die Berufungen auf Lebenszeit galten und Gehälter und Pensionen ungewöhnlich hoch waren. Daß da trotz aller Freiheit aber auch starke psychologische Belastungen entstehen konnten, wurde später von einem der Genies dort so formuliert:

«Das Wesentliche an diesem Ort ist, daß es keine Entschuldigung gibt, wenn jemand nichts tut oder keine gute Arbeit leistet... Wenn jemand keine gute Arbeit leistet, weiß es jeder, und das macht sehr viel Angst. Und deshalb denke ich, daß niemand gut beraten ist, der hierher kommt, aber diese Art Druck nicht aushalten kann.» Und ein anderer bestätigte: «Psychologisch gesehen ist es ein schweres Leben. Hier gibt es nichts zu tun, außer zu arbeiten, und wenn man nicht arbeitet, kann einen das leicht etwas nervös machen.» Keine Entschuldigung bedeutete zum Beispiel, daß niemand sich mit zu großer

Beanspruchung seitens der Studenten hätte herausreden können; da waren ja keine Studenten, und niemand mußte lehren, niemand mußte prüfen oder Examens- und Doktorarbeiten korrigieren. «Es gibt keine Pflichten, nur Möglichkeiten», pflegte der Institutsgründer seinen Genies zu sagen.

Ihn machte diese Situation überhaupt nicht nervös, noch hat sie ihm ein schlechtes Gewissen gemacht, obgleich oder gerade weil er noch so jung war. Er hatte keine Angst, daß ihm auf seinem Gebiet nichts mehr einfallen würde. Er war vital, war von Natur aus unbeschwert und immer gut aufgelegt, er war lustig und hatte bald einen entsprechenden Spitznamen. Und er wurde bewundert, schon allein wegen seines überragenden, photographischen Gedächtnisses. Ein Mitarbeiter erinnerte sich:

«So weit ich das beurteilen kann, konnte er ein Buch oder einen Artikel, den er einmal gelesen hatte, wörtlich wiederholen; das konnte er sogar Jahre später ohne Zögern. Bei einer Gelegenheit wollte ich diese Fähigkeit prüfen und fragte ihn nach dem Anfang von Dickens ‹Eine Geschichte zweier Städte›, woraufhin er ohne eine Pause sofort begann, das erste Kapitel zu rezitieren und weitermachte, bis ich ihn nach zehn oder fünfzehn Minuten bat, aufzuhören.» Schon der Achtjährige hatte sein photographisches Gedächtnis bewiesen: Da las er zwei Seiten aus einem Telefonbuch vor und konnte dann mit geschlossenen Augen Namen, Adressen und Telefonnummern wiederholen.

Noch mehr bewundert als sein Gedächtnis wurde sein Verstand. «Er hatte die Art Verstand», sagte ein Mitarbeiter, «die innerhalb von fünf Minuten dem, der ihm eine Idee vorträgt, meilenweit voraus ist und genau sieht, was los ist. Sein Verstand war so schnell und genau, daß man einfach nicht Schritt halten konnte. Auf der ganzen

Welt gab es meiner Ansicht nach niemanden, der es mit ihm aufnehmen konnte.»

Trotz seiner Überlegenheit war er beliebt. Und kaum jemand störte sich an seinen Extravaganzen. «Er liebte Frauen und schnelle Autos», schrieb kürzlich jemand über ihn, «er mochte Witze, Limericks und zweideutige Geschichten. Er mochte Lärm, mexikanisches Essen, gute Weine und Geld.» Weil er in der Nähe des Instituts Cafés und gute Restaurants vermißte, wie er sie von daheim kannte, trug er sich eine Zeit lang ernsthaft mit der Absicht, dort selber so etwas ins Leben zu rufen. Aber dann entschied er sich anders, und er und seine Frau gaben in ihrem eleganten Haus regelmäßig Partys. «Sie waren unglaublich», erinnert sich ein Freund, «und man fühlte sich unter Freunden.» Und über den Gastgeber: «Er war ein unwahrscheinlich witziger Mensch, stark und gesund und fetter als ich.»

Er war so beliebt, daß die Kollegen es sogar hinnahmen, als er im Institut das geheiligte Tabu verletzte, zum Arbeiten mehr als nur Bleistift und Papier zu benutzen, indem er eine neuartige Maschine zu bauen begann, die nicht mehr von außen auf physikalischem Wege geregelt werden sollte, sondern von innen. «Wenn alle Anweisungen einmal in das Gerät eingegeben sind, wird es sie», das war sein Ziel, «vollständig und ohne weiteres Bedürfnis nach Eingriffen durch den menschlichen Intellekt ausführen.»

Nicht lange nach Vollendung seiner Maschine (die er sich übrigens nicht patentieren ließ) ist er gestorben, mit 53 Jahren.

Wer war's?

41
Den Nobelpreis
wollte er ablehnen

Zwei Jahre bevor er auf eine Schule kam, hatte er von seiner älteren Schwester Lesen und Schreiben gelernt. Da war er erst vier. Mit acht Jahren wurde er Meßdiener, und der Elfjährige nahm sich vor, Schriftsteller zu werden: «Ich erkannte, daß es eine Notwendigkeit war, etwas, was ich tun mußte. Da gab es gar keine Frage.»

Die Schule, auf der er überragend war, mußte er mit fünfzehn Jahren aufgeben, um Geld zu verdienen, weil der Vater herzkrank war und nicht mehr lange zu leben hatte. Nach einem mißglückten Versuch als Verkaufsgehilfe eines Buchhändlers versuchte er es bei einer Lokalzeitung als Jungreporter – und hatte Erfolg: «Mit sechzehn», schrieb er später, «hatte ich bereits eine bildhübsche kleine Geliebte und mietete ein möbliertes Zimmer für sie...»

Vier Jahre später – inzwischen hatte er in der großen Hauptstadt des Nachbarlandes eine Sekretärsstelle angenommen – heiratete er eine drei Jahre ältere Frau, und fast sechzig Jahre später schimpfte er im Beisein seiner dritten Frau:

«Ich bin gegen die Ehe, absolut dagegen... In meinen Augen ist die Ehe ein Schwindel, ein Betrug.» Und auf seine erste Ehe anspielend argumentierte er: «Nehmen Sie mal als Beispiel zwei Menschen, die mit zwanzig und dreiundzwanzig Jahren vor den Traualtar treten. Sie sind biologisch gesehen zwei unabhängige menschliche Wesen, die plötzlich auf die Bibel oder sonstwas schwören, daß sie für ihr ganzes Leben zusammenbleiben wollen, in guten wie in schlechten Tagen. Biologisch haben die beiden zehn Jahre später nicht mehr dieselben Zellen in ihren Körpern. Sie sind nicht mehr diejenigen, die die Ehe eingegangen sind. Und erst mit fünfzig! Die beiden haben sich völlig verändert... Und doch will man sie ihr Leben lang aneinanderketten! Das ist Betrug...»

Dieser Betrug konnte aber nicht die Entschuldigung dafür sein, daß er seine Frau ständig mit anderen betrogen hatte – während der ganzen 26 Jahre langen Ehe, ja schon in der dreijährigen Verlobungszeit, und zwar nahezu Tag für Tag. Genauso betrog er die zweite Frau, mit den Hausmädchen, mit seinen Sekretärinnen, mit jeder, die ihn interessierte und die er haben konnte, vor allem mit Prostituierten. Er hat daraus nicht nur nie ein Hehl gemacht, sondern sich gern damit gebrüstet. Als Mittsiebziger erklärte er in aller Öffentlichkeit, und zwar mehrmals, er habe es im Leben (von seinem 16. Jahr an) mit zehntausend Frauen getrieben.

Da mag er wichtigtuerisch hochgerechnet haben, aber daß er auf sexuellem Gebiet außerordentlich fleißig war, ist nicht zu bezweifeln. Für ihn war das die notwendige Entspannung von jener übermäßigen, oft bis zur Verkrampfung gehenden Konzentration während des Arbeitens. Auf diesem Gebiet war er übrigens noch fleißiger. Und sehr erfolgreich, auch finanziell: Schon im Alter von 26 Jahren war er Millionär.

Seit er das war, wozu er sich als Elfjähriger entschlossen hatte, konnte er sich die Arbeit so einteilen, wie er wollte. Er mußte nicht ganze Tage arbeiten, aber er arbeitete täglich mehrere Stunden, meistens schon früh morgens, auch auf Reisen und in den Ferien, wo immer er war. Er brauchte nur Papier, Bleistifte und die Schreibmaschine. Er war ungeheuer diszipliniert, und weil ihm die Arbeit Freude machte, arbeitete er auch dann noch, als er es finanziell schon lange nicht mehr nötig hatte. Oder war ihm die Arbeit zum Korsett geworden, ohne daß er nicht mehr leben konnte? Merkwürdig ist immerhin, daß er sein vieles Geld nie für sich «arbeiten» ließ, weil er nicht wollte, daß es mehr einbrachte, als er mit seiner Arbeit verdiente: Fürchtete er also eine Entwertung seiner Arbeit durch sein Finanzvermögen? Litt er vielleicht schon darunter, daß seine Arbeiten trotz des Riesenerfolgs und des Weltruhms nicht so gewertet wurden, wie er es gewünscht hätte? An seinem 75. Geburtstag sagte er:

«Ich habe bereits beschlossen, die Entgegennahme des Nobelpreises zu verweigern, falls er mir verliehen werden sollte. Ich weiß, daß ich Dauerkandidat auf ihren Listen bin. Ich habe keinen einzigen Literaturpreis, und ich will auch keinen haben...»

Zu der Zeit schrieb oder diktierte er nur noch über sich selber, über sein Leben, seine Frauen, seine vier Kinder, seine vielen Domizile. Unruhig, wie getrieben, hatte er immer wieder den Wohnsitz gewechselt, von der Kleinstadt in die Großstadt und zurück aufs Land, von Wohnungen in Schlösser, Burgen, in ein ehemaliges Kloster, in Villen, Landhäuser, alte Bauerngehöfte, von Land zu Land, von Kontinent zu Kontinent, schließlich in ein Hochhaus mit Blick über den Genfer See. Sein 33. und letztes Domizil war ein kleines Haus aus dem 18. Jahrhundert mit einer riesigen 250 Jahre alten Zeder im Garten. Dort ist er im Alter von 86 Jahren gestorben, in den Armen seiner dritten Frau (die er allerdings nicht geheiratet hatte).

Wer war's?

42
Ihr Mann zwang sie
zu Mastkuren

Von Zeit zu Zeit wurde sie von Angst überwältigt, fühlte sich ausgeliefert, «hilflos und verängstigt, sehr einsam, sehr nutzlos, sehr beklommen». Die Angst wurde zum physischen Schmerz, sie klagte über Erstickungsanfälle, starke Kopfschmerzen, wurde depressiv und war total erschöpft.

In solche Zustände geriet sie jedesmal, wenn sie ein Buch fertig hatte. Und das wurde mit den Jahren schlimmer. Als Mittfünfzigerin, längst anerkannt, ja berühmt, schrieb sie in ihr Tagebuch:

«Als ob ich bei voller Beleuchtung auf einem hohen Sims zur Schau gestellt wäre... Als würde gleich etwas Schreckliches geschehen – ein brüllendes Gelächter – auf meine Kosten. Und ich habe nicht die Macht es abzuwehren; ich bin schutzlos. Und diese Angst und dieses Nichts umgeben mich mit einem Vakuum. Ich spüre es hauptsächlich in den Schenkeln. Und ich möchte in Tränen ausbrechen...»

Ein Jahr zuvor hatte sie gefürchtet: «Ich werde geschlagen, ich werde verlacht, ich werde dem Hohn und dem Spott preisgegeben werden...» Aber wie immer waren ihre Befürchtungen auch jetzt unbegründet, diesmal hatte sie sogar ihren größten Erfolg; fünfzigtausend Exemplare wurden von dem Buch noch im selben Jahr verkauft.

Hätte sie einen Mißerfolg und schlechte Kritiken nicht verkraftet? Von einer ihrer Gestalten schrieb sie: «Sie kann die Welt nicht zusammensetzen, wie es die anderen tun, sie jederzeit ins Lot bekommen... Sie braucht nur einen Korridor herunterzugehen und irgendein Hausmädchen wird über sie lachen. Die Gesamtheit der Existenz ist gegen sie: verlacht sie, widerspricht ihr, beraubt sie eines Gesichts und einer Identität.»

Sie «lebte in der Angst vor Bloßstellung, Lächerlichkeit, Gewalt», schrieb einer ihrer Biographen, und weil ihr die Solididät derjenigen fehlte, die in feste Weltbezüge eingespannt sind, habe sie ein großes Maß an Bestätigung durch Freundschaft und Ruhm gebraucht: «Sie war süchtig nach Briefen, süchtig nach Informationen über menschliche Zusammenhänge, süchtig nach mütterlichen Freundinnen.» Sie selber nannte sich einmal «Versager, kinderlos – dazu geisteskrank».

Seit ihrem ersten Selbstmordversuch, ein Jahr nach ihrer Heirat (als Dreißigjährige), wußte ihr Mann, wie labil sie war, wie überaus gefährdet. Vorausgegangen war ein Nervenzusammenbruch, nachdem sie ihr erstes Buch fertig hatte. Sie war völlig erschöpft, hatte Kopfschmerzen, Depressionen, Halluzinationen, hörte die Vögel griechisch singen. Sie hatte Veronal geschluckt, war aber noch rechtzeitig gefunden worden. Doch verließ sie die Klinik in schlechter Verfassung.

Ihr Mann, der seitdem immer wieder Nervenärzte hinzuzog, hielt sie – wie die meisten jener Ärzte – für geisteskrank. Er wollte nicht, daß sie in eine Anstalt kam, und widmete sich ganz ihrer Pflege. Da sie seiner Meinung nach zu wenig aß, zeitweise die Nahrungsaufnahme sogar verweigerte, zwang er sie zu «Mastkuren» und brachte ihr Gewicht von 54 Kilo auf 79! Er hat sorgfältig Buch geführt, und offenbar haben sie darüber auch diskutiert, weil sie mit seiner Methode nicht einverstanden war; in seinen Aufzeichnungen steht der verräterische Satz: «Es ist zwecklos, mit einer geisteskranken Person zu argumentieren.»

War sie geisteskrank? Sie fand nach solchen Zuständen

immer wieder in die Normalität und vor allem zu höchster schöpferischer Arbeit zurück. Die Ablehnung von Nahrung muß ja nicht Ursache der «Krankheit» gewesen sein, sondern war vielleicht der Fluchtversuch einer «Verrückten», deren Argumente nicht zählten, aus der Ausweglosigkeit.

Sie liebte ihren Mann und hielt ihre Ehe für glücklich. Aber sexuell hat sie sich ihm verweigert. Schon vor der Heirat hatte sie ihm (so sie selber) «brutal geschrieben»: «Du übst auf mich keine körperliche Anziehungskraft aus.»

Doch richtete sich das nicht gegen ihn persönlich. Die Ablehnung des Sexuellen mag mit einem Schock der Sechsjährigen zusammenhängen, den sie in ihrer Autobiographie beschrieben hat: Wie der viel ältere Halbbruder ihr mit der Hand unters Kleid fuhr (nachdem er sie auf einer Art Sims so postiert hatte, daß sie nicht fliehen konnte): «... ich erinnere mich, wie ich hoffte, daß er aufhören würde; wie ich mich versteifte..., wie seine Hand sich meinen Geschlechtsteilen näherte. Aber er hörte nicht auf. Seine Hand untersuchte auch diese...»

Dieses Erlebnis wurde sie nie mehr los, schrieb ein Biograph, «barbarisch und roh gezwungen, war sie ein beschädigtes Ding, ein verdorbener, flügelloser Vogel».

Ihr Leben lang hatte sie Schuld- und Minderwertigkeitsgefühle. Und sie litt auch darunter, daß sie keine Kinder hatte. Als die Neunundfünfzigjährige – wieder nach dem Abschluß eines Buches – in Angst und Hoffnungslosigkeit versank, nahm sie sich das Leben.

Wer war's?

43
Als Armenarzt in Altona

*A*llein durch seine Werke und Leistungen wollte er gelten, «nicht aber durch seine Erlebnisse und Schicksale», schrieb ein Historiker. Deswegen sei er mit biographischen Angaben sehr sparsam gewesen, und als jemand – schon zu seinen Lebzeiten – sein Leben beschreiben wollte, hat er das ausdrücklich verboten. Das hat zweifellos dazu beigetragen, daß er heute nur wenig bekannt ist, zu wenig.

Doch gibt es dafür noch eine andere Ursache; sie lag in jener Zeit, in der sein Name – wie die Namen vieler anderer auch, für deren Emanzipation er sich sein Leben lang eingesetzt hat – verschwiegen wurde. Als das Christianeum, das älteste und berühmteste Gymnasium zu Altona, wo er nach dreijährigem Besuch einen ausgezeichneten Abschluß machte, zum zweihundertjährigen Jubiläum an einige seiner besten Schüler erinnerte, wurde er nicht erwähnt.

Zu der Zeit (1938) stand in Altona noch sein Grabstein, auf dem zu lesen war, daß der Arzt, Doctor medicinae, ein Denker und Dichter, im Jahr 5549 zu Bruchhausen geboren wurde und 5626 in Zürich gestorben ist. Fünfzig Jahre später, als das Christianeum sein 250. Jubeljahr beging, kam sein Name in der neuen Festschrift, die viel umfangreicher war als die von 1938, auch nicht vor.

Nach seinem Medizinstudium in Kiel und Berlin, das er mit einer Doktorarbeit über die Ursachen von Krankheiten abschloß, ließ sich der Vierundzwanzigjährige als Arzt in Altona nieder. Das damals zu Dänemark gehörende Städtchen vor den Toren Hamburgs hatte 25 000 Einwohner, darunter etwa dreitausend – meist sehr arme – Juden, die da bereits vor längerer Zeit Bürgerrecht, Religionsfreiheit und eine beschränkte Gerichtsbarkeit erhalten hatten. Am jüdischen Gemeindeleben nahm er regen Anteil, er wurde Mitglied des Gemeindevorstands und war im jüdischen Schul- und Vereinswesen tätig.

Vor allem aber arbeitete er 33 Jahre lang als Hospital- und Armenarzt der Gemeinde. Mit seiner Frau – er hatte schon bald geheiratet, doch blieb die Ehe kinderlos – wohnte er in der Palmaille, einer schönen Straße hoch über dem Elbufer, in einem einstöckigen, weitläufigen Renaissancegebäude mit Garten, das – so schrieb ein Zeitgenosse – «ein Sammelplatz erlesener Gesellschaft war, wo Einheimische und Fremde sich gern begegneten».

Mit seinen umfangreichen wissenschaftlichen Arbeiten und Vorträgen auf vielen Kongressen fand er in der Fachwelt Anerkennung. Viel tat er auch für die Stadt. So gründete er zum Beispiel zusammen mit einem Hamburger Großkaufmann die erste Flußbadeanstalt in der Elbe. Er veröffentlichte Vorschläge, wie sich das vorzeitige Absterben der Bäume in den städtischen Parkanlagen verhindern ließe. Und immer kämpfte er für Toleranz und für Gleichstellung der Juden in Deutschland und anderen Ländern.

Damit machte er sich aber nicht nur Freunde, und häufig war er enttäuscht. Als sein Einsatz für seine Glaubensbrüder in Norwegen erfolglos blieb und er persönlich in beleidigender Weise angegriffen wurde, schrieb er einem Freund: «Lassen wir dem egoistischen Pöbel aller Farbe das traurige Privilegium der Inhumanität und roher Sittenbildung. Was kümmert's uns, wenn sie durchaus eine Liebhaberei für das Barbarentum haben und von der Sitte, aus den Schädeln ihrer Freunde den altherkömmlichen Met zu saufen, nicht lassen wollen?»

Enttäuscht war er schließlich aber auch über den Starr-
sinn seiner Altonaer Glaubensbrüder, und der Mittfünfziger entschloß sich plötzlich, alle Brücken hinter sich
abzubrechen und nach Italien zu gehen. Dem Vorstand
seiner Israeliten-Gemeinde begründete er seinen Schritt
mit «erschütterter Gesundheit», und er bat darum, ihm
sein Gehalt nach 32jähriger Dienstzeit wenigstens teilweise als Pension zu belassen. Der Vorstand ging darauf
gar nicht ein; er bewilligte lediglich eine Herabsetzung
seiner Beitragszahlungen als Gemeindemitglied, solange
er auf Reisen sei.

Er und seine Frau ließen sich in Rom nieder, in der
Villa Auriemna im Künstlerviertel, und wieder wurde ihr
Haus zum Mittelpunkt eines Kreises von Schriftstellern,
Künstlern, Gelehrten, von denen viele aus Deutschland
kamen. Er hat da noch sehr viel geschrieben: Naturwissen-
schaftliches, Philosophisches, Theologisches, auch Autobiographisches, das heute nur schwer zugänglich ist.

Nach der Revolution von 1848, die den Juden Gleichberechtigung verhieß, meinte er: «Jetzt ist es doch eine
Ehre und eine Freude, ein Deutscher zu heißen, wenigstens fängt es an eine zu sein. Sonst war es ja namentlich
für unsereinen so ganz anders...» Aber seine 48er-Hoff-
nungen erfüllten sich nicht.

Achtzehn Jahre danach ist er in seinem 77. Jahr auf
einer Reise gestorben und wurde auf Zürichs reformier-
tem Friedhof beigesetzt. Nach ein paar Monaten ließen
Hamburger Freunde ihn nach Altona umbetten. Heute
trägt ein historisches Institut seinen Namen, das gleichsam in seiner Nachfolge die deutsch-jüdische Geschichte
erforscht.

Wer war's?

44
Pilze eine wahre Götterspeise

Sie gehörte zu einer höchst vornehmen Familie, nicht nur durch Heirat, sondern von Geburt her. In ihren Adern floß Götterblut, ein wenig jedenfalls. Ihre Familie war deswegen so vornehm, weil sie sich von einem Sohn der Aphrodite herleitete, der griechischen Göttin der Liebe, und weil viele ihrer Mitglieder vergöttlicht worden waren, einige sogar schon zu Lebzeiten.

Sie wurde zwar nicht vergöttlicht, doch wurde ihr immerhin – zumindest zeitweise – göttliche Verehrung zuteil, bereits in jungen Jahren. Und so ist es nicht allzu verwunderlich, daß sie stets überzeugt war, tun zu können, was ihr gefiel, und sich zu nehmen, was sie wollte.

Doch ging das nicht immer gut. Denn da waren ja noch Verwandte und (nicht ganz so vornehme) Anverwandte, bei denen der Hunger nach Leben, die Welt- und Menschenverachtung, die Brutalität und die – wie Goethe einmal sagte – «undenkbare Wohlhäbigkeit» ebensogroß waren wie bei ihr.

Daß sie in Köln auf die Welt kam, tat ihrer göttlichen Vornehmheit keinen Abbruch (und für die Kölner hatte es positive Folgen). Fast noch ein Kind, 13jährig, wurde sie zum erstenmal verheiratet, mit einem – so ein Historiker – «der brutalsten und verworfensten Menschen der Zeit». Nicht durch ihn, mit dem sie nach neun Jahren einen Sohn hatte, sondern durch ihren Bruder kam sie in der Rangfolge weit nach oben, und in Segensformeln für den Bruder wurden ihr Name und die Namen ihrer Schwestern mit aufgeführt, und bei besonderen Veranstaltungen hatten sie Ehrenplätze an seiner Seite.

Jener Historiker behauptete, sie und ihre Schwestern hätten mit dem Bruder blutschänderischen Verkehr gehabt. Und von ihrem Mann will er wissen, daß er anläßlich der Geburt ihres Sohnes zu ihr sagte: «Unmöglich kann von uns beiden ein guter Mensch in die Welt gesetzt sein»; der Sohn sei ein zu verabscheuendes Produkt, zum Schaden des Staates geboren. (Als er dies schrieb, kannte er freilich das Ende der Geschichte; da waren sie und ihr Sohn seit mehr als einem halben Jahrhundert nicht mehr am Leben.)

Auf irgendeine Weise wurde sie – inzwischen Mitte zwanzig – in einen Hochverratsprozeß verwickelt. Zu der Zeit starb ihr Mann an Wassersucht. Sie wurde verbannt, und das ihr von ihm vermachte Vermögen wurde eingezogen. Aber bereits im nächsten Jahr, nachdem ihr Bruder ermordet worden und ein Onkel von ihr an dessen Stelle gekommen war, durfte sie zurückkehren und kam wieder in den Besitz ihres Erbes. Sie heiratete einen vielfachen Millionär, der wenig später starb (oder nach anderer Version von ihr aus dem Weg geschafft wurde), nachdem sie sich zur Erbin seines riesigen Vermögens hatte einsetzen lassen. Sie war nun sehr reich, aber sie wollte viel mehr.

Nachdem die Frau ihres Onkels – es war seine dritte – zum Tode verurteilt und hingerichtet worden war, wollte sie die vierte Frau ihres Onkels werden, um an seiner Seite ganz oben zu sein, zumindest fast oben. Sie hat dieses Ziel erreicht, das jedoch noch nicht ihr letztes sein sollte. Zwar wurde sie nun mit Ehren überhäuft, durfte in einem vergoldeten Wagen fahren, hatte Leibwächter und ihr Kopf erschien auf Münzen, aber sie wollte immer noch mehr. Sie wollte, daß ihr Sohn, der ihr einziges Kind geblieben war, von ihrem Onkel und Ehemann adoptiert und zu seinem Nachfolger bestimmt wurde – im Rang vor seinem eigenen Sohn. Daß sie auch dieses

Ziel erreichte, hatte vor allem drei Gründe: ihre rücksichtslose Durchsetzungskraft, die gutmütige Nachgiebigkeit ihres Mannes und den sehr bedeutenden Umstand, daß ihr Sohn mehr göttliches Blut in den Adern hatte als der leibliche Sohn ihres Mannes.

Ein Jahr nach der Adoption durfte der Sohn verfrüht, nämlich erst dreizehnjährig, Männerkleidung tragen, und als Fünfzehnjähriger wurde er mit der noch nicht zwölfjährigen Tochter seines Stief- und Adoptivvaters verheiratet, der dadurch auch noch sein Schwiegervater wurde. So hatte die Mutter alles gut festgezurrt, und den Sohn zum – wie man heute sagen würde – Hoffnungsträger gemacht.

Ihrem Mann ist das allerdings schlecht bekommen. Ihn brauchte sie nun nicht mehr, während der Sohn, für dessen Erziehung und Vorbereitung auf sein hohes Amt sie einen Philosophen bestellt hatte, heranwuchs. Eines Tages ließ sie dem Vierundsechzigjährigen Pilze bereiten, denen Gift zugesetzt war, was zu seinem Ende, aber auch zu seiner Ankunft bei den Göttern führte. «Pilze sind eine wahre Götterspeise», soll der Sohn in Anspielung auf die Ermordnung seines Adoptivvaters gesagt haben.

Da war er, 17jährig, der Mann mit dem höchsten Rang – dank seiner energischen Mutter, die von ihm jedoch nicht lange Dankbarkeit erfuhr. Zu sehr redete sie ihm in alles hinein, und mehr noch als zuvor über den Mann wollte sie jetzt über den Sohn herrschen. Dabei übersah sie, daß er genauso herrschsüchtig und skrupellos war wie sie. Fünf Jahre nach dem Mord an ihrem Mann wurde sie auf Befehl ihres Sohnes vergiftet, im Alter von 44 oder 45 Jahren.

Wer war's?

45
Zwei Zimmer, Küche
und Balkon

Nachdem sein Vater eine Gefängnisstrafe (wegen einer uneingelösten Schuldverpflichtung) verbüßt hatte, zog er mit Frau und Kindern in die Großstadt, um ein «neues Leben» zu beginnen. Der Sohn war da neun Jahre alt, und er vergaß es nie, wie seine Mutter mit ihm in jene Stadt fuhr, wo der Vater sie erwartete:

«Es war ein trüber nasser Novemberabend, ein langer Weg vom Bahnhof... Aber wir hatten nichts Schweres zu tragen.» Und dann die Enttäuschung über die Kellerwohnung, die aus einer einfenstrigen Stube und einer kleinen Küche bestand: «An den Wänden zerrissene Tapeten mit schmutzigen Konturen, wo Betten und Möbel gestanden, beinahe nach einem Muster aussehend. Blutflecken von zerquetschten Wanzen. In einer Ecke ein Haufen Stroh, das sollte unser Bett sein, und ein großer hölzerner, mit Bandeisen beschlagener Koffer..., paar Bündel Kleidungsstücke, das war alles, was wir, ‹zum neuen Leben anzufangen›, besaßen...»

In den beiden vorausgehenden Jahren, als der Vater im Gefängnis saß, war er «bei den Großeltern in den Tälern und Bergen gewesen, ein freies Leben gewöhnt – und nun die Enge, turmhohe Gemäuer, die voll Lärm erfüllten Gassen. Ich hielt mich ängstlich an meinen Eltern».

Später sagte er: «Man kann mit einer Wohnung Einen Menschen genau so gut töten, wie mit einer Axt.» Er aber hat sich überraschend schnell auf die neue Umgebung eingestellt, hat sie beobachtet, hat sie seinem Gedächtnis mit allen Einzelheiten eingeprägt und hat sie für alle Zeit festgehalten, hat dabei gelernt und machte schon bald für Fremde den Stadtführer und zeigte ihnen nicht nur das Rathaus, das Schloß, die Kirchen, sondern lieber die verrufenen Spelunken und das Leben in den Hinterhöfen, wo die Armen und Benachteiligten wohnten – wenn Fremde dies denn überhaupt sehen wollten.

Nach zweijähriger Arbeitslosigkeit fand der Vater eine Anstellung, und der Sohn konnte neben der Schule sogar seine spezielle Begabung, die ihm später Erfolge brachte, ausbilden lassen. Nach der Schule lernte er ein Handwerk, und mit 19 Jahren fing er bei einem Betrieb als Geselle an. Er blieb dort dreißig Jahre, leistete in dieser Zeit seinen Militärdienst und arbeitete in seinen freien Stunden viel auf seinem eigentlichen Wirkungsfeld. Gleich nach seiner Militärzeit heiratete er und wohnte mit seiner Frau und bald einer Tochter zunächst in einer kleinen Kellerwohnung, später – nachdem zwei Söhne hinzugekommen waren – wohnten sie vier Stockwerke hoch: zwei Zimmer, Küche und Balkon. Da blieb er bis zu seinem Tod.

Als er 49 Jahre alt war, wurde ihm von seiner Firma, bei der er seit dreißig Jahren angestellt war, völlig überraschend gekündigt. Die Familie erfuhr das erst nach Tagen durch einen Arbeitskollegen; er selber mochte es nicht sagen, so sehr traf es ihn: «Das Los des älteren Arbeiters, Jüngere waren billiger», sagte er später. Und: «So verließ ich die Stätte, wo ich für kärgliches Einkommen für Andere gearbeitet, wo ich noch nachts gedacht, gewacht, gesorgt habe, Versuche zum besseren Gelingen neuer technischen Verbesserungen mir Kraft und Ruhe raubten.»

Aber die Entlassung hatte auch positive Folgen. Er hatte nun mehr Zeit für seine eigentlichen Interessen und war zugleich gezwungen, diese Zeit zu nutzen. Und das führte zu Ruhm und Erfolgen, auch in finanzieller Hinsicht. Zwölf Jahre lang lief alles gut. Doch dann starb seine Frau. Von da an fühlte er sich einsam, krank, alt, und wenngleich sein Leben äußerlich unverändert weiterging, hat er doch in dem folgenden Jahrzehnt, das ihm noch blieb, kaum Neues geschaffen. Erschwerend war allerdings eine weltweite Wirtschaftskrise: «Es hat gar keinen Zweck, jetzt, bei dieser ‹Mark› sich anzustrengen», schrieb er einer Redakteurin, mit der er viele Jahre Briefe wechselte.

Der Mittsechziger: «So lebe ich denn in unausgesetzter Tätigkeit und mach es doch nicht recht,... Der olle Knabe is schon zu welk...» – «Ich werde wer weiß wo eingeladen, schreibe ab – werde besucht – laß mich verläugnen – verkriech mich – will arbeiten – und immer schwerer wird's!»

Vier Jahre später: «... ich werde immer weniger..., bin in ärztlicher Behandlung, habe Zucker... Kann nicht mehr Treppen laufen, müde – müde...»

Wenige Tage vor seinem 70. Geburtstag, einem Höhepunkt öffentlicher Ehrungen: «Ich werde überlaufen, täglich, seit vielen Wochen, von Photographen, Rundfunk, Zeitungsschreibern, Abenteurern, Bettlern usw. Bin jetzt schon krank. Werde die Tür zunageln... – Ruhe will ich – will nicht durch Liebkosungen sterben.»

Den 70. überstand er, auch noch den 71. Dann erlitt er einen Schlaganfall, gut drei Monate später einen zweiten: «Seit Sonntag bin ich krank so wie rechts gelähmt, ich kann mich um das Buch nicht kümmern», schrieb er seinem Biographen. «Vielleicht werde ich wieder besser.» Da hatte er noch drei Monate.

Wer war's?

46
Nicht für eine Nation ohne Rückgrat

Er entstammte einem Pfarr-
haus, und der Vater – so sagt einer seiner Biographen –
impfte ihm und seinen jüngeren Brüdern die Liebe zur
Wissenschaft ein und bereitete sie auf das Gymnasium
vor. Das Gymnasium, das er dreieinhalb Jahre lang besuchte, besitzt noch heute ein Zeugnis des Siebzehnjährigen. Da heißt es: «Anlage sehr gut, Besuch regelmäßig,
Aufmerksamkeit befriedigend, Fleiß geregelt, Fort-
schritte meist sehr erwünscht, Betragen meist sehr
gut...»

Er erhielt nach bestandenem Abitur ein Studienstipen-
dium, und er studierte Rechtswissenschaft, wobei er sich
jedoch zugleich mit Alter Geschichte befaßte. Im Alter
von 25 Jahren promovierte er. Danach unterrichtete er
eineinhalb Jahre an verschiedenen Mädchenpensionaten
in Geschichte und Geographie, Literatur, Französisch
und Latein. Dann erhielt er ein Reisestipendium und
reiste nach Frankreich und Italien, wo er sich mit alten
Inschriften beschäftigte.

Wieder daheim arbeitete er eine Zeitlang als politi-
scher Redakteur an einer Zeitung, bis er – inzwischen war
er 30 Jahre alt – an einer Universität eine außerordentli-
che Professur für Jurisprudenz erhielt. In jener Universitätsstadt machte er die Bekanntschaft mit einer Reihe
großer Verleger, und nach einem von ihm gehaltenen
Vortrag bot einer ihm einen Vertrag über ein dreibändi-
ges Werk an. Dieser Verleger wurde bald auch sein
Schwiegervater. Zunächst jedoch war weder an eine Ehe-
schließung, noch an die Fertigstellung des geplanten

Werkes zu denken. Er wurde nämlich wegen seiner Mitgliedschaft in einem Verein, der mit Revolutionären sympathisiert hatte, zu neun Monaten Landesgefängnis verurteilt, was zwar in zweiter Instanz wieder aufgehoben wurde, aber er wurde aus dem Amt gejagt. In Zürich fand er eine neue Professur, und nun konnte er sein Buch schreiben. Und er konnte auch heiraten. Es wurde ein glückliche Ehe. Seine Frau schenkte ihm sechzehn Kinder. Und es wurde ein hervorragendes Buch, das noch immer neue Leser findet.

Als Vierzigjähriger erhielt er einen Ruf nach Berlin, das von Anfang an sein Ziel gewesen war und wo er bis ans Ende seines Lebens blieb. Alles in allem schien er sich dort sehr wohl zu fühlen; er hatte Einfluß, Erfolg, war anerkannt.

Ein jüngerer Fachkollege schrieb einige Jahre nach seinem Tod in einer biographischen Skizze: «Bis in die letzte Zeit pflegte er des Morgens, die Tasche unter dem Arme, von seiner Wohnung in Charlottenburg zur Tramway zu gehen, im Wagen eifrig zu lesen und den Vormittag über auf seinem Stammplatz in der Königlichen Bibliothek eifrig zu kollationieren oder sonst zu arbeiten. Sein kleines, durch die fürsorgende Hausfrau wohlgeordnetes Haus war nahezu zu enge für seine zahlreichen Kinder, denen er mit zärtlicher Liebe anhing.

Aber eine niedergeschlagene Stimmung drang immer häufiger durch, wenn ihm das Schicksal irgendeinen Schmerz zufügte. Dem Vierziger raffte der Tod plötzlich einen hoffnungsvollen Knaben weg, an dem er mit zärtlicher Liebe hing, und elf Jahre später eine 16jährige Tochter. Im selben Jahre zerstörte ein durch Unvorsichtigkeit entstandener Brand einen Teil seiner Bibliothek und seine Notizen und einige entlehnte Manuskripte, die unersetzlich waren.

In Zeiten der Depression gewann nicht selten eine

Stimmung der Verbitterung Gewalt über ihn, so daß er in einem Briefe an den Herausgeber einer Zeitschrift eine Äußerung tat wie die folgende: ‹Ich wollte wohl, ich könnte Ihnen mehr sein; aber mir fehlt die Freude an solchem Schreiben für das Gesindel, unter dem man leben muß.›»

Sein 60., sein 70., sein 80. Geburtstag wurden von der ganzen wissenschaftlichen Welt gefeiert, und er wurde mit all den Ehren überhäuft, die wissenschaftliche Körperschaften verleihen können. Wirkliche Freude empfand er über die Verleihung des Nobelpreises...

Indes wunderten sich alle, daß er sein Hauptwerk, von dem inzwischen drei Bände erschienen waren und dem er schon einen fünften Band hinzugefügt hatte, nicht vollendete. Der vierte Band, der eigentlich die Krönung des Ganzen hätte sein sollen, erschien nicht.

Darüber ist viel gerätselt worden. Es entstand die Fama, das Manuskript sei bei dem Brand in seiner Privatbibliothek zerstört worden. Aber in Wahrheit ist es nie geschrieben worden. In seinen nachgelassenen Papieren fand sich ein Hinweis, der auf den wahren Grund schließen läßt. Danach scheint es die politische Atmosphäre jener Zeit gewesen zu sein, der Zustand kritikloser Zufriedenheit, in der er gerade jene Bevölkerungsschichten sah, zu denen seine Leser gehörten, was ihn am Weiterschreiben gehindert hat. Er könne nicht für «eine Nation ohne Rückgrat» schreiben, hieß es da, von der er «so bald als möglich vergessen werden» wolle und «in deren Gedächtnis zu bleiben er nicht als Ehre betrachte».

Wer war's?

47
... jemand,
der einmal ich war ...

Ihr ganzes Leben hat sie geglaubt, sich bergen zu müssen vor Zudringlichen, vor
Mördern und Irren. «Ich brauche Freiheit», sagte sie,
«viel Freiheit..., möchte in Ruhe arbeiten. Ungestört
sein..., sehne mich nach Frieden und suche meine Zuflucht in der Anonymität.» Und deutlicher, schon ein
Aufschrei: «Haltet Abstand von mir, oder ich sterbe,
oder ich morde, oder ich morde mich selber. Abstand –
um Gottes Willen!»

Was sie preisgab von sich, von ihrem Leben – mehr
notgedrungen als freiwillig –, war allenfalls Äußerliches,
oft nur Klischee, war wieder nur Maske, hinter der sie
sich versteckt hielt, so wie auf vielen ihrer Fotos hinter
dem rätselhaften Lächeln der Sphinx.

Dahinter standen Angst und Sehnsucht nach Sicherheit: «Ich rede über die Angst. Schlagt alle Bücher zu,
das Abrakadabra der Philosophen, dieser Angstsatyrn,
die die Metaphysik bemühen und nicht wissen, was die
Angst ist. Die Angst ist kein Geheimnis, kein Terminus,
kein Existential, nichts Höheres, kein Begriff, Gott bewahre, nicht systematisierbar. Die Angst ist nicht disputierbar, sie ist der Überfall, sie ist Terror, der massive
Angriff auf das Leben. Das Fallbeil, zu dem man unterwegs ist, in einem Karren, zu seinem Henker, angeblickt
von einer verständnislosen Umgebung, einem Publikum,
und mein Publikum war mein Mörder...»

Vergebens suchte sie nach Sicherheit, auch in der Beziehung zu einem Du, zu nur einem Menschen, sehnte
sich nach dem «einen Satz, der mich versichert in der

Welt», und resignierte: «Genügt ein Satz denn, jemand zu versichern, um den es geschehen ist?»

Um sie war es schon geschehen, als sie sechs Jahre alt war. Nie hat sie es verwunden, was ihr auf dem Heimweg von der Schule geschah, auf einer Brücke. Zwei Jungen standen da, einer wohl zwei Jahre älter als sie. Der rief: «Du, du da, komm her, ich geb dir etwas!» Gut drei Jahrzehnte später schrieb sie:

«Die Worte sind nicht vergessen, auch nicht das Bubengesicht, der wichtige erste Anruf, nicht meine erste wilde Freude, das Stehenbleiben, Zögern, und auf dieser Brücke der erste Schritt auf einen anderen zu, und gleich darauf das Klatschen einer harten Hand ins Gesicht: Da, du, jetzt hast du es!»

Und bitter zog sie die Bilanz: «Es war der erste Schlag in mein Gesicht und das erste Bewußtsein von der tiefen Befriedigung eines anderen, zu schlagen. Die erste Erkenntnis des Schmerzes. Mit den Händen an den Riemen der Schultasche und ohne zu weinen und mit gleichmäßigen Schritten ist jemand, der einmal ich war, den Schulweg nach Hause getrottet, ... zum erstenmal unter die Menschen gefallen, und manchmal weiß man also doch, wann es angefangen hat, wie und wo, und welche Tränen zu weinen gewesen wären.»

Als sie die Bilanz zog, war dies längst eines ihrer Hauptthemen. Zuvor hatte sie etwas anderes versucht. In einem Interview sagte sie: «Ich habe als Kind zuerst zu komponieren angefangen. Und weil es gleich eine Oper sein sollte, habe ich nicht gewußt, wer mir dazu das schreiben wird, was die Personen singen sollten, also habe ich es selbst schreiben müssen ... Aber ich habe ganz plötzlich aufgehört, habe das Klavier zugemacht und alles weggeworfen, weil ich gewußt habe, daß es nicht reicht, daß die Begabung nicht groß genug ist.» Zugleich hatte sie aber ihre eigentliche Begabung erkannt. Und der folgte sie nun ganz konsequent, mit einem hohen Anspruch an sich selbst.

Sie hatte Erfolg, wurde berühmt, wurde geehrt. Und sie konnte ihrem Fernweh nachreisen, von dem sie sagte, die Enge ihres Heimattals habe es ihr eingetragen. Nur glücklich scheint sie nicht geworden zu sein. Dafür fehlten ihr Zeit und Kraft. Alle Zeit und alle Kraft widmete sie ihrer Arbeit, ohne die sie nicht existieren konnte: «... ich existiere nur, wenn ich schreibe, ich bin nichts, wenn ich nicht schreibe... Es ist eine seltsame, absonderliche Art zu existieren, asozial, einsam, verdammt...»

Sie nahm diese verdammte Art zu existieren auf sich, in dem Glauben, daß wenigstens das Veröffentlichte, ihre Bücher, sozial und assoziierbar würden und einen Weg zu einem Du fänden «mit der verzweifelt gesuchten und manchmal gesuchten Wirklichkeit».

Oder war dies nur eine Hoffnung? Einem Interviewer hatte sie einmal gesagt: «Ich glaube, daß aus allen Büchern herauskommt, daß alle Menschen in allen Beziehungen aneinander vorbeireden; dieses scheinbare Verständnis, das man Offenheit nennt, ist ja gar keines. Verstehen – das gibt es nicht. Offenheit ist nichts als ein komplettes Mißverständnis. Im Grunde ist jeder allein mit seinen unübersetzbaren Gedanken und Gefühlen.»

Ihr Werk konnte sie nicht vollenden. Mit 47 Jahren ist sie an den Folgen eines Unfalls gestorben.

Wer war's?

48
Und der Ruhm
ein leeres Spiel

Als «großer Einzelgänger, still, reserviert, wissend» ist er in den Presse-Archiven dokumentiert. Von Zurückhaltung, Vornehmheit, Ritterlichkeit ist da die Rede, von Eleganz und Takt, aber auch von einem Hauch von Hochmut, Arroganz und skeptischer Überlegenheit. Und immer wieder von seiner «Bügelfaltendämonie» und dem Abglanz weltmännischer Müdigkeit, die vielen seiner Zeitgenossen so erstrebenswert schienen:

«Es knisterte im Zuschauerraum, wenn seine stattliche Erscheinung auftauchte, wenn sein merkwürdig spröder, atemloser Sprachklang laut wurde..., er strahlte einen undefinierbaren erotisch-sinnlichen Zauber aus. Die Damenwelt lag ihm zu Füßen; die Herren schauten ihm jede sparsame Geste und Bewegung ab.»

Viele wollten sein wie er, aber er war ganz anders, war nicht der Salonlöwe, der er zu sein schien, er war das gerade Gegenteil. Als er zum erstenmal auf einem Ball war, fühlte er sich da völlig fehl am Platz: «Ich saß oder stand zwecklos herum», schrieb er viele Jahre später in seiner Autobiographie, «Tänzer war ich nie, ich war hier vollkommen überflüssig. Ich fühlte etwas Unruhe, ein Unbehagen, ich kam mir stockfremd vor in dieser Umgebung. Zu erzählen hatte ich nichts, Humor hatte ich auch keinen, nie besessen, was sollte ich da?»

So erging es ihm nicht nur auf dem ersten Ball, den er im geliehenen Frack besuchte, sondern fast überall, wo es ähnlich betriebsam zuging und wo es auf sogenannte Unterhaltung ankam:

«‹Unterhalter› bin ich keiner, nie gewesen, noch geworden. Ich kann mit niemandem, ausnahmslos niemandem, eine ‹Unterhaltung› führen. Warum? Ich kann keine Fragen stellen. Unterhaltungen gewöhnlicher Art basieren auf Fragen, Fragen und wieder Fragen. Ich kann nicht einmal einen Sommergast fragen, wie er mit dem Wetter zufrieden ist. Ich halte Fragen für eine Dreistigkeit... – Darum kann ich mich nie in Gesellschaft begeben. Die Menschen merken das auch, sie verstummen, wenn ich mich nähere. Ich muß allein bleiben. Seit einem Menschenalter weiß ich das und verhalte mich danach.»

Darin glich er Parzival, der auch nicht fragte, weil die Mutter es ihm so geraten hatte. Und wie Parzival hatte auch er eine tiefe Bindung an die Mutter, die früh Witwe geworden war und es schwer hatte, sich und den Sohn (der eben zwei Jahre war, als der Vater starb) durchzubringen:

«In einem halbdunklen Pawlatschenhof bewohnten Mutter und ich ein Kabinett, vielmehr eine Besenkammer, die kein Fenster, nur in Mannshöhe ein Luftloch hatte... Zur Not waren dort ein Bett, ein Tisch, ein kleiner Schrank, jedoch kein Stuhl unterzubringen. Mutter begnügte sich mit einem Schemel, mir blieb der Sitzplatz auf dem Bett... In der Mitte des Raumes drückten wir uns um einen kleinen rotglühenden Ofen, der im Winter bitter nötig war. Auf ihm bereitete Mutter unsere bescheidenen Mahlzeiten. Am Abend rußte eine Petroleumlampe oder eine Kerze. – Hier hatten wir ein winziges Zuhause.»

Frühmorgens, bevor die Mutter sich zu ihrer Arbeitsstätte aufmachte, brachte sie ihn zu einer Tante, abends holte sie ihn wieder. «Nur um mich einige Stunden für sich zu haben, nahm sie diese Tortur auf sich.» Sie klagte nie, aber er wußte, daß ihr die Arbeit schwerfiel. Sie arbeitete in einem Münzamt und erzählte ihm von den vielen Talern, die da entstanden. Als er einmal die Taler sehen wollte, die sie da machte, und sie ihm antwortete, «ich hab keinen, mir gehören sie ja nicht», meinte er:

«Bitte mach keine Taler mehr. Du plagst Dich so viel und hast nicht einen einzigen.» Und er versprach ihr: «Wenn ich groß bin, werde ich die Taler machen, und die werden alle für dich sein.»

Es war noch lange hin, bis er sein Versprechen einlösen konnte. Aber dies tat er. Und schon als Schüler hat er der Mutter, die ihm den Besuch eines Gymnasiums ermöglichte, geholfen, wo er nur konnte. So holte er mittags von der Volksküche ihr Mittagessen und brachte es ihr; «sie sollte vom Münzamt nicht so weit rennen».

Den Besuch des Gymnasiums brach er vor dem Ende ab, um möglichst bald Geld zu verdienen. Zwar mußte er erfahren, daß er es ohne Abitur schwerer hatte, aber: «Mein ganzes Sinnen und Trachten ging dahin, meine Mutter so schnell wie möglich von der Schinderei zu befreien», und er schwor sich, das auch ohne Abitur zu schaffen. «Ich mußte schwer kämpfen, viel Unbill und Bitterkeit ertragen. Bis es so weit war», und seine «beiden Frauen» – er sorgte immer auch für die Tante – ruhig schlafen konnten, weil er genug Taler machte, viel mehr als genug.

Weit hinter ihm lag da jenes enttäuschende Urteil nach seinem ersten Versuch: «Ihre Begabung ist keinesfalls ausreichend.» Inzwischen hatte er Erfolge in Wien, in Berlin, in Hollywood, in der ganzen Welt.

«Rollen kamen, Jahre vergingen. ‹... und der Ruhm ein leeres Spiel!›» heißt es in seinen Erinnerungen. Sie sind seiner Frau gewidmet, die er da aber nur zwischen den Zeilen vorkommen läßt, während von der Mutter immer wieder die Rede ist. Nicht lange nach ihrem Erscheinen ist er gestorben, im Alter von nicht ganz 79 Jahren.

Wer war's?

49
Nun kann ich nicht mehr...

Sie kannten einander von frühester Kindheit an, wohnten in benachbarten Häusern, spielten miteinander und bildeten zusammen mit jeweils einem Geschwister ein Quartett von zwei Mädchen und zwei Jungen. Als er im Alter von 12 Jahren zusammen mit ihrem Bruder aufs Gymnasium kam, war sie sechzehn und – so ihr Biograph – «schickte sich an, das schönste Mädchen der Stadt zu werden».

Bereits zu jener Zeit besaß sie eine außergewöhnliche Bildung, ebenso ihr jüngerer Freund; den beiden hatte vor allem ihr Vater viel Wissen vermittelt, und er regte sie auch weiterhin immer wieder zum Lesen und Lernen an. Ihr Vater, ein Verwaltungsbeamter aus adeliger Familie, der Altgriechisch, Latein, Französisch, Spanisch, Englisch völlig beherrschte und besonders an «schöner Literatur» interessiert war, liebte ihren jungen Freund wie seine eigenen Söhne. Aber als die beiden sich einige Jahre später ineinander verliebten und die Ehe wagen wollten – inzwischen war sie 22 –, hatte er Bedenken. Die waren allerdings berechtigt, denn der Achtzehnjährige, der gerade zwei Semester Jura mehr verbummelt als studiert hatte, wußte noch überhaupt nicht, was er einmal werden wollte und wie er sich und seine Frau ernähren könne.

Sie jedoch war bereit zu warten. Und ohne Widerspruch nahm sie auch die väterliche Forderung an, ihren Verlobten drei Jahre lang nicht zu sehen und mit ihm keine Briefe zu wechseln. Notgedrungen hielt auch er sich daran, der von seinem eigenen Vater immer wieder ermahnt wurde, das Opfer, das sie ihm brachte, niemals zu vergessen, etwa so:

«Weh dir, wenn du je in deinem ganzen Leben dies vergessen könntest!» – «Die Gute verdient jede Rücksicht..., nur ein ganzes Leben voll zarter Liebe vermag sie für das, was sie schon gelitten, zu entschädigen...» – «Denn wahrlich, Tausende von Eltern würden ihre Einwilligung versagt haben. Und in düsteren Augenblicken wünscht dein eigener Vater beinahe, sie hätten es getan – denn zu sehr liegt mir das Wohl dieses Engelsmädchens am Herzen, das ich zwar wie eine Tochter liebe, aber für deren Glück mir eben deswegen so sehr bangt.»

Auch ihr Vater bangte um ihr Glück. Und noch mehr tat dies ihr Halbbruder, der von Anfang an gegen die Verlobung gewesen war. Grund hatten sie durchaus; denn daß ihr Verlobter eine Neigung zum ewigen Studieren hatte, war nicht zu übersehen. Sie aber ließ sich nicht beirren, weder durch das lange Warten, noch durch den wachsenden Unwillen ihrer Familie. Die drei Jahre mit Schreibverbot waren längst vorüber, und sie schrieb ihm so zauberhafte Liebesbriefe:

«... wie lieb ich Dich! Ich bin heut' unfähig und fast ohne Gabe der Mitteilung, und alles, was ich im Herzen trage, all mein Sinnen und Denken, alles, Vergangenheit, Gegenwart, Zukunft, es ist nur ein Laut, nur ein Zeichen, nur ein Ton, und wenn er erklingt, so heißt er nur: ich liebe Dich, unaussprechlich, grenzen-, zeit- und maßlos.»

Sieben Jahre mußte sie bis zur Hochzeit warten. Doch hatte er da noch immer keinen einträglichen Beruf. Er war nicht etwa faul, im Gegenteil, er las und las und las. Und dann hat er bis ans Ende seines Lebens geschrieben. Finanziell blieb er immer abhängig, und das Geld reichte nie, obwohl ein Freund ständig half. Nicht nur, daß sie (und er ebenso) mit Geld nicht umgehen konnte, es wurde eben auch ein zu großer Haushalt mit der Sorge für bald vier Kinder. Innerhalb von zehn Jahren bekam sie sechs Kinder, drei von ihnen starben in dieser Zeit, was – wie sie in einem Falle schrieb – vielleicht anders gekommen wäre, wenn ihre Wohnung nicht so eng und ungesund gewesen wäre und wenn sie Geld gehabt hätten, mit dem Kind ans Meer zu fahren. Aber es war nie genug Geld da, und ihr Erbsilber war fast ständig im Pfandhaus.

Und dann bekam auch die Haushälterin ein Kind, und zwar von ihm, ihrem geliebten Mann. Ob sie dies damals schon erfuhr, ist unwahrscheinlich; denn sein Freund gab sich als Vater des Kindes aus. Doch geriet zu der Zeit ihre Ehe in eine Krise, und sie wünschte sich, mit ihren Kindern klaftertief in der Erde zu liegen, und schrieb in einem Brief:

«Unterdessen sitze ich da und gehe zu Grunde... Ich sitze hier und weine mir fast die Augen aus und weiß keine Hilfe..., nun kann ich nicht mehr.» Und wohl etwas später: «... man zieht sich zuletzt am liebsten mit all seinen Schmerzen und Sorgen, seinen getäuschten Hoffnungen, in sein stilles Selbst zurück.» Und: «Ich... habe auch leider in der letzten Zeit viel von meinem Glauben, meinem Lebensmut eingebüßt...»

Aber sie lief nicht davon, sie blieb bei ihrem Mann, und trotz ihrer Enttäuschung glaubte sie auch weiterhin an ihn, zumindest an sein Werk, seine Ideen, bis sie, inzwischen unheilbar an Krebs erkrankt (worüber sie aber nie geklagt hat), im Alter von 68 Jahren starb, zwei Jahre vor ihrem Mann. Der Freund sagte an ihrem Grab: «Wenn es jemals eine Frau gab, die ihr größtes Glück darin gesehen hat, andere glücklich zu machen, so war es diese Frau.»

Wer war's?

50
Aber das Visum
ließ er verfallen

Obgleich er einen großen Wissensdurst hatte, war er als Schüler nie besser als der Durchschnitt. In den höheren Klassen des Gymnasiums sackte er sogar so weit ab, daß der Direktor seinen Eltern nahelegte, ihn von der Schule zu nehmen und Kaufmann werden zu lassen. Der Vater, der mit dem Handel von Kattun zu Wohlstand gekommen war, gab den Neunzehnjährigen, der seit langem davon träumte, Schriftsteller oder Journalist zu werden, zu einem Zeitungsverleger in die Lehre. Das war vermutlich nur als Einstieg gedacht; denn der Schüler hatte vom Schreiben keineswegs nur geträumt, sondern hatte schon viel geschrieben: Gedichte und Balladen, Novellen und Erzählungen, kleinere Theaterstücke, und er hatte eine Monatsschrift ins Leben gerufen und für sie Mitarbeiter und sogar Abonnenten gewonnen.

Den Abbruch der Schule (ohne Abitur) empfand er als Befreiung und hat ihn nie bereut. Von da an schrieb er noch mehr, und vor allem las und lernte er jetzt freiwillig in wenigen Jahren ein Vielfaches von dem, was ihm die Schule hätte vermitteln können. Viele Jahre später schrieb er:

«Nachdem ich der Schulatmosphäre entronnen war, hatte ich einen gewaltigen Lerneifer, ganz wie jemand, der lange mit Wassersuppen genährt worden ist und nun plötzlich einen Heißhunger verspürt...» Als Gasthörer ging er an die Universität und nahm einen fortgeschrittenen Studenten als Lehrer, der ihn «mit Erfolg durch die verschiedensten Fächer des Wissens» begleitete.

Mehr noch als in Vorlesungen und aus Büchern lernte er in der unmittelbaren Anschauung auf Reisen und in Gesprächen mit Schriftstellern und Malern, mit Theaterleuten, Kritikern und Politikern. Den Kontakt mit berühmten Zeitgenossen hatte er ebenfalls schon als Schüler gesucht, indem er sie um Autogramme oder kleine Beiträge bat. Später, inzwischen selber berühmt und mit einer Schauspielerin verheiratet, machte er sein Heim zu einem Treffpunkt all jener, deren Wesen und Wirken ihn interessierten. Seine Ehe, mit drei Kindern, war glücklich, doch hatte er für die Familie oft kaum Zeit, weil er ständig mit Schreiben beschäftigt war. Schreiben war seine Leidenschaft, war sein Leben.

In den Jahren nach der Schulzeit schrieb er vor allem Reiseberichte. Dann Romane, Theaterstücke und Literaturkritiken. Der Literatur und dem Theater wollte er sich ganz und gar widmen, nachdem er mit seinen Schriften und Kritiken anerkennende Beachtung gefunden hatte. Aber dann gewann ein umfassenderes Gebiet für ihn zunehmend an Bedeutung: «Ich zog mich für lange Zeit in den Journalismus zurück und unternahm, übrigens nicht mit froher Überstürzung, den Ritt in die Politik. Daraus ergab sich kein Verlust für die Bühnenliteratur.»

So zu schreiben – in diesem Fall über einen Wendepunkt seines Lebens –, so zurückgenommen und persönlich bescheiden, so kühl distanziert, ganz ohne Emotionen, das war seine Art, sein Stil. Das war er selber, der, überaus korrekt, aber immer liberal, scheinbar leidenschaftslos die Welt und das Weltgeschehen, die Menschen und auch sich selber beobachtete und analysierte – in einem Zeitalter, das zunehmend von Emotionen beherrscht wurde, mit denen es schließlich unterging.

Er hat den Untergang vorausgesehen, erlebt hat er ihn nicht mehr. Als jene an die Macht kamen, die den Untergang herbeiführten, emigrierte er, inzwischen Mitte sechzig, mit seiner Familie in ein Nachbarland, das er von früher gut kannte und dessen Sprache er beherrschte. Da lebte er einige Jahre wie im Ruhestand, zwar viel bescheidener als zuvor, aber ohne einschneidende Entbehrungen. Er hatte den wichtigsten Teil seiner großen Bibliothek und einige Möbel und Bilder nachkommen lassen, auch den Steinwayflügel und sein Stehpult, an dem er so viele warnende Artikel geschrieben hatte und an dem er auch jetzt wieder schrieb. Jetzt waren es Erinnerungen und historische Bücher und dann auch wieder ein Roman.

Nach sieben Jahren fragte er sich, warum er eigentlich schreibe: «Geschieht es, um die Gedanken festzubinden, sich durch eine strenge geistige Hygiene vor dem Versinken in dunkle Stimmungen zu bewahren...? Oder folgt man der mechanischen Notwendigkeit, dem Gesetz der Tätigkeit, dem Gesetz des Lebens...?» Ihm war ein Leben ohne zu schreiben nicht vorstellbar.

Er hätte wohl noch mehr schreiben und länger leben können, wenn er – was Freunde ihm dringend rieten – nach Amerika gegangen wäre. Aber das Visum ließ er verfallen. Weil ihm das Geld für die Überfahrt fehlte? Weil er nicht Englisch sprach? Weil er im Grunde nicht wollte? Oder weil er seine Todfeinde am Ende unterschätzt hat? Sie ließen ihn eines Tages verhaften. Durch mehrere Gefängnisse kam er in ein Lager ganz nahe bei seiner Geburtsstadt, in der er so lange gewirkt hatte – rechtlos, geschunden, todkrank. Nur zum Sterben entließen sie den Fünfundsiebzigjährigen in ein Krankenhaus.

Wer war's?

51
Durchs Fernrohr
bei 113 Begräbnissen

Es gab kaum etwas, worüber er sich nicht lustig gemacht hätte, sich selber nicht ausgenommen. Alles interessierte ihn, zu allem wußte er was zu schreiben. Und das klang meist fröhlich, und es war immer originell, manchmal gar revolutionär. So zum Beispiel sein Rat, den menschlichen Körper mehr der frischen Luft auszusetzen. Dabei berief er sich auf Untersuchungsergebnisse eines englischen Arztes – von den Engländern hielt er viel –, wonach «der Mensch über den ganzen Körper einatme, ohne es zu wissen, und also ohne sein Zutun einen Zufluß von Wärme erhalte, der ihm bisher unbekannt geblieben» sei. Dieser wichtige Prozeß werde – so schloß er – durch die Kleidung behindert, und so kam er zu der Überzeugung:

«Es scheint also nichts weniger verwerflich zu sein, sich tagtäglich oder wenigstens zuweilen auf eine kurze Zeit nackend der Luft auszusetzen.»

Die Frauen sah er da bereits auf dem richtigen Weg: «Wer weiß, ob nicht bei dem schöneren und wärmeren Geschlecht, die die Grenzen der Nacktheit an Armen und Busen zuweilen etwas erweitert haben, ein dunkles Vorgefühl dieser Wahrheit zum Grunde lag. Ja wer weiß, ob nicht ... eben aus diesem dunklen Vorgefühl der tiefe Ausschnitt am Busen und der hohe Abschnitt am Unterrock sich endlich einander auf halbem Wege begegnen und zum bloßen Feigenblatt unserer ersten Eltern zusammenschmelzen werden ...»

Nicht minder revolutionär war sein Vorschlag, ein öffentliches Seebad einzurichten, wie er es in England gesehen hatte. Da wurden die Badenden in zweirädrigen Pferdekarren, in denen sie sich umziehen konnten, eine Strecke ins Meer hineingefahren, um dann von den Karren über eine Treppe ins Wasser zu gehen, wobei sie sich an einem Strick halten können: «Wer untertauchen will, hält den Strick fest und fällt auf ein Knie wie die Soldaten beim Feuern im ersten Gliede, steigt alsdann wieder herauf und kleidet sich bei der Rückreise wieder an... Es gehört für den Arzt zu bestimmen, wie lange man diesem Vergnügen (denn dieses ist es in sehr hohem Grade) nachhängen darf. Nach meinem Gefühl war es vollkommen hinreichend, drei- bis viermal kurz hintereinander im ersten Gliede zu feuern und dann an die Rückreise zu denken...» Für das erstemal riet er seinen Lesern jedoch, «nur einmal unterzutauchen».

Mehr noch als für Luft- und Seebäder interessierte er sich für Gewitter und für die Möglichkeit, sich vor dem Blitz zu schützen. Vielleicht fürchtete er, vom Blitz getroffen zu werden. Jedenfalls haben Schüler von ihm berichtet, daß er bei herannahenden Gewittern ängstlich wurde; er habe dann nur noch stockend weitersprechen können und meistens seinen Vortrag abgebrochen. Zum Schutz gegen Blitze schlug er vor:

«...Die Häuser unter Käfige zu setzen, mit einer Spitze. Ein solcher Pavillon in einem Garten zum Exempel müßte herrlich aussehen... Das Eisen könnte allerlei Verzierungen erhalten, zum Beispiel einen Jupiter, dem ein Professor der Physik den Blitz auspisset.»

Von der Mitte seines vierten Lebensjahrzehnts an hat er sich zunehmend vor Krankheiten gefürchtet. Er war wohl auch nie ganz gesund und hatte von Geburt an keine gute Kondition. Früh fühlte er sich altern, und in seiner hypochondrischen Art notierte er die Krankheitssymptome, die ihn plagten: Zahn- und Halsschmerzen, Husten, Ohrensausen, Verdauungsbeschwerden, unregelmäßiger Puls, Rückenschmerzen, Knochenreißen, Angstzustände, Ohnmachten, Schlaflosigkeit. Und nicht ohne Selbstironie schrieb er von sich in der dritten Person und nannte die Krankheiten, die er zu haben glaubte:

«Er lag an Krämpfen im Unterleibe darnieder, diese Krankheit hatte er nach dem Zeugnis der besten Ärzte. Allein der Krankheiten, die er zu haben glaubte, waren eine beträchtliche Zahl. 1.) ein marasmus senilis, ob er gleich nur 48 Jahre alt war, 2.) ein Anfang von Wassersucht, 3.) ein convulsivisches Asthma, 4.) ein schleichendes Fieber, 5.) die Gelbsucht, 6.) die Brustwassersucht, 7.) fürchtet er eine Apoplexie, 8.) eine Paralysin der rechten Seite, 9.) glaubte er einen Polypus im Herzen, 11.) ein Geschwür in der Leber und 12.) Wasser im Kopf. Wer dieses lieset, sollte fast glauben, die 12te wäre die einzig gegründete Furcht gewesen. 13.) Diabetis.»

In seinen letzten Jahren dachte er viel an den Tod. Von seinem Gartenhaus, in das er sich zurückgezogen hatte und das er mit einem Blitzableiter versehen ließ, konnte er auf den Friedhof mit seiner Grabstätte blicken. Durch ein Fernrohr hat er vielen Beisetzungen zugesehen, häufig von Bekannten und Freunden. Er hat sie sorgfältig registriert: es waren 113.

Seine vielen Krankheiten haben ihn nicht davon abgehalten, eine stattliche Reihe von Kindern zu zeugen. Und noch weniger haben sie verhindert, daß er berühmt wurde. Heute heißen viele Straßen nach ihm, auch ein Krater auf dem Mond und eine besondere Art von Figuren.

Wer war's?

52
Nicht sehr ergiebig im Gespräch

Der Mittfünfziger, in zweiter Ehe lebend, antwortete einem Freund, der ihm geschrieben hatte, wo und wie er das kurz bevorstehende Weihnachtsfest begehen werde: «Mein häusliches Weihnachten ist etwas getrübt durch Familienangelegenheiten. Die – erst 52jährige – Mutter meiner Frau liegt an einem inoperablen Darmkrebs ... in der Klinik u. übersteht alle Qualen, die dazu gehören, bis die immer zu sehr verzögerte Morphiumdosis das Ende bringt. Meine Frau ist fassungslos u. ich muß sie trösten.» Und dann fügte er hinzu:

«Diese Lagen sind mir ja nichts Neues, sie haften mir geradezu an; Mutter (Brustkrebs), Frau (Bauchfellentzündung), Sohn (Lungentuberkulose), Freundin (Selbstmord) habe ich hinübergeleitet.»

Mit Tod und Sterben hatte er oft zu tun, schon aus Berufsgründen. Drei Wochen zuvor hatte er dem Brieffreund – er schrieb ihm in 23 Jahren etwa siebenhundert Briefe – dies mitgeteilt: «Meine Stimmung ist hundsmiserabel. Viel zu tun, unangenehmste Vorgesetzte, mürrisches, subalternes Milieu ... Mein Arbeitsgebiet ist u. a. Selbstmord in der Wehrmacht mit der besonderen Fragestellung der Versorgung der an sich schon so unglücklichen Hinterbliebenen. ‹S. ist Feigheit› ist natürlich der Tenor meiner Umgebung. Während ich ...» Er war nicht dieser Meinung. An anderer Stelle schrieb er über seine Untersuchung:

«Die meisten Selbstmorde finden im Frühjahr statt, und nur für die wenigsten findet sich selbst bei genauester Analyse ein klar erkennbarer Grund. Nur in zwanzig

Prozent aller Selbstmordfälle – und ich habe Tausende durchstudiert – liegt ein sachlich feststellbares Motiv vor wie Ehekonflikt, Furcht vor Strafe, Geschlechtskrankheit, Liebeskummer – in den übrigen Fällen bleibt das Motiv völlig dunkel.»

Er verließ sich aber nicht allein auf seine eigene Untersuchung, sondern sah «die ganze sehr umfangreiche Literatur der ganzen Welt» durch und fand seine Beobachtung bestätigt: «Die meisten Selbstmorde sind Spontanhandlungen, oft unter Alkoholeinwirkung, selten vorher bedacht.» Und er schloß: «Offenbar sind wir den Reizen zum Selbstmord innerlich viel näher, als wir vermuten und bei der Art unserer moralischen Selbstaufrüstung zugeben wollen.»

Als er über das Problem arbeitete, konnte er nicht ahnen, daß seine zweite Frau einige Jahre später auch durch Selbstmord enden würde. Das geschah am Ende des Krieges. Sie litt schwer an Arthritis, konnte kaum gehen. Er hatte sie wegen der zu befürchtenden Kampfhandlungen von der Stadt aufs Land geschickt, in ein kleines Dorf an der Elbe. Das Dorf wurde zuerst von Engländern besetzt, dann aber den Russen übergeben. Er hat das alles erst Monate später erfahren und es festgehalten:

«Sie wollte über die Elbe auf das andere Ufer, wurde im Stich gelassen und kam nicht mit. Kehrte um und fand ihr Unterkommen besetzt. Hatte wohl niemanden, der ihr helfen konnte. Sehr mutig und lebensvoll war sie schon lange nicht mehr, vor allem sie war ohne jede Nachricht von mir, hielt mich wohl für tot oder gefangen und da tat sie es denn.»

Nachdem er das Dorf und ihr Grab besucht hatte, schrieb er in einem Brief: «Überhaupt nichts in meinem Leben hat mich so erschüttert wie dieser Tag in dem armseligen Dorf, in der Küche, in der sie seit Monaten wohnte und auf mich wartete, auf dem Boden, wo sie in einer Ecke auf einem Kartoffelsack, der auf Holzspähnen lag, sich die Morphiumeinspritzungen machte, an denen sie dann am nächsten Tag in dem kleinen Krankenhaus starb. Es war das Morphium, das wir beide für den bestimmten Fall beiseitegestellt hatten und das sie ohne mein Wissen mitnahm...»

Etwa anderthalb Jahre danach heiratete er zum drittenmal. Seine Tochter aus erster Ehe hat über ihn Aufzeichnungen gemacht, in denen es heißt: «Mein Vater war sehr anziehend; er war so charmant, daß ich alle verstehe, die ihn liebten.» Damit meinte sie vor allem die Frauen, die ihn liebten. Und das waren mehr als seine drei Ehefrauen, weswegen er nicht selten als ‹Frauenkenner› bezeichnet worden ist. Ja gelegentlich habe er selber sich als solchen bezeichnet, schreibt einer seiner Biographen, der ihn persönlich noch gut gekannt hat.

Doch war dies nur eine Seite seines Wesens und vielleicht nur deswegen oft erwähnt, weil sein Leben ansonsten so ereignisarm war. Er liebte die Einsamkeit, die Unauffälligkeit, er war ein Einzelgänger, der größere Geselligkeit nicht brauchte, ja sie haßte. Da war er «nicht sehr ergiebig im Gespräch». Sein Brieffreund, dem er sich erschloß, sah ihn so: «Eine große Ruhe und Gelassenheit war immer um ihn und teilte sich seiner Umgebung mit. Er konnte lange zuhören und schweigen...»

Einige Wochen nach seinem 70. Geburtstag ist er gestorben, in seinem letzten Jahrzehnt entdeckt oder genauer: wieder entdeckt und berühmt geworden.

Wer war's?

53
Manchmal schaute sie weit voraus

Ihr Vater, der als Offizier Karriere machte, entstammte einer reichen Kaufmannsfamilie und war mütterlicherseits Enkel eines Marschalls und Urenkel eines Königs. Ihre Mutter kam aus einfachsten Verhältnissen und hatte Putzmacherin gelernt. Nach dem frühen Tod des Vaters durch einen Sturz vom Pferd kümmerte sich ihre aristokratische Großmutter um ihre Erziehung und holte die Vierjährige zusammen mit ihrer Mutter auf ihr Gut und in ihr Schloß.

«Meine Mutter und meine Großmutter rissen sich um die Fetzen meines Herzens», schrieb sie später aus der Erinnerung. Zwischen ihnen gab es viel Streit; die Mutter «fühlte sich bis zu den Fingernägeln als Kind des Volkes und hielt sich für edler als alle Patrizier und Aristokraten auf der ganzen Welt». Nach einiger Zeit dieses gespannten Zusammenlebens verzichtete die Mutter zugunsten der Großmutter auf die Vormundschaft über ihre Tochter und verließ das Schloß. Das hat die Tochter ihr lange nicht verziehen. Noch als Dreiundzwanzigjährige schrieb sie:

«O meine Mutter, was habe ich Euch getan? Warum liebt Ihr mich nicht? ... Ihr habt mich verraten, Ihr habt mich belogen ... Wie schuldig Ihr seid, Ihr habt mir das Herz gebrochen ... Ihr habt mir Gefühlskälte und Bitterkeit in die Seele gegossen, die ich in allem wiederfinde ...»

Da war sie, inzwischen standesgemäß erzogen und nach einigen Jahren Klosterschule überdurchschnittlich gebildet, schon einige Zeit verheiratet, mit einem Edelmann, und hatte einen Sohn und eine Tochter. Doch fühlte sie sich in der Ehe unglücklich und unfrei. Ihr Mann hatte ganz andere Interessen als sie, und vor allem mißfiel ihr, daß er über alles bestimmte, auch über das Landgut, das Schloß und das Haus in der Hauptstadt, über ihr gesamtes Vermögen, das sie als Achtzehnjährige nach dem Tod ihrer Großmutter geerbt hatte. Als sie dann die Trennung von ihrem Mann durchsetzte, inzwischen war sie 26, und in die Hauptstadt zog, da zahlte er ihr von ihrem Vermögen nur einen bescheidenen Unterhalt, von dem sie kaum leben konnte.

Anfangs machte ihr das nichts aus. Sie genoß die ersehnte Unabhängigkeit und führte unter Studenten und Künstlern ein freies Leben, ohne Rücksicht auf irgendwelche Konventionen. Als sie sich gezwungen sah, ihr geringes Budget aufzubessern, schrieb sie für eine Zeitungsredaktion. Das Schreiben fiel ihr leicht, und sie schrieb gut. Bald schrieb sie zusammen mit einem Schriftsteller einen Roman. Mit ihrem Koautor hatte sie ein Verhältnis – das erste von einer langen Reihe. Und dem ersten Roman folgten noch sehr viele Romane, die sie jedoch alleine schrieb.

Durch die noch immer bestehende Abhängigkeit von ihrem Edelmann entwickelte sie früh einen Sinn für Gerechtigkeit und für die Lage der Benachteiligten und Rechtlosen, und sie wurde zur Anwältin von Frauen, die wie sie als Unmündige unter der Vormundschaft des Ehemannes lebten. Sie plädierte dafür, daß Frauen dieselben Rechte haben sollten wie die Männer, auch in der Liebe. Und sie forderte das Recht der Frauen auf berufliche Tätigkeit und auf materielle Unabhängigkeit.

Damit gewann sie nicht nur Zustimmung, sondern auch Haß und Verleumdungen. Aber das konnte sie getrost in Kauf nehmen, da ihre Erfolge schwerer wogen. Mit 32 Jahren ließ sie sich scheiden, und das Gericht sprach ihr das von der Großmutter geerbte Vermögen, das Gut und das Schloß wieder zu. Dort entstanden die meisten ihrer Bücher, dort schrieb sie auch die meisten ihrer vierzigtausend Briefe. Sie war eine leidenschaftliche, eine begnadete Briefschreiberin, und manchmal schaute sie weit voraus, wie zum Beispiel in dieser Antwort an einen Freund, der sich nach einer entscheidenden Niederlage der Franzosen von seinem Volk tief enttäuscht zeigte und meinte, daß die Sieger besser seien:

«Es wird sich zeigen, ob die anderen Nationen mehr wert sind als wir. Warten wir ab, bis sich die germanische Rasse ans Werk macht, deren natürliche Anlage zur Disziplin wir so bewundern... Die deutsche Nation ist wegen ihrer Siege genauso zu beklagen wie wir wegen unserer Niederlagen, denn für sie ist das der erste Schritt zu ihrer moralischen Zersetzung. Das Drama ihres Niedergangs hat begonnen, und da sie dabei selbst Hand anlegt, wird der Verfall sehr schnell gehen. All diese kulturlosen Staatsgebilde, die das Gesetz, die Gerechtigkeit und die Achtung vor dem Menschen verleugnen, sind wie Kolosse auf tönernen Füßen; wir haben diese Erkenntnis teuer bezahlt. Denn der moralische Niedergang Deutschlands trägt nicht zum künftigen Heil Frankreichs bei, und wenn wir dazu aufgerufen werden, ihnen das zurückzuzahlen, was sie uns angetan haben, dann wird uns ihre Vernichtung auch nicht wieder auf die Füße helfen. Nicht im Blute können sich die Völker verjüngen und neue Kräfte schöpfen...» Und: «Es ist eine Torheit, zu glauben, daß man aus einer kriegerischen Auseinandersetzung mit Respekt vor den Menschenrechten hervorgeht...»

Fünf Jahre später ist sie nach kurzer Krankheit gestorben, nicht ganz 72 Jahre alt.

Wer war's?

54
Kein Weg zurück auf die Burg

S*eine* Kindheit und Jugend-
zeit verlebte er auf einer Burg, einer der schönsten im
Lande. Sie ist wie aus dem Bilderbuch, liegt hoch auf
einem Berg, geschützt von Bastionen und starken Mau-
ern, hat eine Zugbrücke, ein Torhaus, Türme, einen
Palas, einen Schloßhof, Gärten und Söller und sogar ein
Gefängnis. Heute ist sie schöner als zu seiner Zeit, auch
leichter zugänglich. Damals war sie teilweise verfallen,
und der Brunnen war verschüttet. Um Trinkwasser zu
holen, mußten 365 Treppenstufen hinunter und wieder
hinaufgegangen werden. Er ist die Stufen oft gegangen,
fast täglich, wenn er in die Schule ging, die unten im Ort
war, oder wenn er Freunde besuchte.

Nein, er kam nicht aus einer adligen Familie, deren
Vorfahren da schon ewig gesessen und geraubt hätten.
Sein Vater hatte die Burg, die längst verlassen war, gekauft; er meinte, da freier leben zu können als in seiner
Heimat, in die er zurückgekehrt war, nachdem er in der
Türkei und in Amerika viel Geld verdient hatte, und die
inzwischen von den Preußen erobert worden war, was
ihm so sehr mißfiel. Als er mit der Familie die Burg
bezog, war der Sohn, zweites von sechs Kindern, acht
Jahre. Fast dreißig Jahre später schrieb er über den Vater:

«Mit 46 Jahren heiratete er eine junge Schauspielerin
vom deutschen Theater in Sanfrancisco, die genau halb
so alt war wie er selber. Diese Tatsache scheint mir nicht
ohne Bedeutung.» Das schrieb er mit 37 Jahren. Der
knapp Vierzigjährige heiratete eine eben zwanzigjährige
Schauspielerin – so wie einst der Vater. Und wie für den

Vater wurde auch für ihn in späteren Jahren dieser Altersunterschied zu einem unlösbaren Problem. «Du bist jung und dein Herzblut wallt... Ich bin alt und der Gebrechen Last», heißt es in seinem letzten Gedicht.

Mit dem Vater hat er sich weniger gut verstanden als mit der so viel jüngeren Mutter, besonders während seiner Studienzeit. Da kam es zu heftigen Auseinandersetzungen, und einmal hat er den Vater (wegen einer Bemerkung über die Mutter) tätlich angegriffen. Das bereute er sofort, und in der Überzeugung, daß ihm das Vaterhaus künftig versperrt sei, hat er die Burg, einen – so schrieb er später – «der schönsten Flecken Erde, die ich je gesehen», verlassen.

Grund für die Streitereien mit dem Vater war sein eigenwilliges Studieren. Statt sich der Juristerei zu widmen, wie es der Vater wollte, belegte er kulturgeschichtliche Fächer, weil er Schriftsteller werden wollte. Er wollte frei sein, wollte auch nicht als Redakteur arbeiten: «Es ist mir zuträglicher», schrieb er bilderreich in einem Brief, «in freier Luft den Pflug zu ziehen, als angebunden im dunklen Stall zu stehen, um bei möglichst viel Futter möglichst viel Milch zu produzieren». Und: «Der Erreichung meines Zieles bin ich gewiß, denn ich trage ein Ziel in mir, und das ist mehr als Novellen schreiben.»

Oft aber zweifelte er. Zwei Tage nach seinem 25. Geburtstag schrieb er in sein Tagebuch: «Die Arbeit geht verzweifelt langsam vorwärts, und das macht mich melancholisch. Sooft eine Stockung eintritt, überwältigt mich die Schwermut stets im Gedanken an meinen Vater und was ich an ihm getan... Nicht selten quält mich auch der Gedanke, ob mein Arbeiten denn auch in der Tat ein Arbeiten sei...»

Und immer wieder sehnte er sich nach der väterlichen Burg zurück oder noch mehr nach einer anderen, die er von dort aus in der Ferne hatte liegen sehen und manch-

mal besucht hatte: Da «möchte ich leben und sterben...,
sterben speziell auf der breiten, mit Kies belegten Terrasse nach Westen hin angesichts der untergehenden
Sonne... Da fände ich alles, was das Leben behaglich
macht, und vor allen Dingen Raum, viel Raum und eine
geradezu elysische Ruhe. Da könnten meine Kinder sich
tummeln, wie wir es derzeit einst getan, ... wo wir einst
Fußball spielten, würden sie Drachen steigen lassen. Und
im Winter ließe ich ihnen in einem der weiten Kemena-
ten des Schlosses eine Bühne errichten, auf der sie alles,
was die Phantasie gebiert, verwirklichen könnten...»
Doch gestand er sich ein:

«Genaugenommen wünschte ich mir aber nur eine
Tochter», und sein Herzenswunsch sei, sie «auf jener
Terrasse nach Westen hin, auf der Turmzinne, in den
Korridoren, im Treppenturm, im Hof und Garten in
schwarzem Pagenkostüm einhergehen zu lassen».

Nach dem Tod des Vaters konnte die Mutter die Burg
finanziell nicht mehr halten. Sie mußte verkaufen und
führte entschuldigend an, es fehle ihr auf der Burg an
körperlicher Anstrengung. Sein Traum von einer Rückkehr in das einst so geliebte Turmzimmer war aus, aber
er tröstete die Mutter und wohl mehr sich selber, als er
ihr schrieb: «Wenn einer das begreift, so bin ich es, indem ich mich dort noch nie besonders körperlich wohl
gefühlt und immer an den Folgen von mangelnder Bewegung, Herzklopfen, Schwere in den Gliedern etc. gelitten habe...» In seinen Tagebüchern aber hat er davon
nie etwas erwähnt.

Wer war's?

55
Sein Millionenerbe verschenkt

Mit dreißig Jahren begann er
den Besuch einer Lehrerbildungsanstalt, um Volksschullehrer zu werden. Obgleich man ihm gestattete, gleich in
den vierten und letzten Jahrgang einzutreten, empfand
er es als peinlich, ja demütigend, mit «halben Kindern»
auf der Schulbank sitzen zu müssen. Einem Freund
schrieb er:
«Ich sitze also wieder in der Schule; und das klingt
komischer, als es ist. Es fällt mir nämlich ungemein
schwer; ich kann mich nicht mehr so benehmen wie ein
Mittelschüler, und – so komisch es klingt – die Demütigung ist für mich eine so große, daß ich sie oft kaum
ertragen zu können glaube!»
Nach nur einem dreiviertel Jahr erhielt er das «Zeugnis der Reife für Volksschulen». Einem befreundeten
Philosophen schrieb er: «Wie es mir gehen wird – wie ich
das Leben ertragen werde – weiß Gott allein. Am besten
wäre es vielleicht, ich könnte mich eines Abends hinlegen
und nicht mehr aufwachen.» Vielleicht hat er auch wieder einmal an Selbstmord gedacht, wie noch einige Jahre
zuvor, als er einmal äußerte, es habe in seinem Leben
kaum einen Tag gegeben, an dem er nicht an die Möglichkeit eines Selbstmords gedacht habe. Aber nachdem
sich sein älterer Bruder im Krieg als Offizier erschossen
hatte, weil die von ihm geführte Truppe desertiert war,
lehnte er Selbstmord strikt ab. Möglicherweise hatten
auch seine beiden älteren Brüder Selbstmord begangen;
zumindest starben sie unter merkwürdigen und ungeklärten Umständen.
Bevor er seine erste Stellung als Lehrer antrat, wollte

er seine «zweifelhafte innere Lage» durch körperliche Arbeit bessern; deswegen arbeitete er zunächst in einem Stift als Gärtnergehilfe. Und er fühlte sich wohl dabei: «Hier geht es mir körperlich nicht schlecht. Ich arbeite viel und angestrengt; aber das Essen ist reichlich und die Oberköchin, die mich aus einem mir unbekannten Grund in's Herz geschlossen hat, ... giebt mir öfters Mehlspeise von der Herrenmenage, ja sogar hie und da Fleisch.»

Um von einer «Herrenmenage» profitieren zu können, hätte er nicht Gärtnergehilfe werden müssen, sondern nur das zu bleiben brauchen, was er von Haus aus war, nämlich ein reicher Mann. Das Vermögen stammte vom Vater, der das Erbe von seinem Vater, einem Wollhändler, als Großindustrieller noch fleißig vermehrt hatte. Die Familie lebte in der Hauptstadt in einem Palais und während der Sommermonate auf dem Lande in einem Schloß. Er aber, das fünfte von sieben Kindern, lange Zeit im Schatten seiner älteren Geschwister stehend, wollte so nicht immer leben und hat sein Millionenerbe verschenkt – für ein Leben der Einfachheit.

Dazu gehörte, daß er sich für seine Stelle als Lehrer eines der ärmlichsten Dörfer aussuchte. Als er dort ankam und feststellte, daß es einen Park und einen Springbrunnen gab, entschied er sich für ein noch ärmeres Dorf. Nach einiger Zeit schrieb er seinem Freund, dem Philosophen: «Ich war bis vor kurzem schrecklich bedrückt und lebensmüde, jetzt aber bin ich etwas hoffnungsvoller...»

Als Lehrer war er eifrig und pflichtbewußt, und er bereitete sich für jeden Tag gewissenhaft vor. Doch gestaltete er den Lehrplan ganz nach eigenem Ermessen, ohne Rücksicht auf Vorschriften. Er arbeitete mit den Kindern äußerst konzentriert, wobei er jedoch die

Stunden häufig überzog, was viele Eltern ärgerte, weil die Kinder ihnen bei der Arbeit helfen sollten.

War er ein guter Lehrer? Einer seiner ehemaligen Schüler sagte, er habe sich im Unterricht völlig verausgabt, «er opferte sich». Aber er war auch ein ungeduldiger, strenger Lehrer und – so seine Biographen – «sparte ... nicht mit Ohrfeigen, Ohrenziehen und Kopfstübern». Dies war zu seiner Zeit allerdings noch allgemein üblich. Aber als ein Schüler nach einer Ohrfeige von ihm ohnmächtig zusammenbrach, erstattete der herbeigerufene Arzt pflichtgemäß Anzeige, und der Richter ordnete eine psychiatrische Untersuchung an (über deren Ausgang nichts mehr bekannt ist). In einem Dienstaufsichtsverfahren wurde er von dem Vorwurf eines schuldhaften Vergehens freigesprochen. Erst später stellte sich heraus, daß eine tragische Verkettung mehrerer Ursachen vorlag. Jener Schüler war wohl schon krank; jedenfalls kam es bei ihm noch häufiger zu Ohnmachtsanfällen, und etwas später starb er an Leukämie.

Trotz des Freispruchs bat er nach diesem Vorfall um Abschied aus dem Schuldienst, in dem er fünfeinhalb Jahre gewesen war. Er arbeitete wieder als Gärtner, in einem Kloster der Barmherzigen Brüder, baute dann zusammen mit einem Architekten für seine reiche Lieblingsschwester ein Wohnhaus (das heute unter Denkmalschutz steht) und wandte sich schließlich wieder jenem Gebiet zu, auf dem sich schon früher seine geniale Begabung gezeigt hatte, nämlich der Philosophie. Seine letzten Worte vor seinem Tod mit 62 Jahren an Krebs, nachdem er jede Behandlung abgelehnt hatte, waren: «Sagen Sie ihnen, daß ich ein wundervolles Leben gehabt habe.»

Wer war's?

«Sozialer Nonkonformismus»,
sagte sie einmal, «ist das sine qua non großer intellektuel-
ler Leistungen.» Und «wirkliche Menschen» waren in
ihrem Vokabular «Parias», unterprivilegierte Außensei-
ter. Zu ihnen, den Unangepaßten, hatte sie eine besondere Affinität, weil sie selber unangepaßt war, ihr Leben
lang, und weil sie – zumindest zeitweise – in ihrem Land
zu den Ausgestoßenen gehörte.

Nach Meinung der Mutter war ihre Kindheit dennoch
sonnig gewesen, wenngleich überschattet von Krankheit
und frühem Tod des Vaters. Sie selber sah es in der
Erinnerung anders und schrieb von ihrer «hilflosen, ver-
ratenen Jugend», ihrer vaterlosen Jugend. Früh zeigte
sich ihre Intelligenz. In den Aufzeichnungen der Eltern,
überwiegend von der Mutter geschrieben, heißt es über
die Vierjährige:

«Künstlerische Begabung scheint mir in keiner Hinsicht da zu sein, auch keine manuelle Geschicklichkeit,
wohl aber eine intellektuelle Frühreife u. vielleicht auch
Befähigung... Vor allem aber ein glühendes Interesse
für Bücher und Buchstaben. So liest sie ohne Anleitung
schon jetzt mit 4 Jahren alle Buchstaben u. Zahlen nur
durch Fragen auf der Straße und sonstwo...» Im nächsten Jahr konnte sie bereits mühelos lesen und schreiben,
und die Mutter notierte: «Sie lernt sehr gut, ist um 1 Jahr
ihrem Alter voraus.»

Auf der Schule war sie überragend, aber auch eigenwillig und nicht bereit, sich anzupassen. Auf dem Ly-
zeum erklärte sie, man könne von niemandem verlangen,
morgens um acht in die Griechischstunde zu gehen und

Homer zu lesen; sie zumindest lehne das ab. Ihrer Mutter gelang eine Einigung mit der Schule: Die Tochter durfte in eigener Regie Griechisch lernen und wurde dann in einer eigens für sie veranstalteten Sonderprüfung kontrolliert, die sie mit großem Erfolg bestand.

Wenig später wurde die Fünfzehnjährige von der Schule verwiesen, weil sie ihre Mitschülerinnen zum Boykott gegen den Unterricht eines jungen Lehrers überredet hatte, der ihr gegenüber eine beleidigende Bemerkung gemacht hatte. Nachdem sie an einer Universität einige Semester Theologie sowie Griechisch und Latein gehört hatte, erlaubte ihr die Schule, dort die Abiturprüfung als Externe abzulegen. Und das tat sie, ein Jahr früher als ihre alte Klasse.

Ihr ausgezeichnetes Gedächtnis machte ihr auch das Studium der Philosophie leicht, das sie mit achtzehn begann. Kants «Kritik der reinen Vernunft» und sein «Die Religion innerhalb der bloßen Vernunft» hatte sie schon zwei Jahre zuvor gelesen, auch Kierkegaard. Aber jetzt – so schrieb sie später, aus einer 45jährigen Distanz – lockte sie ein «Gerücht» zu einem jungen Philosophen. Und: «Das Gerücht sagte es ganz einfach: Das Denken ist wieder lebendig geworden, die totgeglaubten Bildungsschätze der Vergangenheit werden zum Sprechen gebracht, wobei sich herausstellt, daß sie ganz andere Dinge vorbringen, als man mißtrauisch vermutet hat. Es gibt einen Lehrer; man kann vielleicht das Denken lernen ...»

Der Lehrer, damals erst Privatdozent, war fast doppelt so alt wie sie. Was und wie er lehrte, faszinierte sie, und sie erfuhr, «daß Denken als reine Tätigkeit ... zu einer Leidenschaft werden kann, die alle anderen Fähigkeiten und Gaben nicht so sehr beherrscht als ordnet und durchherrscht ...»

Das formulierte sie anläßlich seines 80. Geburtstags. Da wußte kaum noch jemand, daß sie damals, als junge

Studentin, ein leidenschaftliches Liebesverhältnis mit ihm gehabt hatte, das zwar nur über einige Monate ging, dessen Vergeblichkeit sie aber nie ganz verwunden hat – trotz ihrer zwei Ehen in der Zeit danach. Daß ihr heimliches Verhältnis nicht Bestand haben konnte, war beiden von Beginn an klar gewesen; er wollte sein Leben mit Ehefrau und zwei kleinen Söhnen nicht ändern. Also trennten sie sich, und sie wechselte die Universität. Doch blieb sie ihm die nächsten Jahre noch verbunden: «Er mußte ihr nur schreiben und ein Treffen vorschlagen, dann», so ihre Biographin, «verließ sie ihre Arbeit, ihre Freunde, ihre Verpflichtungen und fuhr los.» Erst seine Begeisterung für jene, die sie zur Ausgestoßenen, zum recht- und staatenlosen Flüchtling machten, ließ sie ihn und seine Lehre kritisch sehen.

Später, als sie längst berühmt war, anerkannt, geehrt und vielfach ausgezeichnet, hat sie ihn nochmals besucht. Doch ein Gespräch ergab sich nicht, weil seine immer noch eifersüchtige Frau darauf bestand dabei zu sein. Und beim letzten Mal, als es zwischen den Frauen zu einer Art Versöhnung kam, fand sie ihn «sehr alt geworden...; er ist ganz taub und entrückt, so unnahbar, wie ich ihn noch nie erlebt habe». Und sie fügte in dem Brief an eine Freundin hinzu: «Ich bin hier seit Wochen von alten Leuten umgeben, die plötzlich sehr alt geworden sind.»

Da war er 85. Sie war 69. Er starb im nächsten Jahr, sie noch im selben, an ihrem zweiten Herzinfarkt. Die Briefe aus der Zeit ihrer Liebe liegen im Deutschen Literatur-Archiv – vor den Augen Fremder geschützt.

Wer war's?

57
Wie eine Art von wildem Tier

Er war 63 Jahre alt, als er
sich entschloß, seinen fast 50 Jahre alten Lebenstraum
doch noch zu verwirklichen, den er schon als 14jähriger
Schüler bei Horaz fand, als er dessen Satire von der
Stadtmaus und der Landmaus übersetzte und so begann:
«Dieses waren alle meine Wünsche: Ein mäßiges Landgut, ein Brunnen nahe am Hause u. ein kleiner Wald.»
Seine Sehnsucht nach dem Landleben wurde schließlich
– inzwischen war er längst berühmt und anerkannt, war
auch zu etwas Wohlstand gekommen – so stark, daß er es
in der kleinen Residenzstadt, wo er seit einem Vierteljahrhundert mit Frau und Kindern lebte, kaum noch
aushalten konnte. Er sah sein Leben in kleine Zeiteinhei-
ten zerrissen und fürchtete, deswegen nichts Großes
mehr schaffen zu können.

Schuld daran gab er den Lesern seiner Zeitschrift, die
ihm lange Briefe schrieben und Antwort erwarteten,
mehr Schuld gab er jenen, die ihm Manuskripte schick-
ten, damit er sie publiziere oder zumindest erkläre,
warum er dies nicht tat. Die meiste Schuld gab er den
vielen Besuchern, die in jene Stadt kamen, um ihn zu
sehen, und plötzlich unangemeldet an seine Tür klopf-
ten, als sei er «eine Art von wildem Tier, vor dessen Käfig
man sich, wenn man es zu besehen Lust habe, ohne alle
Umstände und Rücksicht hinstellen könne». Vor allem
deswegen fühlte er sich seit einiger Zeit unfrei in seiner
Stadt, und als ein Gut zum Verkauf stand, das ihm gefiel,
wollte er sofort zugreifen und schrieb seinem Freund
und Verleger:

«Es ist ein echtes Horazisches Sabinum; vortreffliche

Aussichten, reine Luft, große Mannigfaltigkeit des Terrains, viel Grün, viel Bäume, kurz alles, was eine für mich reizende Situation ausmacht... Die Äcker sind wenigstens mittelmäßig, und können durch gute Kultur um vieles verbessert werden. Das Ganze ist für mich gerade nicht zu groß und nicht zu klein, gerade so groß, daß es einen Verwalter ertragen mag, und daß mein Sohn Karl – der vor der Hand für diese kleine Wirtschaft wie ausdrücklich gemacht scheint – es zu übersehen und zu verwalten im Stande ist. Ich werde 4 Pferde, 6 bis 8 Stück Kühe, und eine kleine Schäferei von 3 bis 400 Schafen haben – kurz, Sie können Sich die Freude und den Jubel meiner Familie, besonders meiner Frau und Töchter über alle diese Herrlichkeiten, und über diese Versetzung aus dem einförmigen und etwas langweiligen häuslichen Leben in der Stadt in das tätige Leben einer wohleingerichteten Landwirtschaft ... nicht genug vorstellen...»

Nur wenige Tage später war seine Begeisterung abgekühlt, und er teilte dem Verleger mit, daß er dieses Gut nicht kaufe. Inzwischen waren ihm vier andere Güter angeboten worden, und eines davon gefiel ihm weit besser, und das kaufte er für 22000 Taler. Weil er so viel Geld nicht hatte und für sein Stadthaus mit Garten nur knapp ein Viertel dieser Summe erwarten konnte, bat er seinen Verleger um einen hohen Vorschuß. Doch der hatte gerade selber ein großes Anwesen erworben und gewährte ihm nur einen Vorschuß von 3000 Talern. Also mußte er verzinsliche Kredite aufnehmen und konnte nur auf seine Arbeitskraft hoffen; er meinte, «das Gut binnen 6 bis 8 Jahren zu meinem völligen Eigentum machen zu können». Dabei hoffte er auch auf glückliche Umstände, etwa daß der Holzpreis «in 10 Jahren so hoch stehen wird, daß...», und daß sein Sohn ein «passendes Mädchen aus der Ehelotterie ziehen» könne, das «etliche tausend Taler Bares mitbrächte».

Zunächst wurde das Ganze noch erheblich teurer. Inklusive der Kosten für notwendige Renovierungen, für 300 Obstbäume, für Pferde, Kühe und Schafe und schließlich für den Umzug, mußte er rund 30000 Taler aufbringen. Aber er war glücklich: «Hier befinde ich mich ununterbrochen wohl und munter, arbeite an meinem Schreibtische mit Success, habe ... guten Appetit, und schlafe weit besser als ehemals...»

Sein elysisches Lebensgefühl hielt nur solange, bis er sich eingestehen mußte, zu viel Zeit seinem Spalierobst und seinem Wäldchen und den Schafen zu opfern und am Schreibtisch längst nicht so viel zu schaffen, wie er dem Verleger versprochen hatte. So kam er von den Schulden nicht herunter. Und dann traf ihn ein Schicksalsschlag, der alles verschlimmerte. Nach 36jähriger Ehe, in der sie 13 Kinder zur Welt gebracht hatte, starb seine Frau. Da mochte er überhaupt nicht mehr schreiben. Und dem Freund gestand er, daß er sich mit dem Gut finanziell übernommen und eine Last auf sich genommen habe, die ihn erdrücke: «Solange der holde Engel, der mich vor 6 Monaten verlassen mußte, noch sichtbar um mich war, fühlte ich diese Last zwar auch; aber sie drückte mich weniger.»

Zum Glück fand er, inzwischen 70jährig, einen Käufer, der ihm so viel zahlte, daß für ihn kein Defizit entstand. Von da an lebte er noch fast ein Jahrzehnt in seiner alten Residenzstadt, keineswegs zurückgezogen, sondern kontaktfreudig und beliebt, ja verehrt und bis zuletzt immer wieder auch schreibend.

Wer war's?

58
Was in alten Zeiten geschehen

Er entstammte einer Theologenfamilie, und daß auch er einmal Theologie studieren werde, um als Geistlicher oder Lehrer zu leben, scheint für den Vater selbstverständlich gewesen zu sein, trotz der bewegten Zeiten. Und für ihn, den Sohn, war das wohl genauso. Die Unruhen jener Jahre, das Umstürzlerische, Revolutionäre, das Kriegsgeschehen, sah er mit Interesse, aber es hinderte ihn nicht, seine Kindheit und Jugendzeit wie in einem Bilderbuch zu erleben und sich später auch so an sie zu erinnern:

«Was das meiste Leben in den Ort brachte, das war das Militär. Es waren ein paar Schwadronen Husaren ... eingelagert unter einem Oberstleutnant, vor dessen Türen ... drei Trompeter alle Abende bliesen. Mehrere Offiziere, von denen einer in unserem Hause Wohnung nahm, Wachtmeister und Korporale waren uns allen namentlich bekannt. Die Husaren sahen wir mit Vergnügen durch die Straßen sprengen; ihre Übungen, die Pferde, die sie ritten, ihre Anstelligkeit und Vorzüge bildeten den Gegenstand des Tagesgesprächs.

Die Offiziere hielten sich am meisten zum Schloß, doch lebten sie auch viel mit den Honoratioren der Stadt... Ihre Verdienste oder auch der Mangel derselben, ihre Unregelmäßigkeiten, wie wenn sie abends in bürgerlicher Kleidung ohne Urlaub wegritten, um etwa einem Ball in der Nachbarschaft beizuwohnen, die Vermutungen über ihre Tapferkeit oder Feigheit, zu denen sie Anlaß gaben, der größere oder geringere Aufwand, den sie machten, die Aufschneidereien der Jüngeren in den Gesellschaften, ihre Streitigkeiten untereinander: alles das gab Leben und beschäftigte die Menschen.»

Über seine ersten Schuljahre schrieb er: «Bei dem Rektor lernten wir Lateinisch, wenn wir wollten... Ich werde ihn nie vergessen. Er hatte eine volle Klasse von wilden Buben zu regieren, was denn nicht gut ohne den Stock abging...» Mit ihm mußten alle Schüler auch in die Kirche. «Wir saßen auf dem Chor der Kirche nach den Klassen auf den beiden Seiten langhin vor ihm. Er hatte seinen Sitz vor dem Chor, wo er uns alle übersah. Er sah es gerne, wenn man etwas nicht verstand und ihn dann noch während des Gesanges danach fragte, wie ich ihn denn einmal wegen des Wortes Polizei, das in irgendeinem Liede vorkommt und mir ganz neu war, behelligt habe...»

Er war ein guter Schüler: «Bei mir war nicht viel Zwang nötig. Ich tat eher zuviel als zu wenig.» Aber: «Ich zog mich nicht von den Spielen zurück, war gern in Garten und Feld, erkletterte so gut wie ein anderer die Bäume, um Kirschen und Pflaumen zu pflücken, war aber doch gern allein. In der Gasse neben dem Haus lagen Bauhölzer; auf denen bin ich oft stundenlang auf und ab gegangen. Alles, was ich gelesen hatte, arbeitete dann in meinem Gehirn. Ich brütete über Gott und die Welt. Geschrieben wurde nichts, kein Mensch fragte mich, was ich dachte; ich selbst vergaß es wieder.»

Dann war Krieg, und er sah viele Truppen durch den kleinen Ort ziehen, erst von der einen, dann von der anderen Seite. Mit eben 11 Jahren kam er in eine Klosterschule, zur Vorbereitung für ein Seminar. Sie lag etwa eine Stunde Fußweg von daheim entfernt. Der Vater brachte ihn hin, wartete noch, bis er eine Aufnahmeprüfung bestanden hatte. «Ich bin dann nie wieder außer in den Ferienzeiten in das väterliche Haus zurückgekommen, das ich jedoch dort mit scharfen, jungen Augen von einem Schulfenster unterscheiden konnte.»

Am besten gefiel ihm da, wenn ein Lehrer vorlas, «was in alten Zeiten geschehen war», dort in der Umgebung, aber auch im alten Griechenland: «Da bekamen wir zuerst einen Vorgeschmack der Homerischen Gedichte. Wir scharten uns dann sehr bald in Trojaner und Griechen und teilten die Rollen der Helden unter uns aus.»

Damals war er häufig krank, hatte oft Fieber, und der Vater meinte schon, ihn «bald auf den Gottesacker hinausbringen» zu müssen. Dennoch konnte er mit 13 Jahren wie geplant auf das Seminar, wo er sich sehr wohlfühlte: «Da wurde Homer endlich im Griechischen angefangen... Ich glaube, ich habe beide Gedichte, Iliade und Odyssee, dreimal durchgelesen.» Und: «In dem Laufe der fünf Jahre, die ich auf der Schule zubrachte, waren meine Studien vornehmlich auf die Lektüre der klassischen Autoren gerichtet, namentlich der Dichter.»

Seine Vorliebe für alles, was in alten Zeiten geschehen war, blieb und wuchs sich aus zu einer unstillbaren Neugier. Im Anschluß an das Seminar studierte er Theologie und Philologie, wurde Gymnasiallehrer und mit 29 Jahren Universitätsprofessor. Hoch geehrt, sogar geadelt, aber schon fast erblindet, begann er noch im hohen Alter von 80 Jahren eines seiner Hauptwerke. Vollenden konnte er selber es nicht mehr. Er starb in seinem 91. Jahr, als «Vater» einer bis heute höchst angesehenen Wissenschaft.

Wer war's?

59
Ich allzu Ungeduldiger gehe voraus

Viele hielten ihn für ein Glückskind. Und es sah ja auch wirklich so aus, als sei ihm alles in den Schoß gefallen, von Kindheit an. Schon mit den Eltern hatte er Glück. Der Vater, ein ernster, zurückhaltender, aber verständnisvoller Mann, hatte seine kleine Weberei zu einem der bedeutendsten Textilunternehmen des Landes gemacht; doch interessierte er sich nicht nur für die Vermehrung seines Vermögens, sondern auch für Musik – er spielte sehr gut Klavier – und für Literatur. Er war gebildet, weltläufig und beherrschte neben seiner Muttersprache auch Englisch und Französisch. Die Mutter, wie der Vater aus einer liberalen jüdischen Familie stammend, aber einer sehr reichen, die – wie der Sohn später schrieb – «auf sich hielt», legte Wert auf Repräsentation und liebte gesellschaftliche Veranstaltungen und vor allem luxuriöse Reisen.

Einig waren sich die Eltern in der Erziehung ihrer zwei Söhne, für die Kindermädchen und Gouvernanten eingestellt wurden, um ihnen gute Manieren und Disziplin beizubringen. Sie sollten aber auch lernen, daß man nicht im Luxus leben könne, ohne mit dem Geld hauszuhalten. Wenn die Familie in die Sommerfrische reiste, dann mußten sie und ihre Betreuerinnen manchmal in einfachen Gasthäusern wohnen, während sich die Eltern in teuren Hotels einquartierten. Er, der Jüngere, erinnerte sich daran, schreibt einer seiner Biographen, «noch nach vielen Jahren mit Zorn».

Ansonsten aber scheinen ihm die Eltern zum Zorn keinen Anlaß gegeben zu haben. Und als er nach seiner problemlosen Gymnasialzeit, in der er viele Gedichte geschrieben hatte, Schriftsteller werden wollte, war der Vater einverstanden, unter dieser Bedingung: er solle ein Universitätsstudium absolvieren und es mit einer Promotion abschließen. Da der Vater ihm die Wahl der Studienfächer freistellte, entschloß sich der Achtzehnjährige für Philosophie und Literaturwissenschaft, weil ihn dies in seiner literarischen Arbeit und in seiner persönlichen Freiheit am wenigsten einschränkte.

Während des vierjährigen Studiums, das er wie gewünscht mit einer philosophischen Doktor-Arbeit beendete, schrieb er bereits für mehrere Zeitungen, mit besonders gutem Erfolg in der bestangesehenen seiner Heimat. Er brachte seine Gedichte in Buchform heraus, er übersetzte ausländische Dichter und wagte sich dann mit eigenen Versuchen auf das literarische Feld.

Mit allem hatte er Erfolg – nur mit seinen Bühnenstücken nicht, jedenfalls anfangs nicht, trotz bester Voraussetzungen. In dem ersten sollte ein berühmter Schauspieler die Hauptrolle spielen, der Tag der Uraufführung stand kurz bevor, und der junge Autor hatte bereits den Schlafwagenplatz nach Berlin gebucht. Da wurde ihm telegraphisch die Erkrankung des Hauptdarstellers gemeldet; eine Woche später war er tot.

Zu seinem zweiten Versuch hatte ein Bühnenstar seiner Geburtsstadt ihn gebeten, nämlich zu einem Stück speziell für ihn und seine neue Tournee. Als er mit dem fertigen Stück zu dem Schauspieler fuhr, lag dieser nach einer Krebsoperation im Krankenhaus und ist wenig später gestorben. Und auch sein dritter Bühnen-Versuch endete, bevor er eigentlich begonnen hatte, indem der Hauptdarsteller vierzehn Tage vor Beginn der Proben ganz überraschend starb.

Welterfolge hatte er hingegen mit seinen Prosawerken. Schon bald war er der meistübersetzte Schriftsteller seiner Zeit. Der Siebenunddreißigjährige erwarb ein schönes, altes Haus, ein ehemals herzogliches Jagdschlößchen, hoch über den Dächern einer Stadt, mit neun Zimmern, einem kleinen Turm und einem Wintergarten. Dort lebte er mit seiner Frau und deren zwei Töchtern und schrieb und schrieb und schrieb. Er war ein geradezu fanatischer Arbeiter. Aber er hatte immer auch Zeit für seine Freunde. Und zum Reisen.

Er ist gern und viel gereist. Reisen gaben ihm die notwendige Befreiung, wenn er sich von Freunden und gesellschaftlichen Verpflichtungen allzusehr eingeengt fühlte: «Wenn ich auf einer Reise bin, fällt alle Bindung plötzlich ab, ich fühle mich ganz unbeschwerlich, zusammenhanglos und frei...» Das galt sogar noch für die ersten Jahre im Exil, in das er sich frühzeitig begab, nachdem er in seinem Schlößchen eine Hausdurchsuchung überstanden hatte. Seine Frau blieb dort noch wohnen; er hat sich später von ihr scheiden lassen und seine Sekretärin geheiratet, die sie ihm ausgesucht hatte.

Auch im Exil schien er noch das Glückskind zu sein, jedenfalls im Vergleich zu so vielen anderen Exilanten. Er hatte in vielen Ländern seine Leser, und finanziell ging es ihm so gut, daß er einige Kollegen sogar unterstützen konnte. Um so überraschender war der Freitod des eben Sechzigjährigen, gemeinsam mit seiner Frau. Sein Abschiedsbrief schloß: «Ich grüße alle meine Freunde! Mögen sie die Morgenröte noch sehen nach der langen Nacht! Ich, allzu Ungeduldiger, gehe ihnen voraus.»

Wer war's?

60
Durch und durch ein Spieler

V_{iele}, sehr viele kannten ihn, aber nur wenige kannten ihn richtig. Er hatte viele Facetten, zeigte sich von immer neuen Seiten, während er andere verbarg. «Es war auch immer ein Hauch von Hochstapelei um ihn, von Glücksspiel, heiligem Dilettantismus, Hochseilakt. Morgen schon konnte das alles zu Ende sein, entlarvt», schreibt einer seiner Biographen, der ihn kannte und ihn einen Helden nannte, einen «Helden freilich mit Schwäche». Er selber meinte: «Ich mag viele Fehler haben – Mangel an Zivilcourage gehört nicht zu ihnen.»

In einem autobiographischen Fragment hat der Fünfziger die beiden Familien, denen er entstammte, die des Vaters und die der Mutter, andeutungsweise als recht erfolgreich hingestellt, doch heißt es dann weiter: «Der Verfall dieser Familien setzte aber bereits vor meiner Geburt ein. Was blieb, war die äußere Fassade, die angeblich gehalten werden mußte, und die mich letzten Endes zwang, schon von meinem fünfundzwanzigsten Lebensjahr ab meine Eltern zu ernähren, eine Tatsache, die sie nicht davon abhielt, eine Siebenzimmerwohnung in der besten Gegend der Stadt zu unterhalten...»

Er hatte ein Gymnasium besucht, ließ diese Zeit in seinen Aufzeichnungen jedoch aus, weil er meinte, es gebe für den Leser nichts her, wenn er erfahre, in welcher Klasse jemand sitzengeblieben oder Primus geworden sei. Das Abitur hat er da nicht gemacht, weil er Soldat werden mußte, mit kaum 17 Jahren. Dienst mit der Waffe wollte er allerdings nicht leisten; er meldete sich mit Erfolg für eine Einrichtung, die der kämpfenden

Truppe zur unterhaltenden, aufmunternden Betreuung dienen sollte.

Was er dort tun mußte, auf verschiedenen Gebieten, kaufmännisch, künstlerisch, vor allem organisatorisch, das tat er von da an sein ganzes Leben. Zunächst schlug er sich nur so durch, aufgrund seiner natürlichen Begabung, aber nach einer kurzen Ausbildung kam er bald voran. Er fiel auf, wurde bekannt, berühmt, war beliebt, und als Mittdreißiger gelang ihm der Aufstieg nach ganz oben.

Dieser Aufstieg in merkwürdigen Zeiten, da – so wurde rückblickend gesagt – «Mörder im geraubten Pomp sich den Thron angemaßt hatten», wurde ihm von vielen verübelt. Sie warfen ihm skrupellosen Opportunismus vor, sogar Verrat. Und seine erste Frau, mit der er nur kurze Zeit verheiratet war, hat ihn deswegen bis über seinen Tod hinaus gehaßt. Anfangs konnte sie nicht wissen, daß er in jener Zeit vielen das Überleben ermöglichte. Später wollte sie es nicht wissen.

Auch andere haßten ihn, und er mußte damit rechnen, von ihnen denunziert zu werden. Einmal packte ihn die Angst so sehr, daß er weg wollte und seinen Rücktritt forderte, aber mit der Begründung setzte er zugleich alles auf eine Karte: «Der einzige zwingende Grund sind die wiederholten Aktionen gegen eine bestimmte Gruppe von Menschen, mit denen ich mich keineswegs identifiziere, mit denen man mich aber identifiziert.»

Er mußte bleiben und blieb ja gern, denn das große gefährliche Spiel reizte ihn. Er war ein Spieler durch und durch, für den das Leben aus einer ununterbrochenen Reihe von Spielen zusammengesetzt schien. Auch seine zweite Ehe war vielleicht nur ein Spiel, zugleich aber schützender Zwang.

Als das große, gefährliche Spiel zu Ende war, er aber nach kurzem Zwischenspiel in Straflagern ein neues Spiel begann, wenngleich zunächst nicht ganz so weit oben, da wurde ihm das ganz besonders verübelt. Doch waren immer noch diejenigen in der Überzahl, die ihm und seiner überragenden Leistung zujubelten.

Er war 63, als er nicht mehr spielen, sondern endlich zu leben anfangen wollte. Er war erschöpft, gab seine Stellung auf, wollte sich pensionieren lassen, und der Beginn seines neuen Lebens sollte eine Weltreise sein. Es wurde eine Reise in den Tod. Von Selbstmord wurde gemunkelt, sogar von Mord. Aber, was nur wenige wußten, er war schon lange krank gewesen, hatte zunehmend unter Migräne und unter Schlaflosigkeit gelitten und dagegen ständig Mittel genommen. Ein Professor für Neurologie und Psychiatrie sah das so:

«Das System des Kreislaufs und der Blutgefäße zeigte schwere und fortschreitende Veränderungen im Sinne einer hochgradigen Sklerorisierung und Rigidität durch Kalkeinlagerungen... Auch im Bereich der Wirbelsäule, besonders der Halswirbelsäule, war ein schwerer fortschreitender Zerstörungs- und Abbauvorgang nachzuweisen... Die Schlaflosigkeit erreichte zeitweilig lebensbedrohliche Ausmaße...»

Als er unterwegs die gewohnte Dosis an Schlafmitteln nahm, habe der Körper anders reagiert: «Die Achillesferse dieses athletischen Körpers, seine Blutgefäße, erbrachen sich in den Magen mit der Gewalt eines Blutsturzes...»

Sein junger Reisebegleiter fand ihn morgens tot auf den Fliesen des Badezimmers.

Wer war's?

61
... daß wir keine Deutschen sind!

*D*er Neunzehnjährige, jüngster von vier Brüdern, hatte sich mit dem Vater überworfen. Sie hatten gestritten über Krieg und Kriegsdienst, über Sozialismus, Zionismus und über seine Zukunftspläne. Die Ansichten des Sohns und seine Entscheidung, im Krieg nicht kämpfen zu wollen, waren in den Augen des Vaters deutschfeindlich, und der Streit endete unversöhnlich. Wenig später erhielt der Sohn diesen eingeschriebenen Brief vom 19. 2. 1917, ohne Anrede:

«Ich habe mich entschlossen, für Dich nicht mehr zu sorgen und teile Dir daher folgendes mit:

Du hast bis zum 1. März meine Wohnung zu verlassen und wirst sie ohne Erlaubnis nicht mehr betreten.

Um Dich nicht mittellos zu lassen, werde ich Dir am 1. März hundert Mark überweisen. Auf irgend welche weiteren Bezüge hast Du von mir nicht zu rechnen. Du wirst daher gut tun, Dich an die für den Zivildienst zustehende Behörde zu wenden, welche Dir eine Deinen Fähigkeiten entsprechende bezahlte Tätigkeit nachweisen wird.

Ob ich nach dem Kriege die Mittel für Dein weiteres Studium bewilligen werde, wird von Deiner Führung bis dahin abhängen.» Unterschrieben: Dein Vater und der volle Name.

Drei Monate später antwortete der Vater ihm auf die Bitte um finanzielle Hilfe versöhnlicher und sagte ihm zu, «für dieses Semester die Kollegiengelder» zu zahlen. Doch schrieb er auch: «Ich hätte mich mit 19 Jahren und zwei gesunden Armen aber geschämt, Almosen anzunehmen.» Und er schloß mit einer Drohung: «Solltest Du

aber Deiner antideutschen Gesinnung irgendwie erkenn-
baren Ausdruck geben, so würde ich das Tischtuch zwischen uns ebenso zerschneiden, wie ich es mit Werner
– leider zu spät – getan habe.»

Der zwei Jahre ältere Bruder Werner war radikaler
Sozialist. Am Kaiser-Geburtstag 1917 hatte er an einer
Demonstration gegen den Krieg teilgenommen und
wurde wegen Majestätsbeleidigung zu achtzehn Monaten
Gefängnis verurteilt. Der deutschnationale Vater hatte
für das Verhalten seines dritten Sohnes, der später im
Konzentrationslager Buchenwald ermordet wurde, über-
haupt kein Verständnis.

Das Verhältnis zu dem Jüngeren normalisierte sich
immerhin so weit, daß ihm das ganze Studium finanziert
wurde. Doch blieb es äußerst kühl. Nachdem der Sohn
das Vaterhaus verlassen hatte, kam er nur noch als Besucher, aber selten, denn bald lebte er im Ausland, und der
Mittzwanziger siedelte sich in jenem Land an, das ihm
zur wahren Heimat wurde und wo er sein Leben lang
blieb, in Palästina.

Daß die Bindung an die Familie dennoch nie abriß,
war seiner Mutter zu danken, die er verehrte und liebte,
und die mit ihm über Jahrzehnte einen regen Briefwechsel führte. Von ihr hatte er sein intensives Verhältnis zur
Sprache, das ihn früh zum Hebräischen und zur Kabbala
führte. Daß er dann über die Kabbala eine Doktor-Arbeit
schrieb, war dem Vater, der als Druckereibesitzer ein
nüchterner Kaufmann war, geradezu suspekt. Der Vater
starb früh und hat nicht mehr erlebt, daß der Sohn sich
auf diesem Gebiet einen Namen machte. Und er hat auch
von der Verfolgung und der Vernichtung der Juden
nichts mehr erfahren, die auch jene nicht ausnahm, die
so deutsch dachten und lebten wie er.

Die Mutter blieb wie die beiden ältesten Söhne in Berlin. Ihre mehr als dreihundert Briefe an den jüngsten

geben ein anschauliches Bild jener Jahre zwischen den Weltkriegen. Am 20. Februar 1933 schrieb sie:

«Politische Veränderungen haben bei uns zunächst immer einen geschäftlichen Chok zur Folge, das ist leider schon eine alte Erfahrung. Als Hitler Kanzler wurde, stockte à Konto jedes Geschäft, die Leute machten sogar Aufträge rückgängig... Hitler hält andauernd Schmuspauken im Radio, ohne etwas Positives zu sagen. Aber sehr positiv sind die Verbote der Zeitungen, die nur so prasseln, u. die massenhaften Entlassungen der republikanischen Beamten, von oben herunter, Landräte, höhere Polizeibeamte, Alles wird in die Wüste geschickt. Und da all diese Leute Pensionen bekommen müssen, wird unser Beamten-Etat wieder mal aufschwellen. – Die Zeitungen dürfen nicht mucksen... Wir werden bald nichts anders mehr zu lesen kriegen als Nazi-Zeitungen. Hitler macht es mit Gewalt. Zunächst ist ja für die Juden nichts zu fürchten. In Verwaltung u. Beamtenschaft giebt es kaum welche, u. mit Extragesetzen wird es so schnell nicht gehen.»

Aber bald schrieb sie von ihren Sorgen um Kinder und Enkelkinder und fügte hinzu: «Jetzt auf einmal möchten alle in Palästina sitzen!! Wenn ich bedenke, was für ein Geschrei sich in der deutschen Jüdischkeit erhob, als der Zionismus begann! Unser Vater... u. der ganze Centralverein schlugen überzeugt an die Brust ‹Wir sind Deutsche!› Jetzt wird uns mitgeteilt, daß wir keine Deutschen sind!»

Noch sechs Jahre blieb sie in Berlin, dann gelang ihr die Ausreise. Daß ihre Briefe, die ein wichtiges Zeitdokument darstellen, vor wenigen Jahren publiziert wurden, ist ihrem jüngsten Sohn zu danken.

Wer war's?

62
Hol mich hier sofort raus...

Ihr Bruder, der einzige, der
sich von der Familie noch um sie kümmerte, hatte dem
Anstaltsdirektor Geld geschickt, damit sie es dort etwas
besser habe. In einem langen Brief dankte sie ihm, hielt
aber mit Kritik nicht zurück:

«Deine Absicht ist lobenswert..., doch in einem Irren-
haus sind solche Dinge schwer durchzusetzen..., und
gegen den Strom zu schwimmen ist äußerst schwierig!
Hier müssen ja alle Arten von gräßlichen, gewalttätigen,
kreischenden, drohenden Kreaturen in Schach gehalten
werden. Dafür bedarf es einer sehr strengen... Ordnung... All das schreit, singt, grölt von morgens bis
abends und abends bis morgens. Es sind Kreaturen, die
ihre Verwandten nicht mehr ertragen können, weil sie so
widerwärtig und giftig sind! Doch wie kommt es, daß ich
gezwungen bin, sie zu ertragen? ... Da mitten drin zu
sein, ist so peinvoll, Ihr müßt mich rausholen aus diesem
Milieu, denn heute sind es vierzehn Jahre, daß ich eingesperrt bin! Ich fordere lautstark die Freiheit! Mein
Traum wäre, sofort nach V. ... zurückzukehren, ... eine
Scheune in V. ... wäre mir lieber als ein Platz als Patienten Erster Klasse hier. Die in der Ersten haben's
nicht besser als die in der Dritten... Das Geld, das
Du geschickt hast, könnte auf die Dritte Klasse umge-
rechnet werden. Ich kann es nur bedauern, wenn ich
sehe, wie Du Dein Geld für eine Irrenanstalt ver-
schwendest. Geld, das mir nützen könnte, um schöne
Werke zu schaffen und angenehm zu leben! Was für ein
Unglück! Ich könnte heulen! Arrangiere Dich mit dem
Direktor, um mich in die Dritte Klasse zurückzuver-

legen, oder hol mich hier sofort raus, was noch viel besser wäre...»

Zum Schluß des Briefes bat sie nur noch um dies: «Wenn Du nicht beabsichtigst, mich zu besuchen, dann solltest Du Mama bewegen, die Reise zu machen, ich wäre glücklich, sie noch einmal zu sehen. Mit dem Schnellzug ist es nicht so anstrengend...; das könnte sie doch wirklich für mich tun...»

Sie war 62, als sie diesen Brief schrieb, einen von vielen langen Briefen aus der Irrenanstalt, in der sie noch 16 Jahre bleiben sollte, bis zu ihrem Tod; insgesamt blieb sie da also dreißigeinhalb Jahre! In dieser langen Zeit hat sie ihre Angehörigen immer wieder gebeten, ja sie angefleht, sie zu besuchen. Die Anstaltsärzte haben ihre Bitten unterstützt. Einer schrieb der Familie, daß ein Verwandtenbesuch «unserer Patientin gewiß große Freude bereiten würde, ließe er ihr doch ein wenig Hoffnung auf Entlassung oder auf eine eventuelle Abreise...»

Die Mutter aber war weder an ihrer Entlassung noch an einem Wiedersehen interessiert und schrieb dem Direktor: «Ich will sie nicht wiedersehen, sie hat uns schon zu viel angetan.» Und sie flehte den Herrn Direktor an, «feststellen zu wollen, durch wen sie Briefe aufgibt und ihr zu untersagen, auf einem anderen als auf dem Dienstwege zu schreiben.»

Kein einziges Mal hat die Mutter sie besucht, auch die Schwester nicht. Der Vater, der immer auf ihrer Seite gestanden und sie finanziell unterstützt hatte (allerdings nur heimlich), war längst tot. Nur der Bruder, mit dem sie sich seit der Kindheit gut verstand, kam manchmal. Aber er, weltweit berühmt, war häufiger im Ausland als daheim. Und auch er setzte sich nicht für ihre Entlassung ein.

Die behandelnden Ärzte hielten ihren Verbleib in der Anstalt für «berechtigt», ja für «notwendig», weil sie «an systematisiertem Verfolgungswahn auf der Basis falscher Interpretationen» litt. Aber als sie zehn Jahre lang eingesperrt war und den Wunsch äußerte, in eine Anstalt in der Nähe ihrer Familie verlegt zu werden, schrieb der Direktor in seinem Bericht: «Obgleich ihre wahnhaften Verfolgungsideen nicht abgetötet sind, so sind sie doch abgeschwächt, und da sie wohl kaum mehr zu heftigen, gefährlichen Reaktionen neigen dürfte, wäre es dann nicht möglich zu versuchen, ihrem Wunsch in gewisser Weise zu entsprechen?» – Doch Mutter und Schwester waren dagegen.

Verfolgt fühlte sie sich von ihrem ehemaligen Lehrer. Nicht zu Unrecht meinte sie, von ihm ausgebeutet worden zu sein, betrogen und bestohlen. Daß sie ihm sehr viel mehr war als Schülerin (und eine Zeitlang auch Geliebte), daß sie ihn inspiriert hat, weil sie künstlerisch schon stark geprägt war, als sie zu ihm kam, ja ihm in ihrer einmaligen Art sogar voraus war, und daß er sie ausgenutzt hat, indem er Werke von ihr als eigene ausgab, ist sicher.

Nachdem sie sich von ihm getrennt hatte, wagte sie ihren Weg als Künstlerin allein und fand Anerkennung. Aber ihre wahnhafte Idee, daß ihr Verfolger und seine Gehilfen ihr auch ihre neuen Werke stehlen wollten, wurde so groß, daß sie – wie ein Freund berichtete – über Jahre hin jeden Sommer alles, was sie im Lauf des Jahres geschaffen hatte, zertrümmerte und von einem Fuhrknecht abholen ließ.

Während der drei Jahrzehnte in der Anstalt hat sie es konsequent abgelehnt, künstlerisch zu arbeiten, obwohl die Ärzte es ihr immer wieder nahelegten.

Wer war's?

63
Nach dem Erlegen
eines Hirsches

Als «außerordentlich schön»
wurde der Neunundzwanzigjährige in einem diplomati-
schen Geheimbericht für den Dogen von Venedig beschrieben: «Die Natur hätte nicht mehr für ihn tun können», hieß es da. «Er ist weitaus schöner als irgendein
anderer Herrscher der Christenheit... Er hat eine sehr
helle Hautfarbe und ist von wunderbar wohlproportio-
niertem Wuchs... Er hat einen Bart, der wie Gold aus-
sieht. Er besitzt viele Talente, ist ein guter Musiker,
komponiert sehr artig, ist ein hervorragender Reiter, ein
geschickter Fechter, spricht gut Französisch, Latein und
Spanisch, ist sehr religiös, hört drei Messen am Tage,
wenn er zur Jagd geht, und manchmal fünf an den anderen Tagen... Er liebt sehr die Jagd und übt diese
niemals aus, ohne nicht acht oder zehn Pferde zu strapa-
zieren... Er liebt sehr das Tennis, und es ist die schönste Sache der Welt, ihn dabei zu sehen, wenn seine
weiße Haut unter einem Hemd von feinstem Gewebe
schimmert...»

Auch von anderen wurde er als besonders gutausse-
hend beschrieben, dazu als freundlich, offen und als
überaus gebildet. Und es waren Gelehrte, die vor allem
von seinem Latein schwärmten; er las und schrieb es
nicht nur, sondern er sprach es auch und diskutierte mit
Theologen in dieser Sprache. Und bei Diskussionen beherrschte er alle Ebenen, auch die der Verbalinjurien. So
beschimpfte er einen abtrünnigen Theologieprofessor in
einer Streitschrift als «eine giftige Schlange, eine elende
Seuche, einen Höllenwolf, einem Zerberus ähnlich, eine

infektiöse Seele, einen abscheulichen Trompeter der Eitelkeit». Und weiter hieß es da:

«Er hat einen scheußlichen Geist, eine dreckige Zunge, ist mit Gift gefüllt, wenn dieses gräßliche Ungeheuer gefangen wird, so wird es betäubt sein und vor Gram vergehen... Ach, der gefräßigste Wolf der Hölle hat ihn überrumpelt, verschlungen und ihn runtergeschluckt bis in die tiefsten Tiefen seines Bauches, wo er jetzt halb tot und halb lebendig liegt. Und während der fromme Hirte nach ihm ruft und seinen Verlust beklagt, rülpst er aus dem dreckigen Maul des Höllenwolfes diese unflätigen Beschimpfungen, welche die Ohren der ganzen Herde verabscheuen, geringschätzen und voller Ekel ablehnen.» – Übrigens wurde ihm für diese Schrift, für die er sich viel Zeit genommen hatte, von sehr hoher Stelle ein Titel verliehen, den seine Nachfolger noch heute tragen.

Er konnte aber auch recht hübsche Liebesbriefe schreiben. Einige, teils in Französisch, teils in seiner Muttersprache, haben sich erhalten. Er schrieb sie als Mittdreißiger. Da war er sehr verliebt, aber nicht mehr in seine erste Frau, die sechs Jahre älter war als er und von der er sich scheiden lassen wollte, sondern in eine Zwanzigjährige. Ihr schrieb er:

«Der Grund, warum ich Euch, mein Liebling, heute schreibe, ist einzig und alleine der, daß ich Gewißheit über Eure Gesundheit und Euer Wohlergehen erlangen will. Dies zu wissen, würde mich genauso freuen wie mein eigenes gutes Befinden. Und ich bete zu Gott, uns – falls es sein Wille ist – bald zusammenzuführen: Denn ich versichere Euch, ich sehne mich danach – auch wenn ich sicher bin, daß es nicht mehr lange dauern wird. Da meine Allerliebste abwesend ist, kann ich ihr wenigstens etwas Fleisch senden, das stellvertretend für mich steht: Hirschfleisch statt Herzfleisch. An meinem, so wage ich zu prophezeien, werdet Ihr Euch bald – so Gott will – erfreuen; ich wünschte mir, es wäre schon jetzt...»

Ein anderer Brief schloß: «Ich wünsche mich (am liebsten Abends) in den Armen meines Schatzes, dessen hübsche Brüste ich bald zu küssen hoffe...» Und wieder ein anderer: «Aus Zeitmangel heute nur noch dies, mein einziger Liebling: daß ich wünsche, Ihr läget in meinen Armen oder ich in den Euren, denn es ist wohl lange her, daß ich Euch geküßt habe. – Geschrieben um 11 Uhr nach dem Erlegen eines Hirsches – einen weiteren gedenke ich mit Gottes Hilfe morgen in aller Frühe zur Strecke zu bringen. – Von der Hand dessen, der sicherlich bald der Eure sein wird...»

Das wünschte auch sie, denn auch sie liebte ihn, war zumindest von seiner Erscheinung beeindruckt. Mit seinen 188 Zentimetern überragte er fast immer seine Umgebung, und ein Augenzeuge lobte seine Kraft und sein Aussehen über die Maßen: «Selbst Herkules hätte den Bogen kaum so gut durch die Kraft seiner Sehnen spannen können... Im Ringen wäre Pollux unterlegen... Und wenn er Rüstung und Helm anlegte, übertraf er sogar Hektor. Wenn er den Hirsch ... jagte, hätte ihn nicht einmal Hippolytos in der strahlenden Erscheinung übertreffen können.»

Mehrmals klagte er in seinen Liebesbriefen, die alle sehr kurz sind, über Zeitmangel. Doch ging nicht alle Zeit mit Tennis, Jagen, Festefeiern, Musizieren und Disputieren dahin. Viele Stunden des Tages verbrachte er mit dem Lesen von Akten. Da war er ein Pedant und ein guter Redakteur.

Nur von seinen besseren Seiten war hier die Rede – die anderen sind allzusehr bekannt.

Wer war's?

64
Zuviel für eine allein,
diese Sorgenlast

Nach einem glücklichen Ehe-
jahr brachte die fast Zweiundzwanzigjährige ihr erstes
Kind zur Welt. Dankbar schrieb ihr Mann ins Tagebuch:
«Zehn Minuten vor elf war das Kleine da – unter Blitz
und Donner, da gerade ein Gewitter am Himmel
stand... Wir waren ganz selig vor Glück. Wie bin ich
doch stolz, eine Frau zu haben, die mir außer ihrer Liebe
... auch solch ein Geschenk macht.»

Sie liebte ihren Mann sehr. Aber als sie nach anderthalb Jahren das zweite Kind erwartete und manchmal
vor Erschöpfung weinte, vertraute sie dem Tagebuch
an: «Es hat mich ein unbeschreiblicher Trübsinn be-
fallen – ich denke, Du liebst mich nicht mehr wie sonst,
ich fühle es oft so klar, daß ich Dir nicht genügen
kann... Ach, wie ich Dich so unendlich liebe! All meine
Sorge ist ja nur für Dich; der Gedanke, Du sollst für
Geld arbeiten, ist mir der schrecklichste..., und doch
sehe ich keinen andern Ausweg, wenn Du nicht mich
auch arbeiten läßt, wenn Du mir alle Wege, etwas zu
verdienen, abschneidest. Ich möchte ja eben gern verdienen, um Dir ein nur Deiner Kunst geweihtes Leben
zu schaffen...»

Als das zweite Kind, wieder eine Tochter, drei Monate
alt war, schmiedete sie Pläne, wie sie Geld verdienen
könnte, und setzte sie zum Teil auch in die Tat um. Da
das aber mit Reisen verbunden war und ihr Mann daheim die Kinder hüten mußte, gefiel ihm das nicht. Er
wollte seine junge Frau ganz für sich haben und meinte:
«Sie kennt selbst ihren Hauptberuf als Mutter, daß ich

glaube, sie ist glücklich in den Verhältnissen, wie sie sich nun einmal nicht ändern lassen.»

Das war seine Wunschvorstellung, und um sie zu verwirklichen, sorgte er für eine lange Reihe von Kindern. Das dritte, auch wieder eine Tochter, bekam sie mit 25 Jahren. Dann folgten innerhalb von nur vier Jahren drei Söhne, von denen der erste noch als Baby starb. Danach kamen die vierte Tochter und der vierte Sohn.

Sie wurde also als Hausfrau und Mutter immer stärker beansprucht. Doch mußte sie nun auch Geld verdienen. Ihr Mann allein schaffte es nicht, die Familie zu ernähren. Ihm fehlte die Kraft, und schon, als sie erst zwei Kinder hatten, brach er zusammen, und ein Arzt verbot ihm jegliche Arbeit. «Es vergingen nun acht schreckliche Tage», notierte sie, «er schlief keine Nacht, seine Phantasie malte ihm die schrecklichsten Bilder aus, früh fand ich ihn gewöhnlich in Tränen schwimmend, er gab sich völlig auf.»

Zwar fing er sich wieder, aber dann stellte sich – so heißt es in einem ärztlichen Bericht – «ein angstvoller Zustand ein mit einer eigentümlichen Todesfurcht». Er meinte nun, gar nicht mehr allein sein zu können: «Es ist mir immer so angestrengt zumute, dies wird aber besser, wenn Du wieder bei mir bist.» Manchmal hat er sie begleitet, hat auch wieder gearbeitet, aber die Hauptlast lag auf ihr. Und nach ein paar Jahren mußte sie für alles ganz allein aufkommen, weil er unheilbar krank war und früh starb. Da war sie 36.

Kinder sind ein Segen, hatte er gesagt, und man könne gar nicht genug Kinder haben. Sie liebte ihre Kinder, hat sie aber oft als Belastung empfunden. Das älteste war jetzt 15, das jüngste erst fünf Wochen. Doch darüber sind sich ihre Biographen nicht einig. Auch nicht darüber, von wem das jüngste war; ihren Mann hatte sie bis zwei

Tage vor seinem Tod in dem Sanatorium schon lange Zeit nicht mehr besucht.

Manches ging eben über ihre Kräfte. «Ich bin so niedergedrückt von tausenderlei Sorgen um die Kinder, daß ich keinen freundlichen Gedanken mehr fassen kann», schrieb sie einem Freund; «es ist doch zuviel für eine allein, diese Sorgenlast...»

Besonders hart traf es sie, daß sie mit ihrem zweiten Sohn das gleiche durchmachen mußte wie zuvor mit ihrem Mann. Da war sie fünfzig: «Es wird schließlich nicht anders werden, als daß ich ihn in eine Anstalt bringen muß, denn so allein fortleben kann er nicht... Es ist doch grausam vom Schicksal, mir zwei Mal solch eine Prüfung aufzuerlegen...» Wie einst ihr Mann, war nun dieser Sohn für sie «lebendig begraben».

Auch der dritte Sohn machte ihr Kummer. Er litt früh an Rheuma und wurde morphiumsüchtig, war gänzlich erwerbsunfähig und starb mit 41 Jahren. Schon früher hatte sie ihren Jüngsten verloren. Er war an Tuberkulose erkrankt: «Wie ein alter Mann schlich er und konnte nicht zu Atem kommen... Mein Herz ist ganz gebeugt wie in den schwersten Tagen meines Lebens... Das Leben eines Kindes, eines Jünglings in der Blüte der Jahre hinschwinden zu sehen, das gehört wohl zu den grausamsten Prüfungen eines Mutterherzens...» Sechs Jahre vor ihm war bereits ihre dritte Tochter an Tuberkulose gestorben, mit 27 Jahren.

Als sie selber starb, in ihrem 77. Jahr an den Folgen eines Schlaganfalls, waren ihre älteste und ihre jüngste Tochter bei ihr. Und ein Enkel.

Wer war's?

65
Da riß ihm die Geduld

«*Ich* war ein aufgeweckter Knabe mit einem brennenden Durst nach Kenntnissen aller Art und einer wahren Bücherwut», schrieb der Mittvierziger in einem Rückblick. Früh wurde er vom Vater auf Auktionen geschickt, um alte Folianten und Quartanten zu erstehen, die der Vater in seinem Gemischtwarenladen «als Makulatur gebrauchte». Und da kam einmal auch «Voltaire's Leben von Karl XII. in der alten Übersetzung unter den Hammer. Niemand bot etwas. Ich hatte das größte Gelüste nach dem Buch und wagte es, 2 Groschen zu bieten, und siehe da, ich erhielt es und war der glückliche Besitzer! Aber der Vater, ein strenger Mann, vermerkte es sehr übel, wie ihm überhaupt mein vieles Lesen in den Tod zuwider war...»

Auf Wunsch des Vaters ging er zu einem Kaufmann in die Lehre. «Meine Liebe für Literatur und die Wissenschaften hatte indessen nie geschlummert... Je mehr ich aber las, je mehr fühlte ich auch die Lücken in meinem Wissen, da nirgends ein solider Grund gelegt war. Der erste Schulunterricht war ... sehr schlecht gewesen, und ich hatte keine Zeit gefunden, ihn nachzuholen. Ich fühlte aber, daß ich mehr wissen müsse, um meinem aufstrebenden Geiste Genüge zu leisten und höhern Aufgaben des Lebens entsprechen zu können...»

Auf seine dringende Bitte erlaubte ihm der Vater den Besuch einer Akademie. Er ging für ein gutes Jahr nach Leipzig. «Ich erwarb mir insbesondere die neueren Sprachen und erlangte darin eine ziemliche Vollkommenheit im mündlichen und schriftlichen Ausdruck.» Außerdem trieb er Philosophie, Physik und Chemie, was aber «aus

Mangel an gründlicher Elementarbildung, die sich später nie ersetzen läßt, nicht tiefe Wurzeln gefaßt hat».

Die vielen noch unausgefüllten Wissenslücken hinderten den Einundzwanzigjährigen nicht an der Absicht, ein Buch schreiben oder herausgeben zu wollen. Was dessen Inhalt sein sollte, ist nicht mehr erkennbar; erhalten ist nur das ultimative Angebot an einen angesehenen Leipziger Verlag, auf das er vielleicht nie eine Antwort bekam:

«Meine Herren! Aus dem auf der andern Seite folgenden Prospectus werden Sie den Plan und aus beiliegenden acht Bogen Manuskript die Behandlung eines Buchs sehen, das ich diese Ostermesse – etwa 20 Bogen in 8. stark – herausgeben möchte. Ich biete es Ihnen zum Verlag an; muß Sie aber ersuchen, mir bis morgen Ihre Entscheidung darüber zukommen zu lassen; – sollten Sie mündlich mit mir darüber sprechen wollen, so wird mir Ihr Besuch morgen früh in der Zeit von 10–12 Uhr sehr angenehm sein. – Ihr ergebener Diener..., wohnt in Nr. 75 im Hay'schen Hause auf der Petersstraße bei dem Friseur Dieterich.»

Nahezu ein Vierteljahrhundert später – inzwischen hatte er selber einen angesehenen Verlag, bekannt vor allem durch ein Werk, das es seinen Lesern leicht macht, ihre Wissenslücken aufzufüllen – machte ihm ein Dreißigjähriger ein zwar ausführlicheres, aber ebenso ultimatives Angebot. Darin hieß es: «Ich will ... ein philosophisches Werk erscheinen lassen, an welchem ich ... seit 4 Jahren unablässig gearbeitet habe...» Und nachdem sich der junge Mann über die Einzigartigkeit seines Werkes noch weiter lobend ausgelassen hatte, forderte er:

«Sie machen sich verbindlich, das Werk zur Michaelis-Messe zu liefern, auf gutem Druckpapier, in großem Format, mit scharfen Lettern schön gedruckt, ... allerhöchstens 800 Exemplare... Sie versprechen mir auf Ehre und Gewissen jeden Bogen 3 Mal und das letzte Mal von einem wirklichen von mir genehmigten Gelehrten, der das Manuskript zur Hand hat, auf das sorgfältigste korrigieren zu lassen. Sie bezahlen mir das kaum nennenswerthe Honorar von einem Dukaten für den gedruckten Bogen, und zwar gleich bei Ablieferung... Ihre gefällige ganz entschiedene Antwort erbitte ich mir ohne Aufschub...»

Er nahm an, obwohl ihm ein Einblick ins Manuskript noch nicht gestattet wurde, und schloß mit dem Philosophen einen Vertrag. Der schickte ein Drittel des Manuskripts, beklagte sich aber wenig später, daß nicht schnell genug gesetzt und gedruckt werde und noch dazu in einer anderen Schriftgröße und mit anderer Zeilenzahl, als von ihm gefordert. Er verlangte jetzt sofort das ganze Honorar, beschimpfte den Verleger und drohte ihm mit gerichtlichen Schritten.

Da riß dem im Grunde Gutmütigen und Gutgläubigen die Geduld. Zwar zahlte er das ganze Honorar, ließ auch weiterdrucken, schrieb dem jungen Mann aber, daß er ihn «fortan für keinen Ehrenmann halte» und daß deshalb auch kein Briefwechsel mehr mit ihm sein könne, und schloß: «Ich hoffe nur, daß meine Befürchtung, an Ihrem Werke bloß Makulatur zu drucken, nicht in Erfüllung gehen werde.»

Mit Makulatur hatte er, wie gezeigt, schon als Knabe zu tun gehabt. Daß seine Befürchtung hier aber wahr werden sollte – diese erste Auflage wurde wirklich größtenteils makuliert –, hat er wohl doch nicht geglaubt.

Wer war's?

66
Mein Gesicht ist zu sanft

Als er, 28 Jahre alt, heiraten wollte, waren die Eltern seiner großen Liebe mit ihm nicht einverstanden, weil er arm war und arm bleiben werde in seinem brotlosen Metier. «Ihnen gefiel meine Herkunft nicht», schrieb er später. «Wie denn auch? Mein Vater, ein einfacher Arbeiter... Und sie – denkt nur, sie besaßen drei Juweliergeschäfte in unserer Stadt... Die Mutter meiner Braut sagte zu ihrer Tochter: ‹Hör mal, ich glaube, er legt sich sogar Rouge auf... Was wird das für einen Ehemann abgeben, dieser Knabe, der so rosig ist wie ein Mädchen? Er wird niemals sein Brot verdienen können.›»

Seinen Vorschlag, mit ihm ohne den Segen der Eltern und des Rabbiners durchzubrennen, lehnte die Braut ab, doch gelang es ihr, die Eltern umzustimmen. Also heirateten sie, aber: Seine Eltern durften nicht kommen, und es gab keine Hochzeitsnacht: «Nach dem Hochzeitssegen führten mich meine Schwäger in meine Wohnung zurück, während ihre Schwester, meine Frau, bei ihren Eltern blieb. – Das war der Gipfel ritueller Vollkommenheit.»

Die Heirat war am 25. Juli, und schon im nächsten Frühjahr kam ihre Tochter zur Welt. «Wir hatten kein Einkommen. Wir lebten in einem dreckigen, abbruchreifen Zimmer und hatten nicht einmal das Allernotwendigste. Zum Essen hatten wir kaum etwas...» Es war Krieg, und er mußte in die Armee. Ein Bruder seiner Frau verschaffte ihm einen Posten in der Verwaltung. Da hatte er wenig zu tun und begann mit dem Schreiben seiner Erinnerungen.

Der Krieg endete mit einer Revolution, nicht mit Frieden. Die Armen und Unterdrückten hofften jetzt auf bessere Zeiten. Auch er. Ihn brachte die Revolution nach oben, ein paar Stufen jedenfalls. Er wurde Direktor einer Akademie. Seinen Schwiegereltern aber brachte sie Unglück:

«Eines Tages hielten sieben Wagen vor den glänzenden Schaufenstern, und die Soldaten begannen alles aufzuladen, was die drei Läden enthielten, Gold, Silber, Uhren und Edelsteine. Sie sind sogar in die Wohnung eingedrungen, um auch hier nach Schmuck zu suchen...» Sie nahmen das Tafelsilber und räumten den Geldschrank aus. Nachts kamen sie ein zweites Mal: «Mit Hilfe eines ‹Experten›, eines neidischen Freundes, durchlöcherten sie die Wände und rissen das Parkett auf. Sie suchten nach verborgenen Schätzen.»

Daß die Revolution weder Gerechtigkeit noch die ersehnte Freiheit brachte, mußte auch er bald erfahren. Er war immer für Toleranz und Liberalität, wollte nie persönliche Macht, und so war es kein Wunder, daß er in solcher Zeit auf seinem Posten nichts bewirken konnte: «Mein Gott! Du hast mir zwar Talent gegeben, wenigstens sagt man das. Aber warum hast du mir nicht eine imposante Statur gegeben, daß man mich fürchtet und respektiert? ... Mein Gesicht ist zu sanft. Mir fehlt eine donnernde Stimme. Ich bin verzweifelt.»

Er nahm seinen Rücktritt, und wenig später verließ er mit Frau und Tochter seine Heimat und ging in ein Land, in dem er vor seiner Heirat schon vier Jahre verbracht hatte. Da fühlte er sich wohl, da konnte er leben, arbeiten, schaffen, ganz wie er es wollte. Und er arbeitete unermüdlich. Aber es dauerte viele Jahre, bis er sich mit seinem besonderen Talent durchsetzte und sich einen Namen machte. Doch die Zeiten finanzieller Not waren endgültig vorüber. Und schon bald konnte er sich viele Reisen erlauben.

Auch ein neuer verheerender Krieg konnte ihm nichts anhaben, aber nur weil er auf den dringenden Rat von Freunden nach Amerika ging, wo er genauso unermüdlich arbeitete wie zuvor. Aber an das Leben dort konnte er sich nur schwer gewöhnen. Und trotz seines siebenjährigen Aufenthalts hat er nicht gelernt, auch nur einen Satz in der Landessprache zu sprechen. «Ich hatte keine Lust dazu», sagte er später seinem Biographen; «dreißig Jahre hatte ich gebraucht, um mich korrekt auf Französisch auszudrücken, und war überzeugt, daß ich unter diesen Voraussetzungen keine Zeit hatte, etwas anderes korrekt zu erlernen.»

In Amerika starb ganz überraschend seine Frau. «Ich erinnere mich noch, wie sie einige Wochen vor ihrem ewigen Schlaf ihre Manuskripte ordnete ... und ich sie, meine jähe Angst unterdrückend, fragte: ‹Warum machst du eigentlich solche Ordnung?› Sie antwortete mir, leise lächelnd: ‹Dann weißt du, wo du alles finden wirst.› Sie spürte, was auf sie zukam ...» Nach ihrem Tod konnte er ein ganzes Jahr nichts schaffen, gelang ihm kein einziger Strich.

Aber da hatte er noch vier Jahrzehnte vor sich. Und wieder in jenem Land, das er am meisten liebte, galt er nicht mehr nur als Talent, sondern als Genie. Endlich, als Sechziger, war er weltberühmt. Er wurde reich, hat wieder geheiratet und hat weiterhin bis ins hohe Alter Tag für Tag gearbeitet. Und in seinem Werk war das wichtigste Thema nach wie vor die alles umfassende Liebe:

«Ich weiß, daß der Weg des Lebens ewig ist und kurz. Ich habe bereits im Bauch meiner Mutter erfahren, daß man diesen Weg besser in Liebe als in Haß zurücklegt.»

Wer war's?

67
Für 300 Taler
nur häßliche Affen

Sein Leben lang ist er für To-
leranz eingetreten, für Toleranz im Denken und im
Glauben. Aber je berühmter er deswegen wurde, je fester
sich sein Name mit dem Begriff von Toleranz verband,
desto heftiger wurde er von anderen, die ihn gerade
wegen seiner Toleranz schätzten, bedrängt, seinen Glauben zu wechseln: «Wollte Gott, daß Sie ein Christ wären!»
schrieb ihm ein Theologe.

Er hingegen hat nie versucht, andere zu seinen eigenen Glaubensvorstellungen zu überreden. Dem Theologen antwortete er: «Nach den Grundsätzen meiner Religion soll ich niemand, der nicht nach unserm Gesetz
geboren ist, zu bekehren suchen. Dieser Geist der Bekeh-
rung, dessen Ursprung einige so gern der jüdischen Religion aufbürden möchten, ist derselben gleichwohl
schnurstracks zuwider.»

«Bekehren? Wozu?» fragte er und meinte: «Ich habe
das Glück, so manchen vortrefflichen Mann, der nicht
meines Glaubens ist, zum Freunde zu haben... Niemals
hat mir mein Herz heimlich zugerufen: Schade für die
arme Seele!» Nein, er wollte nicht bekehren.

Aber er wurde bald von allen Seiten bestürmt: «Die
einen greifen mich in heftigen und ungestümen, die andern in sanften und schmeichelhaften Worten an; die
einen loben, die andern spotten, denn dies ist ihre Weise.
Jedenfalls belästigen mich ihre Worte und Träumereien
und machen mir viel zu schaffen...» – Er wurde krank
von diesem unsinnigen Disput, so krank, daß sein Arzt
ihm auferlegte, zwei Monate lang weder zu lesen, zu

schreiben, zu diskutieren, ja nicht einmal ernsthaft nach-
zudenken!

Das fiel ihm schwer. Denn Lesen, Denken, Schreiben –
das war sein Leben. Als Vierzehnjähriger war er in die
Hauptstadt eines Landes gekommen, dessen junger König die Tolerierung aller Religionen versprochen hatte.
Dies hatte seinen Lehrer schon einige Jahre vor ihm
veranlaßt, dort einen Ruf als Oberrabbiner der jüdischen
Gemeinde anzunehmen. Ihm, der ihn Hebräisch gelehrt
und ihn in den Talmud eingeführt hatte, folgte er nun,
um sein Wissen zu vervollkommnen. Lernen war ihm das
Wesentliche. Daß er, um leben zu können, mit beschei-
densten Mitteln auskommen mußte, störte ihn nicht. Er
wurde auch damit fertig, daß er sehr klein, schwach und
verwachsen war.

Bald erkannte er die Grenzen, die seine Glaubensbrüder nicht überschreiten wollten. Die Orthodoxen waren
unnachsichtig gegen jeden in ihrer Gemeinde, der sein
Wissen über talmudisches Denken hinaus erweitern
wollte. Er wagte es dennoch. Er lernte es, die seinen
Glaubensbrüdern als verpönt geltende deutsche Sprache
vollendet zu beherrschen, und er brachte sich Latein bei,
die Sprache der Gelehrten. Er studierte Gottfried Wilhelm Leibniz und Christian Wolff, er las Cicero und den
englischen Philosophen John Locke in einer lateinischen
Übersetzung. Und er las immer mehr.

Der Mittzwanziger las manchmal sogar heimlich während der Arbeitszeit auf seinem Posten als Buchhalter bei
einem reichen Seidenhändler. Einem ihm befreundeten
Dichter und Philosophen schrieb er: «Liebster Freund!
Ein guter Buchhalter ist gewiß ein seltnes Geschöpf. Er
verdient die größte Belohnung, denn er muß Verstand,
Witz und Empfindung ablegen, und ein Klotz werden,
um richtig Buch zu führen. Verdient ein solches Opfer
zum Besten der Finanzen nicht die größte Belohnung?»

Und dann schilderte er, welche Mühen und Tricks es ihn gekostet, «des Hrn. von Kleist neue Gedichte», die er sich morgens um acht hatte kommen lassen, während der Arbeit hier und da lesen zu können; «und da merkte ich es, wie schwer es ist, Empfindung zu haben und ein Buchhalter zu sein».

Einige Jahre danach schrieb er dem liebsten Freund: «Was Sie nicht wenig befremden wird, ich habe die Torheit begangen, mich in meinem dreißigsten Jahre zu verlieben. Sie lachen? Immerhin! Wer weiß, was Ihnen noch begegnen kann... Das Frauenzimmer, das ich zu heiraten willens bin, hat kein Vermögen, ist weder schön noch gelehrt, und gleichwohl bin ich verliebter Geck so sehr von ihr eingenommen, daß ich glaube, glücklich mit ihr leben zu können. An Unterhalt, hoffe ich, soll es mir nicht fehlen, und an Muße zum Studieren werde ich mir's gewiß nicht fehlen lassen...»

Es wurde eine gückliche Ehe, mit sechs Kindern, die alle gut einschlugen und überaus begabt waren. Zur Hochzeit mußte er – entsprechend einer Anordnung des Königs zur Förderung von dessen Porzellanmanufaktur – für 300 Taler Porzellan kaufen. Doch durfte es nichts Praktisches sein, nicht Teller, Tassen, Terrinen, sondern er mußte zwanzig häßliche Affen nehmen, die ganz unverkäuflich waren.

Daß des Königs Toleranz gegenüber Juden eben doch nicht groß war, erfuhr er ein zweites Mal, als sein Freund ihn mit anderen für dessen Akademie vorschlug und er auch gewählt wurde: da strich der König seinen Namen aus, obwohl er inzwischen zu den bestangesehenen Philosophen zählte.

Wer war's?

68
Fluch der kleinen Verhältnisse

Etwa von seinem achten Lebensjahr an empfand er sein Heimatland als eng und
einengend. Damals hatte sein Vater, ein angesehener
und bis dahin erfolgreicher Holzgroßhändler, Konkurs
gemacht, und alles kam unter den Hammer, auch das
große Haus mit den vielen Zimmern, und die Eltern
zogen mit den vier Kindern aus der Stadt. Diese einschneidende Deklassierung hat ihm seelische Wunden
geschlagen, die über Jahrzehnte nicht heilten, zumal der
Vater wirtschaftlich nie wieder auf die Füße kam. Als der
Vater völlig verarmt starb, war der Sohn fast fünfzig und
schrieb einem Onkel, der ihn von dessen Tod unterrichtet hatte:

«Seit meinem vierzehnten Jahre mußte ich für mich
selbst sorgen; ich habe oft und lange hart kämpfen müssen, um mich durchzusetzen und dorthin zu gelangen,
wo ich jetzt stehe. Der Grund dafür, daß ich in all diesen
Jahren des Kampfes so äußerst selten heimschrieb, war
hauptsächlich, daß ich meinen Eltern keine Hilfe und
Stütze sein konnte. Schreiben schien mir sinnlos, wo ich
nicht handeln konnte; ich hoffte immer, daß meine Verhältnisse sich bessern würden, doch das kam erst sehr
spät und liegt noch nicht lange zurück...»

Ohne gute Schulausbildung, ohne Studium und ohne
Hilfe von zu Hause hat er es wirklich schwer gehabt. Mit
vierzehn Jahren war er zu einem Apotheker in die Lehre
gekommen, wo er mit dessen Söhnen in einem Zimmer
schlief, das nur durch das Zimmer der Dienstmädchen zu
erreichen war. Dieses Zimmer mußte er häufig auch
nachts passieren, wenn jemand läutete und Medizin ver

langte. So entstand ein Verhältnis mit einem zehn Jahre älteren Dienstmädchen. Für die Folgen, einen kleinen Jungen, mußte er vierzehn Jahre lang Alimente zahlen.

Er führte nicht etwa ein Lotterleben. Im Gegenteil, er hatte sich vorgenommen, die Universitätsreife zu erlangen, um Medizin studieren zu können. Deswegen las und lernte er in jeder freien Stunde, und nach den Lehrjahren besuchte er eine «Abiturientenpresse». Aber als er die Abschlußprüfung (trotz «Sehr gut» in Deutsch) im ersten Anlauf nicht bestand, sondern ihm in Arithmetik und Griechisch Nachprüfungen auferlegt wurden, gab er auf.

Inzwischen hatte er sich aufs Schreiben verlegt. Er schrieb Artikel für Zeitungen und Zeitschriften, auch Gedichte. Und unter Pseudonym hatte er ein Bühnenstück geschrieben und als Privatdruck veröffentlicht. Leben konnte er davon allerdings nicht, doch obgleich sein Stück von keinem Theater angenommen wurde, glaubte er sich jetzt auf dem richtigen Weg. Und der Dreiundzwanzigjährige hatte das Glück, bei einem Theater angestellt zu werden, als Dramaturg, wie es hieß, aber in Wahrheit als Mann für alles, und da hat er eine Menge gelernt. Nach sechs Jahren wurde er an einem anderen Theater Künstlerischer Direktor.

Bald jedoch – inzwischen hatte er geheiratet, und es war ein Sohn gekommen – konnte das Theater ihm sein geringes Gehalt nicht mehr zahlen. Vergeblich bat er die Regierung um ein Stipendium, wodurch es ihm «ermöglicht würde, im Dienst der Literatur eine Tätigkeit fortzusetzen, deren Unterbrechung... dem Publikum unerwünscht wäre». Der Staat – so wurde die Ablehnung begründet – könne nicht einen Dichter belohnen, der die heilige Ehe verspotte. Das hatte er zwar nicht getan, aber er hatte in einem Drama die Beständigkeit von Liebe und Ehe in Frage gestellt. «So brach man denn über mich den Stab.»

Bei Kredithaien hatte er Schulden gemacht, deren Wucherzinsen ihn drückten. Ein jüngerer Kollege veranstaltete eine Sammlung, um ihm eine Auslandsreise zu ermöglichen. Er war 32, als er mit Frau und Sohn sein Vaterland verließ. Er blieb ihm (von einigen kurzen Besuchen abgesehen) 27 Jahre fern. Er reiste in den Süden, nach Italien, und noch dem Siebziger stand der überwältigende Eindruck vor Augen, als er durch die Alpen gekommen war:

«Über den Bergen hingen die Wolken wie große, dunkle Hüllen, und darunter fuhren wir durch den Tunnel und sahen uns plötzlich bei Miramara, wo die Schönheit des Südens, ein wundersam lichter Schimmer, strahlend wie weißer Marmor, sich auf einmal mir offenbarte und meiner ganzen Produktion das Gepräge gab, auch wenn in ihr nicht alles Schönheit war.» Und in Rom, in der Peterskirche: «Da ging mir plötzlich eine starke klare Form auf für das, was ich zu sagen hatte.»

Endlich fühlte er sich frei von daheim, wo «das Leben etwas unbeschreiblich Drückendes hat; es lähmt den Geist und den Willen; das ist der Fluch der kleinen Verhältnisse, daß sie die Seelen klein machen». Daß er sich jetzt nicht mehr klein fühlte, zeigt sein neues Gesuch um ein Stipendium, das der Achtunddreißigjährige direkt an den König schrieb: «Ich kämpfe hier nicht für ein sorgenfreies Auskommen, sondern für das Leben, zu dem, wie ich unverbrüchlich glaube und weiß, Gott mich berufen hat – für die ... dringlichste Aufgabe, das Volk zu wecken und groß denken zu lehren.» Und von nun an hatte er Erfolg, mit allem.

Wer war's?

69
Den Sarg aus Tannenholz
für drei Taler

Sie war zehn, als durch den
Tod des Vaters ihre so idyllische und geschützte Kindheit
von Grund auf erschüttert wurde. Aber die noch recht
junge Mutter brachte sie und die etwas ältere Schwester
trotz großer finanzieller Probleme mit Anstand über alle
Schwierigkeiten hinweg. Anstand, Schicklichkeit, Dezenz
waren nicht nur Worte in ihren höfischen Kreisen, sondern eine Lebenshaltung, die ihr tief im Blut lag. Später
wurde sie von ihrem Mann oft als «Dezendenz» betitelt
und zugleich ein wenig verspottet.

Er kam aus anderen Kreisen und hat sich an jenen
Anstandsregeln oft gestoßen, ja sie als deklassierend und
beleidigend empfunden. Dies schon auf seiner Schule,
wo er zum Essen nicht am Tisch der Adligen sitzen
durfte und wo die Adligen dem Herzog die Hand, die
Bürgerlichen ihm aber nur den Mantelsaum küssen
durften. Oder bei höfischen Tanzvergnügungen, wo er
nur zum Bürger-Saal Zutritt hatte, nicht aber zu jenem,
wo die Hofchargen (und auch seine Verlobte) tanzten.
Das war kurz vor ihrer Hochzeit.

Sie war 23, er 30, und sie waren schon einige Zeit
befreundet, als sie bereit war, mit ihm die Ehe zu wagen.
Erst da hatte er ein zwar geringes, aber festes Einkommen und machte ihr einen Antrag. In ihrer zurückhal-
tenden Art antwortete sie: «Der Gedanke, zu Ihrem
Glück beitragen zu können, steht hell und glänzend vor
meiner Seele. Kann es Treue, innige Liebe und Freundschaft, so ist der warme Wunsch meines Herzens erfüllt,
Sie glücklich zu sehn. – Für heute nichts mehr, Freitag

sehn wir uns... Wie freue ich mich..., Sie in meiner Seele lesen zu lassen, wie viel Sie mir sind...»

Er wollte in aller Stille heiraten, und so kamen zu der Trauung in einer kleinen Dorfkirche nur die Schwester und die Mutter. Zwei Wochen danach schrieb sie einem Vetter, durch den sie ihren Mann kennengelernt hatte, nach Paris: «Du mußt wissen, daß ich seit vierzehn Tagen seine Frau bin. Da uns die herzlichste, innigste Liebe verbindet, kannst Du denken, daß wir glücklich sind und es immer bleiben werden... Ich hätte in keiner anderen Verbindung das gefunden, was mir jetzt geworden... Dank Dir, Dank dem Schicksal, das mir meine liebsten Freunde durch Dich gab.»

Sie waren wirklich glücklich. Doch hatten sie es nicht leicht. Obgleich er hart arbeitete, mit seinen Arbeiten auch zunehmend Erfolg hatte, kamen sie aus den finanziellen Schwierigkeiten nicht heraus. Er war mit Schulden in die Ehe gekommen, und mit der Familie (es kamen zwei Söhne und zwei Töchter) und den wachsenden Ansprüchen wurden die Schulden größer, weil er immer wieder Kredite aufnahm, zum Beispiel für Pferd und Wagen, für ein Haus mit Garten, manchmal auch für Heilkuren.

Er war oft krank, hatte Fieber, Atembeschwerden, starke Schmerzen im Leib. Solche Anfälle kamen in immer kürzeren Abständen. «Gewöhnlich muß ich einen Tag der glücklichen Stimmung mit fünf oder sechs Tagen des Drucks und des Leidens büßen», klagte der Mittdreißiger. Zeitweise ging es dann wieder besser. Doch wegen der Krankheit, die der Arzt mit Aderlassen und dem Rat, sich ein Reitpferd zu halten (was er dann tat), nicht kurierte, zog er sich mehr und mehr zurück, wurde fast menschenscheu. Sie förderte das, indem sie ihn so gut es ging abschirmte, damit ihm Ruhe und Zeit für seine Arbeit blieben. Und wie er mit der Zeit geizen mußte, so mußte sie es mit dem Geld. Sie sparte, wo es ging. An Verschwendung war sie ja nie gewöhnt worden. Aber die Preise stiegen. Und es kamen immer neue Ausgaben und Verpflichtungen hinzu. Zum Beispiel, als er geadelt wurde. Da waren erst einmal hohe Gebühren fällig.

Doch brachte das Adelsdiplom auch Vorteile, vor allem ihr, seiner Frau, die seit der Heirat mit ihm keinen Zutritt zum Hof mehr hatte: «Dieses ... bringt dieser Adelsbrief nun ins Gleiche», schrieb er einem Freund, «weil meine Frau, als eine Adlige von Geburt, dadurch in ihre Rechte, die sie vor unserer Heirat hatte, restituiert wird...» Auch für sich selber empfand er es in der kleinen Residenz als Vorteil, «daß man von nichts ausgeschlossen ist», doch war seine Zeit da schon fast abgelaufen.

Als der Mittvierziger starb, war für einen teuren Eichensarg nicht genug Geld im Haus, so daß sie einen Sarg aus Tannenholz für drei Taler zimmern ließ. Sie hat es geschafft, die vier Kinder, von denen das jüngste noch kein Jahr alt war, allein aufzuziehen. Von den damals elf- und achtjährigen Buben meinte sie:

«Zum Soldat bestimme ich keinen. Es würde mich sehr unglücklich machen, in der Zeit der Gefahr einen Sohn im Krieg zu wissen; und in der Zeit der Ruhe ist es ein Leben, das einen Menschen, der nicht in sich selbst eine Quelle von tätigem Leben des Geistes hat, niederdrückt; und der unendlichen Langeweile, die dieser Stand hervorbringt, unterliegen viele tätige Geister doch am Ende...»

Ihren Mann, der sich einst dem Soldatenleben durch eine waghalsige Flucht entzogen hatte, überlebte sie um gut zwei Jahrzehnte.

Wer war's?

217

70
Wegen ihres
«eleganten Schafsgesichts»

*A*nläßlich ihres Todes schrieb
der Literaturkritiker Willy Haas in der «Welt»: «Und
wenn sie noch ein wenig verweilt hätte, wäre ihr doch
wohl endlich der Nobelpreis nicht erspart geblieben.» Ob
das nun ernst, ironisch oder sonstwie gemeint war, mag
dahingestellt bleiben; für ersteres spricht immerhin die
zwar nicht übermäßig lange, aber doch eindrucksvolle
Liste ihrer Auszeichnungen. Nachdem sie gut ein halbes
Jahrhundert zuvor mit dem Fontane- und im selben Jahr
mit dem Gerhart-Hauptmann-Preis geehrt worden war,
folgten nach der Rückkehr aus der Emigration der Literaturpreis der Stadt München, der Kulturpreis der Stadt
Bamberg, der Goethepreis der Stadt Frankfurt, das
Große Bundesverdienstkreuz, der Bayerische Verdienst-
orden, der Literaturpreis der Stadt Köln und das Kreuz
der französischen Ehrenlegion und einige Jahre später
der (ursprünglich preußische, inzwischen bundesrepubli-
kanische) Pour le mérite für Wissenschaften und Künste,
der sie zum Mitglied dieser Ordensgemeinschaft hervorragender Gelehrter und Künstler machte.

Sie war auch Ehrenmitglied der von Ida Dehmel in
Hamburg gegründeten Gemeinschaft der Künstlerinnen
und Kunstfreunde e. V., Mitglied der Akademie der Wissenschaften und der Literatur, Mainz, der Bayerischen
Akademie der Schönen Künste, München, der Deutschen Akademie für Sprache und Dichtung, Darmstadt,
und natürlich auch des Deutschen PEN-Zentrums der
Bundesrepublik Deutschland.

Also war es doch wohl so, daß sie von vielen geschätzt

und anerkannt wurde und daß viele sich mit ihr und ihrem Namen schmücken wollten. Die meisten Ehrungen wurden ihr zuteil, als sie schon älter war. Wie alt sie war, scheint jedoch niemand gewußt zu haben. Denn über ihr Alter hat sie meistens beharrlich geschwiegen. Obgleich ja viele Organisationen, Behörden, Redaktionen versucht haben müssen, ihr Geburtsdatum zu erfahren, konnte sie sich ihr Schweigen in diesem Punkt offenbar leisten oder konnte sich für jünger ausgeben, weil sie sich nie so alt fühlte, wie sie war, und ihr deswegen geglaubt wurde. Aber als die Mittsiebzigerin erklärte, sie fühle sich durchaus noch jung, und auch so lebte, war sie vielleicht schon über achtzig.

In den Nachrufen schwankten die Angaben zwischen 92 und 97 Jahren. Ein mit ihr über viele Jahrzehnte befreundeter Schriftsteller und seine Frau aber hatten ausgerechnet, sie müsse mindestens 103 geworden sein: Sie hatte nämlich aus einem ihrer autobiographischen Bücher einmal ein von ihr als selbst erlebt dargestelltes Ereignis streichen lassen, weil daraus ihr richtiges (eigentlich nur ihr Mindest-) Alter errechnet werden konnte.

Diese Freundin erzählt in ihren Memoiren von ihr auch, daß sie sehr gekränkt gewesen sei, weil ihr Mann, der Schriftsteller, sie in einem seiner Romane (am ähnlichen Vornamen leicht erkennbar) «wirklich mit Liebe und Hochachtung porträtiert hatte», jedoch mit dem Zusatz, sie habe «ein elegantes Schafsgesicht». «Sie hat es niemals verwunden», und seitdem sei es zwischen ihr und ihm aus gewesen. Und sie fügte noch hinzu, daß er sie doch immer ganz besonders geschätzt habe.

Sie beherrschte – nach derselben Quelle – zwei Sprachen, mit denen sie aufgewachsen war: Französisch und Bayerisch. Sie war die Tochter einer französischen Pianistin (einer Freundin Cosima Wagners) und eines königlich-bayerischen Garten-Direktors. Ihr Leben lang trat sie für eine Verständigung zwischen Deutschland und Frankreich ein, jener beiden Länder, die sie gleichermaßen liebte und denen sie sich gleich stark verbunden fühlte – das Nazideutschland ausgenommen, aus dem sie 1933 nach Paris emigrierte. Dort nahm sie die französische Staatsangehörigkeit an. Als Hitlers Truppen in Frankreich eindrangen, zog sie nach New York, wo sie sich jedoch «tief traurig» fühlte. Sofort nach Kriegsende kehrte sie nach Europa zurück und zog zunächst wieder nach München, ging dann nach Paris und lebte schließlich wechselnd in Paris, München und Badenweiler und schrieb ihre Erinnerungen.

Es war ein zerstörtes Europa und ein nahezu total zerstörtes Deutschland, wohin sie zurückkam und wo sie sich wohlfühlte, weil sie sah, daß hier, wo sie schon vor einem halben Jahrhundert in dem Roman ihrer Kindheit den Untergang vorausgespürt hatte, ein Anfang zu einer neuen, besseren Zukunft gewagt wurde. Dies war ihrer Ansicht nach vor allem einem zu danken, der wie sie Freundschaft zwischen Deutschland und Frankreich suchte und den sie wohl auch deswegen so überaus pries: «Die Emigranten, die nach Deutschland kamen, ... hatten das Chaos vor sich: zerstörte Städte, viele Tausende unter den Trümmern... Und da entstand den Deutschen ... der größte Staatsmann, den Deutschland je hatte, von einer Ausstrahlung ohnegleichen, international anerkannt, der sich von der deutschen Geschichte als ihr Retter abheben wird: der eminente Konrad Adenauer.» – Da war sie 87 oder 92 oder gar 97.

Wer war's?

71
Zu wenig antisemitisch

Von frühester Kindheit an bis
ins hohe Alter scheint bei ihm alles ohne große Komplikationen gelaufen zu sein. Im Beruf – und der Beruf
war sein Leben – ging es mit ihm Dank seiner genialen
Begabung, seiner unermüdlichen Schaffenskraft und
des anscheinend ungebrochenen Selbstbewußtseins stetig
bergauf. Da die Eltern seine Begabung früh erkannten,
förderten sie die Ausbildung zu seinem Beruf entsprechend früh; da war er erst vier Jahre.

Obgleich er mit sechs Jahren bereits schöpferisch zu
arbeiten versuchte, ließ ihn sein besonderes Talent nicht
einseitig werden. Immer hat er sich auch für andere
Gebiete interessiert. Auf dem Gymnasium war er ein
überdurchschnittlich guter Schüler. Über den Zwölfjährigen hieß es in einer «geheimen Klassifikation»:

«Nur wenige Schüler gibt es, die in gleichem Grade wie
dieser Knabe Pflichtgefühl, Talent und Lebhaftigkeit in
sich vereinigen. Sein Eifer ist sehr groß, er lernt ebenso
gern als leicht. Was er leistet, das macht ihm Freude und
spornt ihn zu größerem Fleiße an. Seine Aufmerksamkeit
beim Unterricht ist sehr groß, nichts entgeht ihm...
Seine Leistungen sind gut, sehr gut...» Und zum Schluß
erwähnte der Lehrer noch das überragende Talent.

Dies wurde auch im Abgangszeugnis besonders her-
vorgehoben, neben seinen sehr guten Leistungen in
Sprachen und seinem Verständnis der alten Klassiker
und der Geschichte. Zu der Zeit war sein Talent schon so
weit ausgebildet, daß er ein Universitätsstudium der Philosophie und der Kunstgeschichte nur noch aus reinem
Interesse begann. Er gab es aber bald wieder auf, weil der

Beruf, eigentlich die Berufung, klar vor ihm lag und der Einundzwanzigjährige seine erste Stellung gleich als Direktor antrat.

Im Nachhinein erschien ihm dieses erste Berufsjahr in einer kleinen Residenzstadt als Lehrzeit. Wirklich hat er da viel gelernt, auch Skat spielen, und einer seiner Biographen meint: «Das wird ihm später sehr zugute kommen. Es wird die Pausen zwischen den Proben füllen helfen, viele Pausen, in denen man sich in Hemdsärmeln in die Runde setzt und die Karten auf den Tisch knallt. Er wird der wohl berühmteste Skatspieler unter den Prominenten der Welt. Denn was er tut, macht er mit Passion – auch das Skatspielen.»

Als Dreißiger heiratete er seine vielleicht begabteste Schülerin. Die Ehe, aus der ein Sohn hervorging («Der Bub ist prachtvoll», schrieb er nach der Geburt seinen Eltern, «über acht Pfund, ein Riesenschädel von 39 cm Kopfweite»), wurde ausgesprochen glücklich. Einmal jedoch geriet sie ernsthaft in Gefahr. Das war in seiner Berliner Zeit, als er eine höchst angesehene Stellung hatte. Da kam eines Tages, während er auf Tournee war, ein Briefchen ins Haus, adressiert an ihn, geschrieben von einem weiblichen Wesen. Seine Frau öffnete es und fiel aus allen Wolken, als sie las, der «liebe Schatz» möge der Absenderin doch die versprochenen Billette in die Wohnung bringen. Und sie sah sich sogleich als betrogene Ehefrau und geriet dermaßen in Zorn, daß sie – noch bevor er wieder daheim war und seine Unschuld beteuern konnte – die Scheidungsklage einreichte. Zu Unrecht, denn es war nur eine ganz harmlose und lächerliche Verwechslung. Aber der Knoten war dann nur mit Mühe zu lösen.

Diesen dramatischen Konflikt hat er später als heiteres Intermezzo auf die Bühne gebracht. Inzwischen war er in seinem Fach der Erfolgreichste seiner Zeit.

Auch finanziell war er erfolgreich; «anständiger Geld-
erwerb für Frau und Kind schändet nicht einmal einen
Künstler», sagte er. Dabei war er nicht nur auf den eigenen Vorteil bedacht, sondern auch auf den von Kollegen,
und gründete mit ihnen eine Genossenschaft zur besseren Auswertung der Autorenrechte. Daraus folgte für
ihn eine Menge zäher und zeitraubender Organisations-
arbeit.

Daraus folgte nach vielen Jahren aber auch, daß er
neuen politischen Machthabern prädestiniert schien,
einer Berufsvereinigung zu präsidieren, die – so hoffte
er – den Kollegen und ihm noch mehr Sicherheit garan-
tieren werde. Darin aber irrte er. Nach nur fünfzehn
Monaten wurde er aufgefordert, als Präsident zurückzu-
treten, weil er mit einem Juden zusammengearbeitet und
ihm in einem Brief geschrieben hatte: «Glauben Sie, daß
ich jemals aus dem Gedanken, daß ich Germane (vielleicht, qui le sait) bin, bei irgendeiner Handlung mich
habe leiten lassen? ... Für mich gibt es nur zwei Katego-
rien Menschen; solche die Talent haben und solche die
keins haben...» Dieser Brief, der es an antisemitischer
Gesinnung fehlen ließ, war der Geheimen Staatspolizei in
die Hände gefallen.

Das hätte Schlimmeres als eine Komplikation zur Folge
haben können. Vorsichtshalber schickte er an die höchste
Stelle ein klärendes Schreiben. Antwort bekam er nicht.
Doch lag eine Antwort vielleicht darin, daß er weiter
nicht behelligt wurde. Fast anderthalb Jahrzehnte hatte
er noch vor sich, voll Schaffenskraft bis zum Ende
mit 85.

Wer war's?

72
Einer wie er macht
Mutige aus uns

Daß der Vater seit einiger Zeit so auffallend sparsam, so gar nicht mehr gräflich-standesgemäß lebte, veranlaßte den ältesten Sohn, ihm brieflich Vorhaltungen zu machen. Zwar spare der teure Vater offenbar «aus liebevoller Rücksicht auf uns, Deine Kinder», aber, wandte der Sohn ein: «Wie sollte es denn uns zum Segen, oder auch nur zum Wohlbehagen dienen, von den Zinsen eines Kapitals zu leben, das, wenn auch von der seligen Mutter beigebracht, doch unter Deiner sorgenvollen Verwaltung sich gemehrt hat, während ein widriger Vertrag Dir einen viel zu kleinen Antheil zugewiesen hat? Wie sollten wir uns eines durch reichliches Auskommen angenehmen Lebens freuen, während unser theurer Vater ... das Nothwendigste nur spärlich hat?»

Der «widrige Vertrag» war der Ehevertrag, dem der Vater einst zustimmen mußte und der ihm jetzt, seit der Volljährigkeit seiner drei Kinder, den Nutznieß am Vermögen seiner früh verstorbenen Frau wieder nahm. Sparen half ihm da gar nichts, vielmehr meinte der Sohn: «Dies stete, bei jeder kleinsten Ausgabe sich wiederholende Rechnen, untergräbt allmählich wie ein schleichendes Gift die Hoheit Deiner Erscheinungsweise.» Und er nannte Beispiele:

«Du hältst nicht mehr genug auf Deine Person; um an der Wäsche zu sparen läßt Du an Reinlichkeit in einer der Gesundheit nachtheiligen Weise nach. Mit einem brennenden Schmerz im Herzen muß ich oft sehen, wie Dich die Leute beobachten, wenn Du Dir, um kein Schneuztuch zu brauchen, die Nase mit den Fingern reinigst. Ich weiß es, Gott sei Dank recht wohl, daß Du durch nur langsames Hineinkommen in solche Dinge wähnst, andere nähmen sie nicht wahr. Leider aber muß ich das Gegenteil bemerken...» Und er schloß den Brief mit der Bitte: «Nimm von dem Meinigen, denn es ist ebensogut das Deinige, als die natürliche Schuld der Liebe. Nimm so viel Du brauchst, um Deinem Geiste und Deiner Gesundheit entsprechend zu leben. Nimm, nimm alles! – aber lasse mir meinen idealen Vater.»

Dies war ernst gemeint. Den Vater hatte er immer sehr verehrt und respektiert – viel zu sehr, wie sein jüngerer Bruder meinte, der ihm noch jetzt «Selbstverleugnung» gegenüber dem Vater vorwarf: «Gegenwärtig ist Euer Verhältnis unerträglich. Du verlierst immer mehr die Grundlage einer früchtetragenden Existenz, das männliche Selbstbewußtsein, indem Du Dein Ich in kindlicher Unterwürfigkeit in immer größere Selbstlosigkeit zurückdrängst, der Vater verliert in gleichem Maße sein Vertrauen auf Dich, je unsicherer er Dich in all Deinen Entschlüssen sieht.»

Da war er, der Älteste, 27 und seit zehn Jahren im militärischen Dienst. Fünf Jahre später, inzwischen verheiratet und Hauptmann im Generalstab, wurde er trotz oder auch wegen einer eigenwilligen, über den ihm erteilten Befehl hinausgehenden Entscheidung weit über die Grenzen seines Landes hinaus berühmt, und seine junge Frau schrieb in einem Brief an ihre Familie: «Mein Schatz wird jetzt ganz populär.» Ja, er galt plötzlich als Kriegs- und Nationalheld und ging so in die Geschichtsbücher ein. Dabei hatte er bei seinem Husarenstück, über das nicht nur damals viel geschrieben wurde, mehrere leichtsinnige Fehler gemacht, die schlimme Folgen hatten. Es war reines Glück gewesen, daß das Ergebnis seines Unternehmens für die Kriegsführung seiner Partei von großem Vorteil war.

Die Glorifizierung seiner Tat ließ ihn zwar nicht übermütig werden, doch stärkte sie sein Selbstbewußtsein. Und das war seiner Karriere förderlich, in der er es bis zum General brachte, zeitweise aber auch als Diplomat und Minister arbeitete. Als er sich mit 53 Jahren aus dem aktiven Dienst verabschieden ließ, setzte er sich nicht etwa zur Ruhe, sondern begann eine zweite und sehr viel bedeutendere Karriere, die ihn weltberühmt und seinen Namen zu einem Begriff werden ließ. Dabei ging es nicht so stetig nach oben wie zuvor. Es gab auch Rückschläge. Nach einem besonders herben Rückschlag, einer Katastrophe, schrieb Hugo v. Hofmannsthal in der Wiener «Zeit»:

«Nie konnte irgendeine Art von ungetrübtem Erfolg das Genie dieses Mannes in solcher Weise krönen wie diese ... Verbindung von Triumph und Katastrophe. Auf keine Art konnte das Heroische an der Figur dieses tapferen alten Menschen und das ganze Pathos seines Daseins so blitzartig in die Gemüter von Millionen von Menschen geschleudert werden als durch diese während einer halben Minute aufschlagende Riesenflamme. Die Materie, über die er triumphierte, hat ihm in ihrer Weise zu huldigen verstanden... Die Essenz dieses Mannes ist Mut. Zuerst, als er jung war, der Mut des Soldaten... Dann aber, durch mehr als ein Menschenalter, die unendlich gesteigerte, geläuterte Form des Mutes: die Geduld... Ein Mensch wie dieser macht für einen Augenblick Mutige aus uns...»

Die Katastrophe hat seinen Mut nicht gebrochen. Er gab nicht auf, und sehr viel mehr Menschen als zuvor halfen ihm jetzt bei der Verwirklichung seiner Pläne, für die ihm noch fast ein Jahrzehnt Zeit blieb.

Wer war's?

73
Ubi libertas, ibi patria

Als 19jähriger Student war er von einem 13 Jahre älteren Professor für Kunst- und Kulturgeschichte so beeindruckt, daß er nicht nur dessen Vorlesungen besuchte, sondern sich unter seinem Einfluß einer freiheitlich-demokratischen Bewegung anschloß und sogar einen Aufstand gegen die Landesregierung mitmachte. Aber der Aufstand wurde niedergeschlagen, und während er sich durch eine waghalsige Flucht ins Ausland der Verhaftung und Bestrafung entziehen konnte, geriet sein verwundeter Professor in Gefangenschaft und wurde zu lebenslanger Zuchthausstrafe verurteilt.

Nach etwa einem Jahr erreichte ihn in Zürich, wo er sein Studium fortsetzte, ein Brief von der Frau des Professors. Sie beschrieb ihm dessen erbärmliche Lage in der Isolierhaft; man müsse ihn befreien, und zwar schnell, «ehe die nagende Qual des Gefängnislebens seine geistige und körperliche Kraft völlig zerstört hätte».

Wie er viele Jahre später in seinen Lebenserinnerungen schrieb, hat er darin «die Frage gelesen, ob ich nicht selbst das Wagnis unternehmen wolle», und nach kurzem Bedenken war er entschlossen, den Gefangenen zu befreien und «ihn Deutschland und seiner Familie wiederzugeben». Denn er hielt ihn für berufen, «mit seinen Geistesgaben, seinem Enthusiasmus und seiner seltenen Beredsamkeit der Sache des Vaterlandes und der Freiheit noch große Dienste zu leisten». Daß es schwierig und gefährlich werden würde, sah er deutlich.

Schon die Vorbereitung war nicht ungefährlich. Immerhin mußte er dorthin kommen, wo die Polizei ihn

227

steckbrieflich suchte. Zwar kam er mit einem gültigen Paß, doch war der nicht auf ihn ausgestellt, so daß er unter falschem Namen kommen mußte. Er mußte Geld auftreiben, mußte verschwiegene Mitarbeiter finden, mußte vor allem mindestens einen der Gefängniswärter für den Befreiungsplan gewinnen oder bestechen. Und er mußte die Flucht aus der Stadt und über eine längere Strecke durch das Land vorbereiten, mit Unterkünften und Pferdewechseln, bis hin zu einem Hafen, wo ein Schiff zur weiteren Flucht übers Meer bereit sein sollte.

Das alles gelang ihm innerhalb kurzer Zeit. Und zuletzt wurde der genaue Zeitpunkt festgesetzt, zu dem er um Mitternacht, nachdem der Nachtwächter auf seiner letzten Runde an dem mitten in der Stadt liegenden Zuchthaus vorbei war, den Gefangenen im Torweg des Gefängnisses in Empfang nehmen sollte. Um dorthin zu kommen, mußte er mit einem nachgemachten Schlüssel eine kleine Pforte in dem großen Tor öffnen. Und da stand er dann und wartete:

«Ich hatte Gummischuhe über die Stiefel gezogen, um meinen Schritt unhörbar zu machen... Im Gürtel unter dem Rock trug ich Pistolen... In einer Tasche hatte ich ein scharfes Jagdmesser und in einer anderen einen fußlangen Lederstock mit schwerem Bleiknopf, einen sogenannten Totschläger... So wartete ich. Eine Minute nach der anderen verging – alles blieb totenstill... Was bedeutete das? Aller Berechnung nach hätten sie längst herunter sein können. Meine Lage fing an, mir sehr bedenklich zu scheinen... Es mochte schon eine halbe Stunde vergangen sein, und noch alles still wie das Grab. Plötzlich hörte ich eine leise Bewegung, und an dem anderen Ende des Torwegs sah ich eine dunkle Gestalt erscheinen, als wäre sie wie ein Gespenst aus der Mauer herausgetreten...» Es war der Wärter, ohne den Gefangenen. Kaum hörbar flüsterte er: «Ich habe alle versucht. Es ist mißlungen.» Der Schlüssel zur Zelle des Gefangenen war nicht an seinem Platz gewesen. Ein Inspektor hatte ihn versehentlich mit nach Haus genommen.

In der folgenden Nacht wagten sie es von neuem. Weil die Wachen da anders eingeteilt waren, wurde der Gefangene an einem Seil aus einer Dachluke nach draußen auf die Straße hinabgelassen. Dabei lösten sich Dachziegel und polterten laut aufs Pflaster. Trotzdem ging alles gut. Der Wagen war pünktlich zur Stelle, und er konnte mit seinem Professor, dessen Hände vom Seil blutig gerissen waren, in scharfem Trab aus der Stadt fahren.

Drei Wochen später gingen sie nach einer stürmischen Überfahrt in dem schottischen Hafen Leith an Land – «keine Verfolgung mehr, ein neues Leben vor uns! es war über alle Beschreibung herrlich».

Während der Professor sich mit Frau und Kindern zunächst in London niederließ, wo er deutsche Sprache und Literatur lehrte, und später an die Universität Zürich wechselte, sah er in Europa keine freiheitliche Zukunft. Nachdem er geheiratet hatte, entschied er sich für Amerika: «Es ist eine neue Welt, eine freie Welt, eine Welt großer Ideen und großer Zwecke. In dieser Welt gibt's wohl für mich eine neue Heimat. Ubi libertas, ibi patria.»

Obgleich er auch da nicht alles fand, wie es hätte sein sollen, ließ er sich nicht enttäuschen, sondern kämpfte auch da für die Freiheit, für die der Sklaven, und gegen Korruption, und er machte einen bewundernswerten Weg als Journalist, Anwalt, Politiker, Diplomat.

Wer war's?

74
Deswegen ließen sie
Feuer machen

Durch den frühen Tod des Vaters gerieten die Mutter und er, der zu der Zeit erst sieben war, in eine von Jahr zu Jahr wachsende Notlage. Schließlich zogen sie aus dem kleinen Provinzstädtchen in die Landeshauptstadt, um dort ein Auskommen zu suchen. Inzwischen war er achtzehn, und in dem neuen Lyceum mußte er sich sofort aufs Maturum vorbereiten. In seiner alten Schule hatte er in fast allen Fächern den ersten Platz belegt, hier aber fiel er durch – und zwar im Französischen. Auch im zweiten Anlauf hatte er kein Glück, und da die Mutter das Schulgeld nicht länger aufbringen konnte, bat sie ihn, sich eine Anstellung zu suchen. Einem Freund schrieb er:

«Immer noch falle ich meiner Mutter zur Last, die kaum sich selbst durchzubringen vermag. Es ist meine Pflicht, mir Arbeit zu suchen... Ich muß für mein Essen und Trinken aufkommen, gleichviel wie; und will ich nicht auf meine Träume Verzicht leisten, muß ich, was meine Zukunft betrifft, die Nacht zu Hilfe nehmen. Der Kampf wird sich in die Länge ziehen, doch schreckt er mich keineswegs; ich spüre etwas in mir, und wenn dieses Etwas wirklich in mir steckt, muß es früher oder später ans Tageslicht kommen.»

Aber Arbeit zu finden war schwer: «Länger als ein Jahr jage ich nun schon hinter einer Anstellung her, ... Gesuch auf Gesuch habe ich eingereicht; bei den unmöglichsten Behörden habe ich mich angeboten: überall Vertröstungen, nie ein Ergebnis. – ... Nicht, daß ich Bedingungen stellte, dies oder das lieber tun möchte als jenes;

diese Anmaßung hegte ich wohl anfangs, heute ist sie mir vergangen!»

Endlich fand er eine Stelle als Schreiber beim Zoll in den Docks. Aber in der Schar «zumeist stumpfsinniger Kollegen, wo ich, über mein Pult gebeugt, schreibe, ohne zu erfassen, was ich da aufs Papier bringe», hielt er es nicht aus. Nach nur zwei Monaten hörte er dort auf. Und er bemühte sich nicht um eine neue Stelle, sondern schränkte sich radikal ein, wohnte in einer billigen Dachkammer und lebte fast nur von Brot, das er mit Knoblauch einrieb und in Öl tunkte. So schrieb er sein erstes Buch oder genauer: er vollendete es, denn begonnen hatte er damit schon früher. Bücher zu schreiben, das war von jeher sein Traum.

Doch war er mit seinem Erstling nicht zufrieden. Also schrieb er weiter. Und selbstbewußt und zielstrebig bemühte er sich schon bald für den weiteren Weg seiner noch ungeschriebenen Manuskripte, indem er bei einer Verlags- und Sortimentsfirma arbeitete, zunächst nur als Packer, aber nach nur kurzer Zeit als Werbe-Chef. Nachdem er erkannt hatte, daß es vor allem auf den Verkauf ankomme und welche «tausend kleinen Schurkereien» dazu nötig seien, gab er die Büroarbeit auf, um nur noch zu schreiben und sich für die Publizität seiner Bücher einzusetzen. Und sein Einsatz lohnte sich. Von Mal zu Mal erreichte er höhere Auflagen.

Das kam aber nicht nur von seinen Empfehlungsschreiben und Reklametexten, das kam vor allem von seiner neuen Art, die Dinge zu sehen und sie dem Leser zu vermitteln. Sein Ziel war es, das Geschehen ungefärbt wiederzugeben, es so, wie es ist, zu dokumentieren.

Finanziell ging es ihm und seiner Frau – geheiratet hat er in seiner Zeit als Verlagsangestellter – immer besser. Bald zahlten ihm Zeitungen allein für Vorabdrucke Honorare in Höhe von Zigtausenden. Er mußte aber auch hart arbeiten, und um sein riesiges Pensum, das er sich vorgenommen hatte, zu schaffen, gewöhnte er sich an einen genauen Tagesrhythmus, um täglich in vier Stunden eine bestimmte Zahl von Seiten zu schreiben.

Der Siebenunddreißigjährige kaufte sich in der Provinz ein einsam gelegenes Haus, eine – so schrieb er – «Art Kaninchenbau ... als bescheidene ländliche Zuflucht». Dort arbeitete er während der Sommermonate und für die größer werdende Familie und die vielen Antiquitäten, die er überall auftrieb, ließ er Türme anbauen, die er nach seinen erfolgreichsten Romanen nannte.

Weltberühmt wurde er, als er sich in einen politischen Skandal einschaltete und bewirkte, daß ein zu Unrecht Verurteilter begnadigt wurde. Doch zunächst verurteilte ein Gericht ihn zu einer einjährigen Haftstrafe, der er sich durch Flucht ins Ausland entzog, und zu einer Geldstrafe. Obgleich sich am Ende herausstellte, daß er seine Anklage zu Recht erhoben hatte, wurden seine Bücher von da an weniger gekauft. Offenbar waren viele seiner Landsleute enttäuscht, weil er ihren Antisemitismus entlarvt und verdammt hatte.

Daß das Opfer des Skandals schließlich rehabilitiert wurde, hat er nicht mehr erlebt. Als der Zweiundsechzigjährige am Ende eines Sommers zusammen mit seiner Frau wieder die Stadtwohnung bezog, waren die monatelang unbewohnt gebliebenen Räume kühl und feucht. Deswegen ließen sie Feuer machen, auch im Kamin ihres Schlafzimmers. Am nächsten Morgen wurden sie von den Dienstboten gefunden, vergiftet durch Kohlenoxyd; die Frau konnte im Krankenhaus noch gerettet werden, er aber war tot.

Wer war's?

75
Den Schneider hat er
nie erwähnt

«*Am* Ende ist das Geld doch das Zeichen aller Notwendigkeiten und Bequemlichkeiten des Lebens», schrieb der Neununddreißigjährige. Zehn Jahre später brauchte er es dringend und viel. Da erwarb er für 13 000 Taler ein Landgut mit 175 Acker Land, mit dem Recht, 100 Schafe zu halten, mit Lerchenstrich – das war das Recht, Lerchen massenweise mit Netzen zu fangen – und mit Sitz und Stimme im Landtag.

13 000 Taler entsprachen fast zehn seiner Jahresgehälter, und eine solche Summe hatte er nicht etwa auf der Bank. Er hatte sie überhaupt nicht. Noch kurz zuvor hatte er sich gegenüber der Steuer als Mann ohne Vermögen bezeichnet. Um Gutsbesitzer zu werden, borgte er sich von befreundeten Familien 5000 Taler und ließ 8000 als Hypothek stehen.

Daß er ein solches Wagnis einging, geschah wohl in der Hoffnung, irgendwann aus dem väterlichen Erbe eine größere Geldsumme zu bekommen. Der Vater war seit 16 Jahren tot, die Mutter ging auf die Siebzig zu. Daß da noch ein Vermögen war, wußte er.

Und er wußte wohl auch, woher es gekommen war. Doch hat er, der so viel über sich berichtet hat, davon nie etwas durchblicken lassen. Auch über den Mann, der das Vermögen erwirtschaftet hatte, schwieg er sich aus, obgleich es sein Großvater war, der Vater seines Vaters. Offenbar war er in seinen Augen nicht standesgemäß. «Wir Patrizier», sagte er von sich und seinen Vorfahren im Alter einmal, als von seiner Nobilitierung die Rede

233

war, «wir Patrizier hielten uns immer dem Adel gleich, und als ich das Diplom in Händen hielt, hatte ich in meinen Gedanken nichts weiter als was ich längst besessen.»

Jener Großvater aber war kein Patrizier, sondern nur ein Schneider, ein tüchtiger allerdings, ein Schneidermeister für die Patrizier, vor allem für ihre Damen. Kein anderer Meister in jener Stadt beschäftigte so viele Gehilfen wie er. Er verdiente gut, hatte aber auch noch Glück, indem seine Frau, die Tochter eines Schneidermeisters, bei dessen Tod 8000 Gulden erbte.

Als die Frau starb und er ein zweites Mal heiratete, wieder aus der Zunft, die Witwe eines Schneidermeisters, besaß er schon 19000 Gulden. Diesmal heiratete er reich; die Frau brachte von ihrem ersten Mann einen einträglichen Gasthof in die Ehe, und er war dann 25 Jahre lang Gastwirt.

Die Haupteinnahme kam aus dem Weinhandel. Im Weingeschäft hat er mit großen und erfolgreichen Spekulationen viel gewonnen. Als er starb, hinterließ er seinem jüngeren Sohn, den er Juristerei studieren lassen hatte (sein älterer Sohn war schwachsinnig), 17 Sack Geld verschiedener Münzsorten und Währungen im Wert von 18000 Gulden, dazu Grundstücke, Häuser, Waren. Das Gesamterbe belief sich auf 90000 Gulden.

Das war in jener Stadt kein großes, aber doch ein recht ansehnliches Vermögen, von dem der Sohn (der Vater unseres Gutsbesitzers) bequem leben konnte, ohne je arbeiten zu müssen. Er kaufte sich für 312 Gulden einen wohlklingenden Titel, mit dem aber sonst keinerlei Privilegien verbunden waren. Und dann lebte er in dem großen ererbten Haus, wo noch viele Jahre auch seine Mutter lebte. Er sammelte Bücher, vor allem Reisebeschreibungen, Naturalien, Bilder, auch Plastiken, «seine Nacktärsche», wie seine Frau später sagte, die er im Alter von 40 Jahren geheiratet hatte. Und er machte Reisen, eine lange nach Italien, über die er auf Italienisch ein umfangreiches Buch schrieb.

Zu dem ererbten Vermögen hat er nicht einen Taler hinzuverdient. Er und seine kleine Familie lebten von den Zinsen, teils jedoch von der Substanz. Bei seinem Tod betrug das Vermögen nur noch 70000 Gulden. Siebentausend Gulden soll er für die Erziehung seines Sohnes ausgegeben haben.

Als dieser als Endzwanziger ein Gehalt von 1200 Talern hatte (etwa 2500 Gulden) und sah, daß seine Kollegen mehr bekamen, aber nicht mehr taten, fand er das «scheißig». Ans Sparen dachte er aber nie. Vergebens hielt sein Diener und Buchhalter ihn an, am Wein zu sparen, am Porto und an Büchern. Immer gab er viel mehr aus, als er einnahm. Aber die Differenz wurde fast immer von daheim ausgeglichen.

Erst durch den Tod der Mutter kam er zu einem kleinen Vermögen, dem Restanteil aus dem Erbe des Schneiders: 22000 Gulden. Einige Jahre zuvor hatte er sein Gut wieder verkauft, mit einem Gewinn von gut 2000 Talern. Und obwohl er auch jetzt und in Zukunft nicht sparte, ging es nun mit ihm bergauf, immer weiter. Und bei seinem Tod hinterließ er seiner Schwiegertochter und seinen beiden Enkeln ein stattliches Vermögen.

Wer war's?

Antworten

1 Der unermüdliche Streiter gegen moralische Mißstände in unserer Demokratie war Heinrich Böll (21. 12. 1917 Köln bis 16. 7. 1985 Langenbroich). 1972 erhielt er den Nobelpreis für Literatur (als erster Deutscher seit Thomas Mann 1929). Die erwähnte Biographie schrieb Gabriele Hoffmann, Heinrich Böll – Leben und Werk (Taschenbuchausgabe), München 1991 (Heyne Verlag).

2 Goethes Mutter, genannt Frau Aja, Elisabeth geb. Textor (19. 2. 1731 Frankfurt a. M. bis 13. 9. 1808), Tochter des Frankfurter Schultheißen. Als Mädchen hatte sie sich in Kaiser Karl VII. verliebt, der zur Krönung und drei Jahre danach noch einmal nach Frankfurt kam. Ihr Geständnis wurde von Bettine von Arnim aufgezeichnet.

3 Zu Unrecht immer wieder als Prototyp des «schlechten Schülers» dargestellt wird Albert Einstein (14. 3. 1879 Ulm bis 18. 4. 1955 Princeton, USA). – Richtiggestellt von Philipp Hausel, Albert Einstein als Schüler – Klischee und Wirklichkeit, in: Bericht Einstein-Gymnasium, ’86/’87, S. 58–65.

4 Der Mann, der sich nie einschüchtern ließ, auch nicht von Leuten, von denen er abhängig war, sondern sich eigenwillig seinen vielfältigen Begabungen entsprechend durchsetzte und mit 25 Jahren berühmt und schnell überaus erfolgreich wurde, war der Komponist, Dirigent und Pianist Leonard Bernstein (25.8.1918 Lawrence/Mass. USA bis 14.10.1990 New York). Zu verweisen ist auf: Joan Peyser, Leonard Bernstein, München 1987 (Heyne Verlag) und Burton Bernstein, Die Bernsteins, München 1992 (dtv).

5 Der Schweizer Dramatiker, Erzähler und Essayist Friedrich Dürrenmatt (5.1.1921 Konolfingen bei Bern bis 14.12.1990 Neuchâtel): «Die Ehe des Herrn Mississippi», «Die Physiker», «Die Wiedertäufer», «Der Meteor» u.v.a. Welterfolg hatte er mit der Komödie «Der Besuch der alten Dame» (1956). Zitiert wurde aus: Heinrich Goertz, Friedrich Dürrenmatt, Reinbek 1987 (Rowohlt) und aus einem stern-Interview.

6 Die «Engelsfrau» war die Malerin Angelika Kauffmann (30.10.1741 Chur bis 5.11.1807 Rom), seit 1762 als Mitglied der Florentiner Akademie in Italien lebend. Ihr Haus in Rom war ein Treffpunkt für Künstler, Literaten und Gelehrte. Goethe verkehrte da, und wenig später gehörte Johann Gottfried Herder (25.8.1744 Mohrungen, Ostpreußen bis 18.12.1803 Weimar) zu ihren Verehrern und nannte sie in einem Brief an seine Frau Caroline die «vielleicht kultivierteste Frau in Europa». – Zitiert wurde nach: Johann Gottfried Herder, Italienische Reise – Briefe und Tagebuchaufzeichnungen 1788–1789, hrsg., kommentiert und mit einem Nachwort versehen von Albert Meier und Heide Hollmer, München 1989 (Beck-Verlag).

7 Der Denker, der die Sklavenwirtschaft, wie sie zu seiner Zeit bei seinem Volk üblich war (was allerdings bis heute von vielen Historikern bestritten wird), verteidigte, war der griechische Philosoph Aristoteles (384 v. Chr. Stagira, Makedonien bis 322 v. Chr. Chalkis auf der Insel Euböa). Er behandelte das Thema ausführlich in seiner «Politik».

8 Der Philosoph Bertrand Russell, 3. Earl Russell (18. 5. 1872 Trellek, Wales bis 2. 2. 1970 Penhydendreath, Wales), 1950 mit dem Nobelpreis für Literatur ausgezeichnet. Russell – so Wilhelm Weischedel in «Die philosophische Hintertreppe», München 23. Aufl. 1993 (dtv) – kämpfte «gegen alles, was er auf dieser Erde als Übel ansah: gegen den Versailler Vertrag, gegen die Tyrannei Hitlers, gegen die Grausamkeiten des Stalinschen Regimes, gegen den bornierten Antikommunismus, gegen den Mißbrauch des Privateigentums, gegen den Atomkrieg, gegen die Invasion in Vietnam». – Hinzuweisen ist auch auf die Monographie von Ernst R. Sandvoss, Reinbek 1980 (Rowohlt).

9 Ihren sieben Kindern eine aufopfernde Mutter war Bettina (richtiger Bettine) von Arnim, geborene Brentano (4. 4. 1785 Frankfurt a. M. bis 20. 1. 1859 Berlin), die wohl bedeutendste Frau der jüngeren Romantik. Sie war verheiratet mit Achim v. Arnim («Des Knaben Wunderhorn» zus. mit Clemens Brentano). Berühmt wurde sie vor allem durch ihr Buch «Goethes Briefwechsel mit einem Kinde» (1835).

10 Seiner Zeit als der Größte auf seinem Gebiet galt der Komponist Georg Philipp Telemann (14. 3. 1681 Magdeburg bis 25. 6. 1767 Hamburg), Zeitgenosse und Freund von Bach und Händel. Aus seinem umfangreichen Werk nennt der Brockhaus 40 Opern, 35 Oratorien, 44 Passionen, 32 Predigereinführungen, 12 Jahrgänge Kirchenkantaten, 33 Hamburger Kapitänsmusiken, mehr als 600 Orchesterstücke, Suiten, Ouvertüren, Sinfonien, Konzerte, Triosonaten, Orgel- und Klaviermusik, Lieder. – Hinzuweisen ist auf: Karl Grebe, Georg Philipp Telemann, Reinbek 1970 (Rowohlt).

11 Der junge Prinz, dem von einem Mitglied der «Preußischen Societät der Wissenschaften» ein «Allgemeines Lexicon der Künste und Wissenschaften» dediziert wurde (1721), in dem er sich über vieles, aber nicht über Sex-Fragen hätte informieren können, war Friedrich von Preußen, als König der Große (24. 1. 1712 Berlin bis 17. 8. 1786 Potsdam). Sein Vater, der «Soldatenkönig», nahm den Sechzehnjährigen mit nach Dresden zu einem Fest am prunkvollen Hof Augusts des Starken.

12 Der Philosoph Ludwig Feuerbach (28. 7. 1804 Landshut bis 13. 9. 1872 Rechenberg bei Nürnberg). Vor allem die Theologen mochten Feuerbach nicht, weil er in seinem religionskritischen Hauptwerk «Das Wesen des Christentums» (1841) Gott als ein vom Menschen erfundenes Wesen darstellte, auf das der Mensch zu seiner eigenen Glückseligkeit seine menschlichen Ideale und Wünsche projiziere.

13 Mit dem Titel eines Doktors der Philosophie wurde als erste Frau in Deutschland die 17jährige Dorothea Schlözer in Göttingen ausgezeichnet (10. 8. 1770 Göttingen bis 12. 7. 1825 Avignon), Tochter des Göttinger Universitätsprofessors August Ludwig von Schlözer, der einer der einflußreichsten Publizisten der deutschen Aufklärung war. Sie heiratete den Lübecker Kaufmann und Senator Matthäus Rodde. – Benutzt wurde die Biographie: Bärbel Kern/Horst Kern, Madame Doctorin Schlözer – Ein Frauenleben in den Widersprüchen der Aufklärung, München 1988 (Beck-Verlag).

14 Mit einem «privaten Nobelpreis» geehrt und finanziell sichergestellt wurde Arno Schmidt (14. 1. 1914 Hamburg bis 3. 6. 1979 Celle). Als sein Hauptwerk galt ihm der dreisträngig erzählte Roman «Zettels Traum» (1970). Aus der umfangreichen Literatur sei hingewiesen auf: Michael M. Scherdt/Hartmut Vollmer (Hrsg.), Arno Schmidt – Leben – Werk – Wirkung, Reinbek 1990 (Rowohlt), Wolfgang Martynkewicz, Arno Schmidt, Reinbek 1992 (Rowohlt).

15 Sie rettete im Ersten Weltkrieg viele Tausende österreichischer und deutscher Kriegsgefangener vor dem Tod und half im Zweiten Weltkrieg deutschen Juden, nach Amerika zu emigrieren: die Schwedin Elsa Brändström (26. 3. 1889 St. Petersburg bis 4. 3. 1948 Cambridge, USA). Sie pflegte Gefangene während der verheerenden Typhus-Epidemien und blieb mit ihnen in Sibirien bis 1920 und schrieb darüber ein Buch. – Hinzuweisen ist auf die Biographie von Norgard Kohlhagen, Elsa Brändström – Die Frau, die man Engel nannte, Stuttgart 1991 (Quell-Verlag).

16 Der Mann, der so streng auf Ordnung hielt, war der Komponist Igor Strawinsky (18. 6. 1882 bei St. Petersburg bis 6. 4. 1791 New York). Zitiert wurde nach Wolfgang Burde, Strawinsky – Leben, Werke, Dokumente, 2. Aufl. München 1992 (Piper) und Wolfgang Dömling, Igor Strawinsky, Reinbek 1981 (Rowohlt).

17 Mit 18 Jahren Hofdame wurde – und zwar am Hof zu Weimar – Charlotte v. Stein, geb. von Schardt (15. 12. 1742 Eisenach bis 6. 1. 1827 Weimar), Frau des Freiherrn Josias v. Stein und Freundin Goethes, die auf dessen Leben und Werk großen Einfluß ausübte. Nachdem Goethe sich von ihr gelöst hatte, schrieb sie über ihn und sich eine Tragödie, «Dido», mit peinlichen Angriffen gegen ihn.

18 Der Mann, der zwischen Exkrementen, Lebenslänge und Gold geheimnisvolle Zusammenhänge vermutete, war der Maler, Graphiker und Schriftsteller Salvador Dali (11. 5. 1904 Figueras, Katalonien bis 23. 1. 1989 ebd.). Zitiert wurde u. a. aus seinem «Tagebuch eines Genies: Dali sagt...», ins Deutsche übertragen von Rolf und Hedda Soellner, München 1968.

19 Freiin Frieda von Richthofen (1879 bis 1956), zuerst verheiratet mit dem englischen Philologie-Professor E. Weekley, dann mit dem Schriftsteller D. H. Lawrence, schließlich mit dem Italiener A. Ravagli. Sie war das Urbild für «Lady Chatterley», dem wohl berühmtesten Roman von D. H. L., der in

England erst 1960 ungekürzt erscheinen durfte. – Die Darstellung folgte Robert Lucas, Frieda von Richthofen – Ihr Leben mit D. H. Lawrence, München 1972 (Kindler Verlag).

20 Der Reformator Martin Luther (10.11.1483 Eisleben bis 18.2.1546 ebd.), der mit 42 Jahren die 26jährige ehemalige Nonne Katharina von Bora heiratete. Sie hat aus dem völlig heruntergekommenen Augustinerkloster in Wittenberg, das Luther von seinem Landesherrn mit allen Gerechtsamen und dem dazugehörigen Land überschrieben wurde, ein einträgliches landwirtschaftliches Gut gemacht.

21 Der für Karl Jaspers größte Philosoph des Jahrhunderts (weil er die Wahrhaftigkeit lebte), war der Sozialökonom und Soziologe Max Weber (21.4.1864 Erfurt bis 14.6.1920 München). Hinzuweisen ist auf: Marianne Weber, Max Weber – Ein Lebensbild. Mit einem Essay von Günther Roth, München 1989 (Piper).

22 Es war Heinrich der I. (um 875 bis 2.7.936 Memleben), Herzog von Sachsen, der 919 zum deutschen König gewählt wurde (mit dem Titel Rex Romanorum) und der einer Legende zufolge beim Vogelfang gewesen sei, als Boten ihm die Nachricht von seiner Wahl brachten. Die von ihm erworbene «Wunderwaffe», die seitdem zu den Reichskleinodien zählt, war die «Heilige Lanze». Göttliche Kraft schrieb man ihr zu, weil man sie mit der Lanze des Heiligen Mauritius gleichsetzte, die einst Kaiser Konstantin gehörte, nachdem dessen Mutter Helena sie angeblich im Heiligen Land gefunden hatte, vor allem, weil man glaubte, daß in ihr Lanzenblatt Nägel vom Kreuz Jesu eingearbeitet seien.

23 Die Physikerin Lise Meitner (7. 11. 1878 Wien bis 27. 10. 1968 Cambridge, England). In Berlin arbeitete sie gut dreißig Jahre mit dem Chemiker Otto Hahn zusammen, bis sie im Juli 1938 aus Deutschland floh, wo sie als Jüdin nicht mehr sicher war. Ende des Jahres gelang Otto Hahn die Spaltung des Uran, wofür er 1945 den Chemie-Nobelpreis für 1944 erhielt. Lise Meitner, die an den Forschungen wesentlich beteiligt gewesen war, wurde nicht erwähnt, obgleich sie die Atomspaltung noch vor Hahn, der ihr den entscheidenden Versuch beschrieben hatte, richtig als solche erkannt hat. – Zu nennen ist: Ulla Fölsing, Nobel-Frauen – Naturwissenschaftlerinnen im Porträt, München 1991 (Beck-Verlag).

24 Der Dichter Heinrich von Kleist (18. 10. 1777 Frankfurt a. d. O. bis 21. 11. 1811 am Wannsee bei Berlin). In seinem letzten Brief an die Schwester, geschrieben am Morgen seines Todes (zusammen mit Henriette Vogel), heißt es: «Die Wahrheit ist, daß mir auf Erden nicht zu helfen war.»

25 Der Philosoph Baruch Spinoza (24. 11. 1632 Amsterdam bis 21. 2. 1677 Den Haag), der aus einer von Portugal nach Holland eingewanderten marranischen Judenfamilie stammte. Nach seiner Verbannung lebte er zurückgezogen und sehr genügsam von Renten, die Freunde ihm zahlten. Der Einfluß seiner Philosophie war in Deutschland besonders stark. – Hinzuweisen ist auf Wilhelm Weischedel, Die philosophische Hintertreppe, München 23. Aufl. 1993 (dtv).

26 Der österreichische Journalist und Schriftsteller Theodor Herzl (2. 5. 1860 Budapest bis 3. 7. 1904 Edlach an der Rax, Niederösterreich). Als Pariser Korrespondent der Wiener «Neuen Presse» beobachtete er mit Sorge den wachsenden Antisemitismus in Frankreich und kam zu der Überzeugung, daß die Juden sich dagegen zu einer Nation zusammenschließen und sich wieder eine Heimat schaffen müßten. Mit seiner Schrift «Der Judenstaat» (1896) gab er den Anstoß zur Entstehung des politischen Zionismus. 1897 organisierte er in Basel den ersten Zionistischen Weltkongreß. Er gründete eine nationale jüdische Bank und einen Fonds für den Ankauf von Land in Palästina. – Zitiert wurde nach: Theodor Herzl, Briefe und Tagebücher, hrsg. von A. Bein, H. Greive, M. Schaerf, J. H. Schoeps, Berlin 1983 ff. (Propyläen-Verlag).

27 Der französische Denker Michel Eyquem de Montaigne (geb. 1533 auf Schloß Montaigne in Périgord, gest. ebd. 1592). Das Ergebnis seiner Selbstfindungs-Versuche sind seine berühmten «Essays», zuerst 1580 erschienen, dann erweitert 1588. Zuletzt war Montaigne Bürgermeister von Bordeaux. – Die Darstellung folgte Uwe Schultz, Michel de Montaigne, Reinbek 1989 (Rowohlt).

28 Sein Leben lang kämpfte gegen Korruption und alle möglichen Mißstände der österreichische Satiriker Karl Kraus (28. 4. 1874 Jitschin, Ostböhmen bis 12. 6. 1936 Wien). In seiner von ihm 1899 gegründeten Zeitschrift «Die Fackel» (bis 1936 in unregelmäßigen Abständen 922 Ausgaben) kritisierte er das politische und kulturelle Geschehen seiner Zeit und kämpfte gegen die «Verlotterung der Sprache». – Zu nennen ist: Paul Schick, Karl Kraus, Reinbek 1965 und später (Rowohlt).

29 Zusammen mit anderen Widerstandskämpfern gehängt wurde der evangelische Theologe Dietrich Bonhoeffer (4. 2. 1906 Breslau bis 9. 4. 1945 KZ Flossenbürg). Seine Verlobte war Maria von Wedemeyer (23. 4. 1924 Gut Pätzig, Kreis Königsberg, in der Neumark bis 16. 11. 1977 Boston, USA). – Zitiert wurde aus: Brautbriefe Zelle 92 – Dietrich Bonhoeffer, Maria von Wedemeyer 1943–1945, hrsg. von Ruth-Alice von Bismarck und Ulrich Kabitz, München 1993 (Beck-Verlag), Eberhard Bethge, Dietrich Bonhoeffer. Theologe, Christ, Zeitgenosse, München 5. Aufl. 1983 (Kaiser). – Hingewiesen sei auf Bonhoeffers spätere Hauptwerke: Gemeinsames Leben (1938), Ethik (hrsg. 1949), Widerstand und Ergebung (hrsg. 1951).

30 Der Regisseur Max Reinhardt (9. 9. 1873 Baden bei Wien bis 30. 10. 1943 New York), der unmittelbar nach Hitlers Machtübernahme Deutschland verließ und das Deutsche Theater in Berlin, wo er bahnbrechend gewirkt hatte und das ihm gehörte, in einem offenen Brief dem deutschen Volk übertrug und zunächst nach Salzburg emigrierte, auf sein Schloß

Leopoldskron. 1938 ging er nach Amerika, wo er nur noch wenige Inszenierungen machen konnte und in Los Angeles eine Schauspielschule leitete. Ende 1940 erhielt er die amerikanische Staatsbürgerschaft, um die er schon 1934 gebeten hatte. – Zitiert wurde aus: Leonhard M. Fiedler, Max Reinhardt, Reinbek 1975 (Rowohlt).

31 Der italienische Politiker und Schriftsteller Niccolo Machiavelli (3. 5. 1469 Florenz bis 22. 6. 1527 ebd.). Gegen sein berühmtes Buch «Il Principe» schrieb der junge Friedrich von Preußen (mit Hilfe Voltaires) seinen «Antimachiavel». Heute überwiegt die Meinung, daß Machiavelli selber kein «Machiavellist» war.

32 Der amerikanische Komponist George Gershwin (26. 9. 1898 New York bis 11. 7. 1937 Beverly Hills, Calif.), weltberühmt vor allem durch seine «Rhapsodie in blue» (1924), das Orchesterwerk «An American in Paris» (1928) und die Oper «Porgy and Bess (1935). – Die Darstellung folgte Hanspeter Krellmann, George Gershwin, Reinbek 1988 (Rowohlt).

33 Die Schauspielerin, Regisseurin und Theaterleiterin Ida Ehre (9. 7. 1900 Přerov bis 16. 2. 1989 Hamburg). Nach dem Zweiten Weltkrieg leitete sie die von ihr gegründeten Hamburger Kammerspiele. – Die Darstellung folgte ihren Erinnerungen, die 1985 unter dem Titel «Gott hat einen größeren Kopf, mein Kind...» in München erschienen (Albrecht Knaus Verlag).

34 Der französische Philosoph und Staatstheoretiker Jean Bodin (1529/30 Angers bis 1596 Laon). Zunächst Karmeliter, war er seit 1560 als Jurist in Paris tätig, von 1571 bis zu seinem Tod war er Kronanwalt in Laon.

35 Die Schriftstellerin Else Lasker-Schüler (11.2.1869 Wuppertal-Elberfeld bis 22.1.1945 Jerusalem). Sie schrieb Gedichte, Prosa, das Schauspiel «Die Wupper», Autobiographisches, Briefe sowie das erst 1970 veröffentlichte Schauspiel «Ichundich». – Zitiert wurde aus ihren Romanen «Der Malik», «Mein Herz» und aus «Else Lasker-Schüler in Selbstzeugnissen und Bilddokumenten, dargestellt von Erika Klüsener», Reinbek 1980 (Rowohlt).

36 Der Maler Carl Blechen, ein Vorläufer des Impressionismus und zugleich ein Wegbereiter des Realismus (29.7.1798 Cottbus bis 23.7.1840 Berlin). Zitiert wurde aus: Irma Emmrich, Carl Blechen, München 1989 (Beck-Verlag).

37 Die englische Schriftstellerin Agatha Christie (15.9.1890 Torquay bis 12.1.1976 Wallingford), berühmt vor allem durch ihre Kriminalromane, die eine Gesamtauflage von zwei Billionen erreichten. – Zitiert wurde nach der Monographie von Monika Gripenberg, Reinbek 1994 (Rowohlt).

38 Joseph Beuys (12. 5. 1921
Krefeld bis 23. 1. 1986 Düsseldorf), Plastiker, Zeichner,
Aktionskünstler, der im Winter 1943 mit einem Sturz-
kampfbomber vom Typ Ju 87 in Rußland abstürzte. Die
von den Tataren zu seiner Rettung verwendeten Mate-
rialien Fett und Filz wurden später für sein künstleri-
sches Werk von tragender Bedeutung. – Die Darstellung
folgt Heiner Stachelhaus, Joseph Beuys, Jeder Mensch ist
ein Künstler, Zürich 1987 (Classen Verlag).

39 Die Frau, die ihrem so
überaus geliebten Mann so viele Briefe schrieb, die mehr
als ein Jahrhundert lang unbeachtet in Friedrichsruh
lagen, war Johanna von Bismarck, geborene Puttkamer
(11.4.1824 Viartlum, Hinterpommern bis 27.11.1894
Varzin), Frau des «Reichsgründers» Otto von Bismarck.
Zitiert wurde nach Ingelore M. Winter, die Johannas
Briefe entdeckt und ausgewertet hat: «Mein geliebter
Bismarck – Der Reichskanzler und die Fürstin Johanna.
Ein Lebensbild mit unveröffentlichten Briefen», Düsseldorf 1988 (Droste-Verlag).

40 Bereits als Mittzwanziger
an das noch ganz neue amerikanische «Institute for Ad-
vanced Studies» in Princeton (wohin auch Albert Einstein
ging) berufen wurde der Mathematiker John von Neu-
mann (28. 12. 1903 Budapest bis 8. 2. 1957 Washington).
Er baute den ersten Computer mit Programmspeicher. –
Für die Darstellung wurde aus dem Buch von Ed Regis
zitiert (aus dem Amerikanischen von Anita Ehlers): Einstein, Gödel & Co. – Genialität und Exzentrik – Die
Princeton-Geschichte, Basel 1989 (Birkhäuser Verlag).

41 Der Mann, der sich als Elfjähriger entschloß, Schriftsteller zu werden, und dies auch wahrmachte und soviel Erfolg hatte, daß er bereits im Alter von 26 Jahren Millionär war, und der als Siebziger behauptete, in seinem Leben zehntausend Frauen gehabt zu haben, war Georges Simenon, der «Erfinder» des weltberühmten Inspektor Maigret (13. 2. 1903 Lüttich bis 4. 9. 1989 Lausanne). Außer Kriminalromanen schrieb er (unter Pseudonymen) zahlreiche Zeit- und Trivialromane, insgesamt mehr als vierhundert.

42 Die Frau, die in der krankhaften Furcht lebte, ausgelacht zu werden, und Hohn und Spott ausgesetzt zu sein, und die sich im Alter von 59 Jahren das Leben nahm, war die englische Erzählerin Virginia Woolf (25. 1. 1882 London bis 28. 3. 1941 im Ouse bei Lewes/Sussex), berühmt durch ihre Romane («Mrs. Dalloway» [1925/55, dt. 1928], «Die Wellen» [1931, dt. 1959], «Die Jahre» [1937, dt. 1954] u. a.). Zusammen mit ihrem Mann Leonard Woolf gründete sie den Verlag Hogarth Press.

43 Der Arzt, Dichter und Religionsphilosoph, der ein Leben lang für Toleranz und volle Gleichberechtigung der Juden kämpfte und der 32 Jahre lang in Altona Armenarzt war und dann nach Rom umsiedelte, war Salomon Ludwig Steinheim (6. 8. 1789 Bruchhausen bis 18. 5. 1866 Oberstrass). Nach ihm heißt das «Salomon-Ludwig-Steinheim-Institut für deutsch-jüdische Geschichte» an der Universität/GH Duisburg.

44 Die herrschsüchtige und skrupellose Frau (aus dem vornehmen Geschlecht der Julier), die ihren Mann ermorden ließ, um ihren Sohn an die Macht zu bringen, dann aber von diesem ermordet wurde, war Julia Agrippina, geboren im Jahr 15 n. Chr. in Ara Ubiorum, dem späteren Köln (das von ihr den Namen erhielt). Ihr Sohn, dem sie den Weg zum Kaiserthron freikämpfte, war Nero. Der angeführte Historiker war Sueton.

45 Der Mann mit der armseligen Kindheit im Berliner Proletariat, während der er bereits begann, das Leben der armen Leute in ihrem «Milljöh» zu beobachten und es in Zeichnungen festzuhalten, was er dann sein Leben lang tat, war der Zeichner, Lithograph und Photograph Heinrich Zille (10. 1. 1858 Radeburg bis 6. 8. 1929 Berlin). Auf Vorschlag von Max Liebermann wurde er 1924 in die Preußische Akademie der Künste berufen und zum Professor ernannt.

46 Der Historiker Theodor Mommsen (30. 11. 1817 Garding bis 1. 11. 1903 Charlottenburg), der den vierten Band seiner berühmten «Römischen Geschichte» nicht mehr schrieb. Im preußischen Abgeordnetenhaus zählte er zu den Gegnern Bismarcks. – Zitiert wurde nach Ludo Moritz Hartmann, Theodor Mommsen. Eine biographische Skizze, Gotha 1908.

47 Ingeborg Bachmann (25. 6. 1926 Klagenfurt bis 17. 10. 1973 Rom). Aufsehen erregte sie zunächst mit Lyrik. Später schrieb sie Erzäh-

lungen und arbeitete seit 1965 an dem Roman «Todesar-
ten», den sie als Trilogie plante. – Zitiert wurde nach:
Ingeborg Bachmann, Werke, 4 Bde., hrsg. v. C. Koschel
u. a. München 1978 (Piper); Ingeborg Bachmann, Bilder
aus ihrem Leben – Mit Texten aus ihrem Werk, hrsg. von
A. Hapkemeyer, München 1983 (Piper); Ingeborg Bachmann, Wir müssen wahre Sätze finden – Gespräche und
Interviews, hrsg. von C. Koschel u. I. v. Weidenbaum,
München 1983 (Piper).

48 Der Schauspieler Rudolf
Forster (30. 10. 1884 Gröbming, Steiermark bis 26. 10.
1968 Bad Aussee). Er hatte große Erfolge auch in den
Filmen «Dreigroschenoper» und (zusammen mit Elisa-
beth Bergner) «Ariane» und «Der träumende Mund». –
Zitiert wurde aus seinen Erinnerungen «Das Spiel mein
Leben», Berlin 1967 (Propyläen-Verlag).

49 Die Frau, die trotz vieler
Enttäuschungen in der Ehe immer treu zu ihrem Mann
hielt, auch als sie erfahren mußte, daß ihr Mann mit der
Haushälterin ein Verhältnis hatte, war Jenny Marx geb.
von Westphalen (12. 2. 1813 bis 2. 12. 1881). Im Alter
von 29 Jahren hatte sie den vier Jahre jüngeren Karl
Marx geheiratet, der etwa vier Jahrzehnte lang von seinem Freund Engels finanziell unterstützt wurde. Engels
gab sich auch als Vater des Kindes aus, das Marx mit der
Haushälterin Helene Demuth hatte. – Zitiert wurde aus
Werner Blumenberg, Karl Marx, Reinbek 1962 (Rowohlt), und Lutz Graf Schwerin von Krosigk, Jenny
Marx, Wuppertal 2. Aufl. 1976.

50 Der Journalist und Schriftsteller, der zwar gleich nach Hitlers Machtübernahme emigriert war, und zwar nach Frankreich, nach Nizza, dort aber blieb und ein Visum für Amerika verfallen ließ, war Theodor Wolff (2. 8. 1868 Berlin bis 23. 9. 1943 ebd.). Er war Mitbegründer der Freien Bühne und der Deutschen Demokratischen Partei und war von 1906 bis 1933 Chefredakteur des liberalen «Berliner Tageblatts». 1943 wurde er in Nizza verhaftet und kam ins KZ Sachsenhausen bei Potsdam. Er starb im Israelitischen Krankenhaus in Berlin. – Hinzuweisen ist auf die Biographie: Wolfram Köhler, Der Chefredakteur, Düsseldorf 1978 (Droste Verlag).

51 Der Mann, der glaubte, an dreizehn schweren Krankheiten zu leiden und sich vor Blitzen fürchtete, war der Göttinger Physikprofessor Georg Christoph Lichtenberg (1. 7. 1742 Ober-Ramstadt bis 24. 2. 1799 Göttingen), heute vor allem durch seine Aphorismen berühmt. Nach ihm heißen in der Physik jene Staubfiguren, die sich auf einer Platte aus Isolierstoff bilden, wenn längs deren Oberfläche eine elektrische Gleitentladung stattfindet.

52 Der Mann, der seinem Brieffreund einmal schrieb, es hafte ihm geradezu an, Sterbende zu geleiten, und der schon durch seinen Beruf viel mit Tod und Sterben zu tun hatte, war der Arzt und Dichter Gottfried Benn (2. 5. 1886 Mansfeld bis 7. 7. 1956 Berlin). Der langjährige Brieffreund, dem er etwa 700 Briefe schrieb, aus denen hier zitiert wurde, war der Bremer Kaufmann P. W. Oelze.

53 Die leidenschaftliche Brief-
schreiberin, zu ihrer Zeit vor allem durch ihre Romane
berühmt, war die französische Schriftstellerin George
Sand (1. 7. 1804 Paris bis 8. 6. 1876 Nohant-Vie), eigentlich Amantine-Lucile-Aurore Dupin, verh. Baronin Du-
devant, eine Ur-Ur-Enkelin Augusts des Starken, Königs
von Polen, Geliebte von Alfred de Musset, Chopin und
vielen anderen. Zitiert wurde aus: George Sand, Nimm
Deinen Mut in beide Hände – Briefe, übersetzt und hrsg.
von Annedore Haberl, München 1990 (dtv). – Den aus-
zugsweise zitierten Brief schrieb George Sand im Sep-
tember 1871, nach dem deutschen Sieg über Frankreich,
an Flaubert.

54 Der Dramatiker Frank We-
dekind (24. 7. 1864 Hannover bis 9. 3. 1918 München), seit
1906 verheiratet mit der Schauspielerin Mathilde (Tilly)
Newes. In Gedichten, Bänkelliedern und Dramen ver-
höhnte er Spießbürgertum und Scheinmoral seiner Zeit.
Er wuchs auf der Lenzburg in der Schweiz auf. Zitiert
wurde aus: Die Tagebücher. Ein erotisches Leben, München 1990 (dtv).

55 Der Philosoph Ludwig
Wittgenstein (26. 4. 1889 Wien bis 29. 4. 1951 Cambridge),
der von 1939 bis 1947 in Cambridge als Professor lehrte, wo
er bei Bertrand Russel studiert hatte. – Zitiert wurde aus:
Kurt Wuchterl/Adolf Hübner, Ludwig Wittgenstein, Reinbek 1979 (Rowohlt).

56 Die Frau, die ihr Leben lang unangepaßt war und die sich als achtzehnjährige Studentin in einen jungen Dozenten der Philosophie verliebte und mit ihm ein Liebesverhältnis hatte, war die aus Deutschland stammende amerikanische Gesellschafts- und Politikwissenschaftlerin Hannah Arendt (14. 10. 1906 Hannover bis 4. 12. 1975 New York). Der Philosoph war Martin Heidegger (26. 9. 1889 Meßkirch bis 26. 5. 1976 Freiburg im Breisgau). Die Darstellung folgt: Elisabeth Young-Bruehl, Hannah Arendt – Leben, Werk und Zeit, aus dem Amerikanischen von H. G. Holl, Frankfurt a. M. 1991 (S. Fischer).

57 Der Mann, der sich mit 63 Jahren seinen Lebenstraum vom Leben auf dem Lande verwirklichte, indem er sich ein Gut kaufte, sich dabei aber finanziell übernahm und dann in seine Stadt zurückzog, nach Weimar, war Christoph Martin Wieland (5. 9. 1733 Oberholzheim bis 20. 1. 1813 Weimar), in seiner ersten Lebenshälfte einer der meistgelesenen Dichter. Hingewiesen sei auf die verdienstvolle Reprint-Ausgabe von «C. M. Wielands Sämmtlichen Werken» in 14 Bänden und seiner Biographie von J. G. Gruber von 1827, hrsg. von der «Hamburger Stiftung zur Förderung von Wissenschaft und Kultur», 1984.

58 Gefragt war nach dem Historiker Leopold von Ranke (21. 12. 1795 Wiehe bis 23. 5. 1886 Berlin). Nach der Kindheit in Wiehe/Unstrut besuchte er die Fürstenschule in Schulpforta. 1825 wurde er als Professor für Geschichte nach Berlin berufen. Viele seiner Schüler wurden bedeutende Historiker. Sein Grundsatz war, daß der Historiker nicht richten, sondern nur zeigen solle, «wie es eigentlich gewesen», und zwar aufgrund kritischen Studiums der Quellen. Ranke ist der Gründer der modernen Geschichtswissenschaft.

59 Der erfolgreiche Schriftsteller, den so viele für ein Glückskind hielten, der sich aber als eben Sechzigjähriger zusammen mit seiner Frau im Exil in Brasilien das Leben nahm, war Stefan Zweig (28.11.1881 Wien bis 23.2.1942 Petrópolis bei Rio de Janeiro). Er war deprimiert über die Zerstörung seiner «geistigen Heimat Europa». Und – so Zuckmayer – er hatte Angst vor dem Älterwerden. Kurz zuvor hatte Zweig in sein Tagebuch geschrieben: «... als Sechziger ist man ohnehin doch schon unterhöhlt und halb erledigt. Ich will nicht mehr und zögere nur, diesen Willen durchzusetzen ... ich sehe so Schweres kommen, wie es die anderen nicht ahnen.» – Zitiert nach der Zweig-Monographie von Hartmut Müller, Reinbek 1988 (Rowohlt).

60 Der Schauspieler und Regisseur Gustaf Gründgens (22.12.1899 Düsseldorf bis 7.10.1963 Manila). Wichtige Stationen seiner Laufbahn waren Hamburg, Berlin, Düsseldorf (wo er auf die Welt gekommen war) und wieder Hamburg. Von 1934 bis 1945 war er Intendant und (seit 37) Generalintendant am Staatlichen Schauspielhaus Berlin, unter dem Schutz Görings, der ihn zum Staatsrat ernannte. Verheiratet war Gründgens zuerst mit Erika Mann, dann mit Marianne Hoppe. – Zitiert wurde aus der Monographie von Heinrich Goertz, Reinbek 1982 (Rowohlt), und aus Gründgens: Briefe, Aufsätze, Reden, Neuausgabe München 1970 (dtv).

61 Der Religionshistoriker und Begründer der Erforschung der jüdischen Kabbala Gershom Scholem (5. 12. 1897 Berlin bis 20. 2. 1982 Jerusalem), von 1933–65 Professor an der Hebräischen Universität Jerusalem, seit 1981 Mitglied des deutschen Ordens Pour le Mérite. Zitiert wurde aus: Betty Scholem – Gershom Scholem, Mutter und Sohn im Briefwechsel 1917–1946, hrsg. von Itta Shedletzky in Verbindung mit Thomas Sparr, München 1989 (Beck-Verlag).

62 Die französische Bildhauerin Camille Claudel (8. 12. 1864 Fère-en-Tardenois, Dép. Aisne bis 19. 10. 1943 Avignon), Schwester des Schriftstellers und Diplomaten Paul Claudel. Sie war Schülerin und Werkstattgehilfin von Auguste Rodin. Zitiert wurde aus: Reine-Marie Paris, Camille Claudel, deutsch von Anette Lallemand, Frankfurt a. M. 1989 (S. Fischer).

63 Sechsmal verheiratet war Heinrich VIII. (14. 6. 1491 Greenwich bis 28. 1. 1547 Westminster), König von England. Für seine Schrift gegen Luther, aus der die Schimpfkanonade übernommen wurde, erhielt er vom Papst den Titel «Defensor fidei» (Verteidiger des Glaubens). – Zitiert wurde aus: Theo Stemmler, Die Liebesbriefe Heinrichs VIII. an Anna Boleyn, Zürich 1988 (Belser Verlag); ders.: Heinrich VIII. – Ansichten eines Königs, Frankfurt a. M. 1991 (Insel Verlag).

64 Die Pianistin und Komponistin Clara Schumann, geb. Wieck (13. 9. 1819 Leipzig bis 20. 5. 1896 Frankfurt a. M.). Ihr Mann, der Komponist Robert Schumann, mit dem sie acht Kinder hatte, wurde geisteskrank und kam (nach einem Selbstmordversuch) auf eigenen Wunsch in eine Heilanstalt.

65 Der Verleger Friedrich Arnold Brockhaus (4. 5. 1772 Dortmund bis 20. 8. 1823 Leipzig). Rückgrat seines Verlags wurde ein von ihm übernommenes unfertiges Konversationslexikon, das in seinem Namen abgeschlossen, dann umgearbeitet und ständig erweitert wurde. Der junge Philosoph, dessen Werk «Die Welt als Wille und Vorstellung» er ungelesen zum Druck annahm und von dem die 1. Auflage größtenteils makuliert wurde, war Arthur Schopenhauer.

66 Der Maler Marc Chagall (7. 7. 1887 Liosno bei Witebsk bis 28. 3. 1985 Saint-Paul, Dép. Alpes-Maritimes). Geboren in Rußland, wo er zu Beginn der Revolution Kommissar für die Schönen Künste und Direktor der Kunstakademie wurde, ging er mit Frau und Tochter nach Frankreich und wurde französischer Staatsbürger. – Zitiert wurde aus: Charles Sorlier, Marc Chagall – Traum, Vision und Wirklichkeit, aus dem Französischen von Rudolf Kimmig, München 1991 (Heyne-Verlag).

67 Der Philosoph Moses Mendelssohn (17. 8. 1728 Dessau bis 4. 1. 1786 Berlin). Er war ein Vorkämpfer für die politische Gleichstellung der Juden mit den Christen. Der «liebste Freund», der ihn für die Berliner Akademie vorschlug, war Gotthold Ephraim Lessing, den Mendelssohn zu dem Drama «Nathan der Weise» anregte. – Zitiert wurde aus Eckart Kleßmann, Die Mendelssohns. Bilder aus einer deutschen Familie, München 1990 (Artemis).

68 Der Mann, der sich in seiner nordischen Heimat von seinen Landsleuten derart eingeengt fühlte, daß er von einer Reise in den Süden, auf der ihn vor allem Italien begeisterte und befreite, erst nach 27 Jahren zurückkehrte, war der norwegische Dramatiker Henrik Ibsen (20. 3. 1828 Skien bis 23. 5. 1906 Kristiania). Weltruhm brachten ihm vor allem seine Bühnenstücke «Nora», «Hedda Gabler», «Baumeister Solness», «Wenn wir Toten erwachen». Mit diesen schwierigen Charakteren setzte er sich zugleich mit sich selber auseinander, wobei er frühzeitig zu psychoanalytischen Erkenntnissen kam.

69 Die Frau, der Anstand, Schicklichkeit, Dezenz ein Leben lang sehr viel bedeuteten, war Charlotte von Lengefeld (22. 11. 1766 Rudolstadt bis 9. 7. 1826 Bonn), die Frau Friedrich Schillers. Sie litt verhältnismäßig früh an einer sich stetig verschlimmernden Sehschwäche. Eine Operation sollte ihr die Sehkraft zurückgeben. Unmittelbar nach der Operation aber ist sie gestorben. – Die Darstellung folgt der Biographie von Hansjoachim Kiene, Schillers Lotte. Porträt einer Frau in ihrer Welt, Düsseldorf 1984 (Droste-Verlag).

70 Die Schriftstellerin mit den vielen hohen Auszeichnungen, die nie ihr Alter angeben mochte, war die Deutsch-Französin Annette Kolb (2. 2. 1870 München bis 3. 12. 1967 ebd.). Sie schrieb Essays, Romane («Das Exemplar», «Daphne Herbst», «Die

Schaukel»), Biographien, Erzählungen und Autobiographisches. Thomas Mann porträtierte sie im «Doktor Faustus» als Jeanette Scheuerl. Er und seine Frau Katia (die sie in ihren «Ungeschriebenen Memoiren» schilderte) meinten, sie sei bei ihrem Tod 103 Jahre alt gewesen.

71 Der Mann, dessen Leben fast ohne Komplikationen glücklich und erfolgreich verlief, war der Komponist Richard Strauss (11.6.1864 München bis 8.9.1949 Garmisch-Partenkirchen). Nach Stationen in Meiningen, München, Weimar wurde er 1898 Hofkapellmeister in Berlin und nach zehn Jahren dort Generalmusikdirektor. Später ging er nach Wien. 1933 wurde er Präsident der Reichsmusikkammer, mußte aber wegen seiner Zusammenarbeit mit Stefan Zweig 1935 zurücktreten. Zuvor hatte er mit Hugo v. Hofmannsthal zusammengearbeitet («Elektra», «Der Rosenkavalier», «Ariadne auf Naxos», «Die Frau ohne Schatten» u. a.).

72 Der junge Offizier, der seinem allzu sparsamen Vater vorwarf, nicht mehr recht standesgemäß zu leben, war Graf Ferdinand von Zeppelin (8.7.1838 Konstanz bis 8.3.1917 Berlin). Berühmt wurde er zu Beginn des deutsch-französischen Kriegs 70/71 durch seinen waghalsigen Rekognoszierungsritt ins französische Elsaß, weltberühmt aber als Luftschiffpionier, der starre lenkbare Luftschiffe («Zeppeline») baute. – Zitiert wurde aus: Rolf Italiaander, Ferdinand Graf von Zeppelin, Konstanz 1980 (Stadler Verlag), Karl Schnell, Zeppelins Fernpatrouille, München 1984 (Verlag für Wehrwissenschaften), Tobias Engelsing (Hrsg.), «Gelieb-

ter Ferdi, schreibe mir sobald Du kannst!», Vertrauliche
Briefe der Familie Zeppelin, Konstanz 1988 (Faude).

73 Der Mann, der sich als
junger Student unter dem Einfluß seines Universitätsleh-
rers Gottfried Kinkel 1848 der demokratischen Bewegung anschloß und am badischen Aufstand teilnahm und
den zu lebenslanger Haft verurteilten Kinkel aus dem
Zuchthaus in Spandau befreite und wenig später nach
Amerika ging und dort seinen Kampf für Freiheit und
gegen Korruption fortsetzte, war Carl Schurz (2. 3. 1829
Liblar bis 14. 5. 1906 New York). Er hatte wesentlichen
Anteil am Wahlsieg Lincolns und an der Sklavenbefrei-
ung. – Zitiert wurde aus: Carl Schurz, Lebenserinnerungen, bearb. von Sigismund von Radecki, Zürich 1988
(Manesse-Verlag).

74 Der Mann, der zweimal
durchs Abitur fiel und dann anfing Bücher zu schreiben
und bald überaus erfolgreich wurde, war der französische Roman-Schriftsteller Emile Zola (2. 4. 1840 Paris bis
29. 9. 1902 ebd.). Seine sämtlichen Werke umfassen 48
Bde., darunter «Der Bauch von Paris», «Nana», «Germi-
nal». 1898 trat Zola mit seiner Schrift «J'accuse» öffentlich gegen die auf dem Hintergrund starker antisemitischer Strömungen erfolgte Verurteilung von A. Dreyfus
auf, einem Artilleriehauptmann jüdischer Abstammung,
dem zu Unrecht Spionage für den deutschen Generalstab vorgeworfen worden war. Erst 1906 wurde Dreyfus
rehabilitiert.

75 Auf das Erbe des großväterlichen Vermögens spekulierte Johann Wolfgang von Goethe (28.8.1749 Frankfurt a. M. bis 22.3.1832 Weimar). Daß das Vermögen von einem Schneidermeister stammte, seinem Großvater väterlicherseits, verschwieg er, auch daß sein Großvater Schneider und Gastwirt war, hat er nie erwähnt. Goethes Vater hat sein Leben lang von dem Vermögen gelebt, ohne etwas hinzuzuverdienen, und nach dessen Tod lebte Goethes Mutter davon noch weitere 26 Jahre. Als sie starb, erbte der 60jährige Goethe (von ursprünglich 90000 Gulden) immerhin noch 22000! Im Alter bestanden Goethes Haupteinnahmen in den Tantiemen aus seinen Werken.